■2025年度高等学校受験用

東亜学園高等学校

収録内容一覧

★この問題集は以下の収録内容となっています。また、編集の都合上、解説、解答用紙を省略させていただいている場合もございますのでご了承ください。

（〇印は収録、一印は未収録）

入試問題の収録内容			解説	解答	解答用紙
2024年度	一般	英語・数学・国語	〇	〇	〇
2024年度	推薦	作文	一	一	一
2023年度	一般	英語・数学・国語	〇	〇	〇
2023年度	推薦	作文	一	一	一
2022年度	一般	英語・数学・国語	〇	〇	〇
2022年度	推薦	作文	一	一	一
2021年度	一般	英語・数学・国語	〇	〇	〇
2021年度	推薦	作文	一	一	一
2020年度	一般	英語・数学・国語	〇	〇	〇
2020年度	推薦	作文	一	一	一

★当問題集のバックナンバーは在庫がございません。あらかじめご了承ください。

リスニングテストの音声は、下記のIDとアクセスコードにより当社ホームページ
https://www.koenokyoikusha.co.jp/pages/cddata/listening で聴くことができます。
（実際の入試で使用された音声です）
ユーザー名：koe　アクセスコード（パスワード）：03590　使用期限：2025年3月末日

※ユーザー名・アクセスコードの使用期限以降は音声が予告なく削除される場合がございます。あらかじめご了承ください。

●凡例●

【英語】

≪解答≫

〔　〕　①別解
②置き換え可能な語句（なお下線は置き換える箇所が2語以上の場合）
（例）I am〔I'm〕glad〔happy〕to～

（　）　省略可能な言葉

≪解説≫

1，2…　本文の段落（ただし本文が会話文の場合は話者の1つの発言）

〔　〕　置き換え可能な語句（なお〔　〕の前の下線は置き換える箇所が2語以上の場合）

（　）　①省略が可能な言葉
（例）「（数が）いくつかの」
②単語・代名詞の意味
（例）「彼（＝警察官）が叫んだ」
③言い換え可能な言葉
（例）「いやなにおいがするなべにはふたをするべきだ（＝くさいものにはふたをしろ）」

//　訳文と解説の区切り

cf.　比較・参照

≒　ほぼ同じ意味

【数学】

≪解答≫

〔　〕　別解

≪解説≫

（　）　補足的指示
（例）（右図1参照）など

〔　〕　①公式の文字部分
（例）〔長方形の面積〕＝〔縦〕×〔横〕
②面積・体積を表す場合
（例）〔立方体ABCDEFGH〕

∴　ゆえに

≒　約、およそ

【社会】

≪解答≫

〔　〕　別解

（　）　省略可能な語

＿＿＿　使用を指示された語句

≪解説≫

〔　〕　別称・略称
（例）政府開発援助〔ODA〕

（　）　①年号
（例）壬申の乱が起きた（672年）。
②意味・補足的説明
（例）資本収支（海外への投資など）

【理科】

≪解答≫

〔　〕　別解

（　）　省略可能な語

＿＿＿　使用を指示された語句

≪解説≫

〔　〕　公式の文字部分

（　）　①単位
②補足的説明
③同義・言い換え可能な言葉
（例）カエルの子（オタマジャクシ）

≒　約、およそ

【国語】

≪解答≫

〔　〕　別解

（　）　省略してもよい言葉

＿＿＿　使用を指示された語句

≪解説≫

〈　〉　課題文中の空所部分（現代語訳・通釈・書き下し文）

（　）　①引用文の指示語の内容
（例）「それ（＝過去の経験）が　～」
②選択肢の正誤を示す場合
（例）（ア，ウ…×）
③現代語訳で主語などを補った部分
（例）（女は）出てきた。

／　漢詩の書き下し文・現代語訳の改行部分

東亜学園高等学校

所在地	〒164-0002 東京都中野区上高田5-44-3
電　話	03-3387-6331
ホームページ	https://toagakuen.ac.jp
交通案内	西武新宿線 新井薬師前駅より徒歩１分 JR・東京メトロ東西線 中野駅より徒歩約17分

普通科

男女共学

くわしい情報は ホームページへ

応募状況

年度	募集数		受験数	合格数	倍率
2024	推薦	特進 10名	0名	0名	—
		総合179名	122名	122名	1.0倍
	一般	特進 35名	52名	47名	1.1倍
		総合181名	598名	498名	1.2倍
2023	推薦	特進 10名	3名	3名	1.0倍
		総合179名	119名	119名	1.0倍
	一般	特進 35名	60名	55名	1.1倍
		総合181名	435名	395名	1.1倍
2022	推薦	特進 10名	2名	2名	1.0倍
		総合179名	140名	140名	1.0倍
	一般	特進 35名	61名	57名	1.1倍
		総合181名	382名	358名	1.1倍

＊総合＝総合選抜コース

試験科目 （参考用：2024年度入試）

推薦：作文，面接(個人)
一般：国語・数学・英語(リスニングを含む)，
　　面接(グループ)
　　＊マークシート方式

沿　革

大正13年　東亜商業学校(甲種実業男子５年制)として創立
昭和28年　東亜商業高等学校と改称
昭和50年　現校名に改称
昭和57年　普通科に共学制採用
平成16年　普通科に特進コース設置

校訓

他人親切叮嚀　自己奮励努力

教育の特色

人間形成教育：オリエンテーション合宿や，キャリア教育，文化教育などを実施。
実力養成教育：自立学習支援システム「D-Project」やICT機器を活用し，生徒の主体的な学習を支援している。
＜特進コース＞　一般入試での難関大学合格を目指し，１年次より綿密な進路指導を行う。２年次からは文系・理系に分かれる。
＜総合選抜コース＞　一人ひとりの個性と適性を伸ばし，幅広い希望進路と多様な入試に対応。２年次より「特別選抜」「文系選抜」「理系選抜」の３コースに分かれ，重点科目の強化を図る。

イベント日程（予定）

○夏期学校見学会【要予約】
第１回　７月20日(土)　第２回　７月26日(金)
第３回　７月27日(土)　第４回　８月２日(金)
第５回　８月３日(土)　第６回　８月23日(金)
第７回　８月24日(土)
○学校説明会【要予約】
第１回　９月28日(土)　第２回　10月５日(土)
第３回　10月26日(土)　第４回　11月16日(土)
第５回　11月23日(土・祝)　第６回　11月30日(土)
第７回　12月１日(日)　第８回　12月７日(土)
※第７回・８回は個別相談のみ
○東亜祭
９月21日(土)，22日(日・祝)

編集部注―本書の内容は2024年6月現在のものであり，変更されている場合があります。正確な情報は，学校のホームページ等で必ずご確認ください。

出題傾向と今後への対策　英語

出題内容

	2024	2023	2022
大問数	5	6	6
小問数	28	30	30
リスニング	○	○	○

◎大問５～６題，小問数30問程度である。構成は放送問題１題，適語(句)選択１題，書き換え１題，整序結合１題に加え，対話文を含む長文読解問題１～２題などとなっている。

2024年度の出題状況

1 放送問題

2 適語選択・語形変化

3 書き換え―適語(句)選択

4 整序結合

5 長文読解総合―説明文

解答形式

2024年度	記　述／マーク／併　用

出題傾向

単語・文法の教科書レベルの知識があれば十分解ける問題で構成されるが，語句，文法全般，読解力をまんべんなく試す総合的な問題となっている。長文読解問題は，長文は短めであり，内容も興味深く読みやすいものが多い。文法問題は，和訳つきの整序結合が必出であり，適語選択や書き換え問題が出題されている。

今後への対策

まず教科書にある語句，文法事項を確実に身につけることが先決である。語句は自分で発音しながら手書きすると覚えやすく，発音問題対策にもなる。文法事項は教科書の重要例文を全文暗記してしまおう。長文対策は，問題集を１冊決めて繰り返し解き英文に慣れていこう。仕上げに過去問を解いて問題形式や時間配分を確認するとよい。

◆◆◆◆◆ 英語出題分野一覧表 ◆◆◆◆◆

分野		年度	2022	2023	2024	2025 予想※
音声	放送問題		●	●	●	◎
音声	単語の発音・アクセント					
音声	文の区切り・強勢・抑揚					
語彙・文法	単語の意味・綴り・関連知識		●	●		◎
語彙・文法	適語(句)選択・補充		●	●	●	◎
語彙・文法	書き換え・同意文完成		●	●	●	◎
語彙・文法	語形変化		●		●	◎
語彙・文法	用法選択					
語彙・文法	正誤問題・誤文訂正					
語彙・文法	その他					
作文	整序結合		■	●	●	◎
作文	日本語英訳	適語(句)・適文選択				
作文	日本語英訳	部分・完全記述				
作文	条件作文					
作文	テーマ作文					
会話文	適文選択		●	●		◎
会話文	適語(句)選択・補充					
会話文	その他					
長文読解	内容把握	主題・表題				
長文読解	内容把握	内容真偽	●	●	●	◎
長文読解	内容把握	内容一致・要約文完成				
長文読解	内容把握	文脈・要旨把握		●		△
長文読解	内容把握	英問英答				
長文読解	適語(句)選択・補充		●	●	●	◎
長文読解	適文選択・補充			●		△
長文読解	文(章)整序					
長文読解	英文・語句解釈(指示語など)		●	●	●	◎
長文読解	その他(適所選択)		●		●	◎

●印：１～５問出題，■印：６～10問出題，★印：11問以上出題。
※予想欄　◎印：出題されると思われるもの。　△印：出題されるかもしれないもの。

出題傾向と今後への対策

数学

出題内容

2024年度 作 証 グ

大問13題，20問の出題。A～Iは独立した問題で，数と式，関数，データの活用などから出題されている。Jは関数で，放物線と円に関するもの。点の座標や三角形の面積，直線の式が問われている。図形の知識も要する。Kはカードと座標平面を利用した確率２問。Lは平面図形で，長方形を折った図形について問うもの。Mは平面図形で，２つの正方形について，特別な直角三角形や三角形の合同，回転移動などを利用して，線分の長さや角度を求めるもの。

2023年度 作 証 グ

大問13題，20問の出題。A～Iは独立した問題で，数と式，関数，データの活用などから出題されている。Jは関数で，放物線と直線に関するもの。比例定数や線分の長さ，図形の面積が問われている。Kはさいころを利用した確率２問。Lは平面図形で，二等辺三角形と正方形でつくられた図について問うもの。Mは平面図形で，円の内側，外側に接する正六角形の周の長さを利用して，円周率の大きさを考えるもの。

作…作図問題　証…証明問題　グ…グラフ作成問題

解答形式

2024年度	記　述／マーク／併　用

出題傾向

総設問20問で，約半数が小問のない大問としての出題。後半で，関数，図形を中心にいくつかの小問からなる問題が出題されている。各分野からまんべんなくさまざまな問題が出題されている。全体的に見て，難度の高い問題も数問含まれるものの，基本～標準レベルの問題が中心で，中学校で学習した成果が試される内容である。

今後への対策

まずは計算力をつけること。問題数や時間を決めて毎日欠かさずに練習をしよう。併せて基礎の確認を。教科書をひと通り確認した後，基本問題集などで演習を積んで，定理や公式の使い方をしっかり身につけ，問題に慣れていくこと。いろいろな解法や考え方を少しずつ身につけるようにしよう。

◆◆◆◆◆ 数学出題分野一覧表 ◆◆◆◆◆

分野	年度	2022	2023	2024	2025 予想※
数と式	計算，因数分解	●	★	★	◎
	数の性質，数の表し方		●	■	◎
	文字式の利用，等式変形	●			△
	方程式の解法，解の利用	■	●	●	◎
	方程式の応用		●		◎
関　数	比例・反比例，一次関数				
	関数$y=ax^2$とその他の関数	★	★	★	◎
	関数の利用，図形の移動と関数				
図　形	(平面) 計　量	★	★	★	◎
	(平面) 証明，作図				
	(平面) その他			■	
	(空間) 計　量				
	(空間) 頂点・辺・面，展開図				
	(空間) その他				
データの活用	場合の数，確率	★	★	★	◎
	データの分析・活用，標本調査	●	●	●	◎
その他	不 等 式				
	特殊・新傾向問題など	●			
	融合問題				

●印：１問出題，■印：２問出題，★印：３問以上出題。
※予想欄　◎印：出題されると思われるもの。　△印：出題されるかもしれないもの。

出題傾向と今後への対策　国語

出題内容

2024年度

一 論説文
二 漢　字
三 随　筆
四 国語の知識
五 古　文

課題文

一佐藤ブゾン貴子『人は顔を見れば99%わかる』／竹内一郎『人は見た目が9割』
三村田沙耶香『わたしが食べた本』
五上田秋成『春雨物語』

2023年度

一 論説文
二 漢　字
三 論説文
四 国語の知識
五 古　文

課題文

一土井善晴『一汁一菜でよいという提案』／小林秀雄・岡　潔『人間の建設』
三吉原珠央『その言い方は「失礼」です！』
五『宇治拾遺物語』

2022年度

一 論説文
二 漢　字
三 論説文
四 国語の知識
五 古　文

課題文

一原田曜平『Z世代』／鴻上尚史『「空気」を読んでも従わない』
三内田　樹『先生はえらい』
五菅原孝標女『更級日記』

解答形式

2024年度	記　述／マーク／併　用

（マークに○）

出題傾向

現代文・古文ともに，読解問題の内容理解に関する設問は，基本的なレベルのものである。課題文は，現代文は，比較的新しい作品からの出題が目立ち，古文は，平安・鎌倉時代の著名な作品からの出題が多い。全体からすると7割前後が国語の知識の設問となっている。また，毎年文章を並べ替えさせる設問が出題される。

今後への対策

国語の知識に関する設問の全体に占める割合がかなり高いから，国語の知識の復習をしっかりやっておく必要がある。まず，分野ごとに知識をノートに整理し，最後に基本的なレベルの問題集で知識の確認をする。読解問題については，毎日少しずつでよいから，問題集で練習を積んでいくのがよいだろう。

◆◆◆◆◆ 国語出題分野一覧表 ◆◆◆◆◆

分野		年度	2022	2023	2024	2025 予想※
現代文	論説文 説明文	主題・要旨	●	●	●	◎
		文脈・接続語・指示語・段落関係	●	●	●	◎
		文章内容	●	●	●	◎
		表現		●		△
	随筆 日記 手紙	主題・要旨			●	△
		文脈・接続語・指示語・段落関係				
		文章内容				
		表現				
		心情				
	小説	主題・要旨				
		文脈・接続語・指示語・段落関係				
		文章内容				
		表現				
		心情				
		状況・情景				
韻文	詩	内容理解				
		形式・技法				
	俳句 和歌 短歌	内容理解				
		技法				
古典	古文	古語・内容理解・現代語訳	●	●	●	◎
		古典の知識・古典文法	●	●	●	◎
	漢文	(漢詩を含む)				
国語の知識	漢字 語句	漢字	●	●	●	◎
		語句・四字熟語	●	●	●	◎
		慣用句・ことわざ・故事成語	●	●	●	◎
		熟語の構成・漢字の知識	●	●	●	◎
	文法	品詞	●	●		◎
		ことばの単位・文の組み立て	●		●	◎
		敬語・表現技法			●	△
		文学史	●	●	●	◎
作文・文章の構成・資料			●	●	●	◎
その他						

※予想欄　◎印：出題されると思われるもの。　△印：出題されるかもしれないもの。

合格を勝ち取るための

本書の使い方

本書に掲載されている過去問をご覧になって,「難しそう」と感じたかもしれません。でも,大丈夫。ほとんどの受験生が同じように感じるのです。高校入試の出題範囲は中学校の定期テストに比べて広いですし,残りの中学校生活で学ぶはずの,まだ習っていない内容からも出題されているかもしれません。

ですから,初めて本書に取り組む際には,点数を気にする必要はありません。点数は本番で取れればいいのです。

過去問で重要なのは「間違えること」です。自分の弱点を知るために,過去問に取り組むのです。当然,間違った問題をそのままにしておいては意味がありません。

本書には,長年にわたって高校受験に関わってきたベテランスタッフによる詳細な解説がついています。間違えた問題は重点的に解説を読み,何度も解きなおしてください。時にはもう一度,教科書で復習するのもよいでしょう。

別冊として,抜き取って使える解答用紙を収録しました。表示してあるように拡大コピーをとれば,実際の入試と同じ条件で,何度でも過去問に取り組むことができます。特に記述問題では解答欄の大きさがヒントになる場合があります。そうした,本番で使える受験テクニックの練習ができるのも,本書の強みです。

前のページにある「出題傾向と今後への対策」もよく読んで,本校の出題傾向に慣れておきましょう。

2024年度 東亜学園高等学校

【英　語】（40分）〈満点：100点〉

1 リスニングテスト（放送による指示に従って答えなさい。）

【問題A】
それぞれの問いについて対話を聞き，答えとして最も適当なものを選択肢のうちから１つずつ選びなさい。会話は１度しか読まれません。途中でメモを取っても構いません。

［ 1 ］ 問１　What did the woman order?

① A chocolate cake.
② A cup of coffee and a pie.
③ A cup of coffee and a chocolate cake.
④ A chocolate cake and an apple pie.

［ 2 ］ 問２　What is the woman doing?

① Reserving a plane ticket.
② Buying a train ticket.
③ Asking about bus times.
④ Flying to Honolulu.

［ 3 ］ 問３　What are they talking about?

①

②

③

④

【問題B】

それぞれの問いについて英文を聞き，答えとして最も適当なものを選択肢のうちから１つずつ選びなさい。英文は２度読まれます。途中でメモを取っても構いません。

4　問４　What is the speaker doing now?

① Teaching someone how to bake cookies.
② Telling someone how to eat cookies.
③ Eating cookies with someone.
④ Warning someone about eating cookies.

5　問５　How many countries did the speaker visit in Europe last year?

① One
② Two
③ Three
④ Four

※　リスニングテスト放送文は，英語の問題の終わりに付けてあります。

2 次の英文の（　　）に入る最も適当なものを選択肢のうちから１つずつ選びなさい。

6 問１ I don't mind her (　　) my car.

① drive　② driving　③ driven　④ drove

7 問２ Tom was (　　) sleepy to study math any more.

① so　② such　③ enough　④ too

8 問３ What is this animal (　　) in English?

① saying　② spoken　③ called　④ naming

9 問４ Something good will happen to you (　　) will give you a chance.

① who　② it　③ which　④ one

10 問５ There is (　　) time left to save the earth.

① several　② little　③ many　④ few

3 次の各組の英文がほぼ同じ意味になるように，（　　）に入る最も適当なものを選択肢のうちから１つずつ選びなさい。

11 問１
That is the machine which he broke.
That is the machine (　　) him.

① breaking for　② broke
③ breaks　④ broken by

12 問２
It's not necessary for us to take his advice.
We (　　) take his advice.

① must not　② aren't need
③ have no need　④ don't have to

13 問3 {Mary has to read many magazines tonight.
Mary has many magazines ( ) tonight.

① reading ② to read
③ read ④ to reading

14 問4 {His opinion was different from ours.
There was a difference ( ) his opinion ( ) ours.

① among / or ② between / and
③ not only / but also ④ with / but

15 問5 {We have never seen such a beautiful rainbow.
This is the ( ) beautiful rainbow that we have ( ) seen.

① most / ever ② best / never
③ best / ever ④ most / never

4 日本文に合うように（ ）内の語句を正しく並べかえ，（ ）内で３番目と５番目にくる組み合わせをそれぞれ選択肢のうちから１つずつ選びなさい。ただし，文頭にくる語（句）も小文字にしてある。

16 問1 電車の中で席に座りたがらないお年寄りもいる。
(want to / for / old people / ask / some / don't) a seat on the train.

① ask / want to ② don't / ask
③ want to / ask ④ ask / some

17 問2 君が話しかけた女の人は世界的に有名なピアニストだよ。
(is / the woman / you / a famous pianist / to / spoke) in the world.

① spoke / the woman ② the woman / to
③ to / is ④ spoke / is

18 問3 家で一緒に勉強することができてとてもうれしいです。

We (to study / to have / together / very glad / a chance / are) at home.

① very glad / to have ② to have / to study

③ to study / very glad ④ a chance / to have

19 問4 商品に値札をつけることは時間がかかります。

(time / on / takes / goods / price tags / putting).

① putting / time ② price tags / takes

③ on / takes ④ on / putting

20 問5 その本を一週間で読み終えるのは困難だとわかった。

We (it / reading / to / finish / hard / found) the book in a week.

① hard / finish ② it / finish

③ to / it ④ hard / found

5 次の英文を読み，下記の設問に答えなさい。

Sushi bars are known for being very expensive, but if you want to enjoy sushi easily, try a *conveyed-belt sushi restaurant. When Japanese *cuisine achieved *World Heritage status, the idea of conveyed-belt sushi restaurants was likely not a reason why Japanese food was added to the list. (㋐) it might not be as good as the traditional sushi, *kaiten-zushi* is a unique Japanese food experience.〈 1 〉

Traditionally, stepping into a sushi restaurant usually meant sitting at a big wooden counter and talking with the *chef as you watched your sushi being prepared piece by piece. Unfortunately, this experience was also (㋑) that it was either special occasions or for *the wealthy. ㋒ It was not easy for ordinary people to enjoy sushi in their everyday life.〈 2 〉

Kaiten-zushi 's *revolving array of sushi plates lets customers choose their favorite sushi for a reasonable price, bringing Japan's traditional *vinegared rice and raw fish to more people in Japan.〈 3 〉

The sushi with a slice of fish on top of rice that you see at sushi bars or *kaiten-zushi* shops is called *nigiri-zushi*. This style of sushi is called *edomae* (Edo style) because it started as a *snack for Edo's townspeople, who ate it at small *portable sushi stands. [A], it was not a main meal. [B], sushi gradually became a common dish for eating out. Sake is good with sushi, *particularly *atsukan*, or hot sake, which is especially good in winter.

Soba, or *buckwheat noodles, also became popular during the Edo period. Soba was served at soba restaurants or, like sushi, at portable eating stands called *yatai*.

[C] there are many soba restaurants in Tokyo. There are two ways of eating soba. One is to order soba noodles in *broth. This is served like ramen with *various ingredients. (㋓) is to order *mori-soba*, or cold soba. [D], people order cold soba with tempura.〈 4 〉

〈*Exploring Tokyo by* Coen Nishiumi 改〉

（注）conveyed-belt sushi restaurant　回転寿司店　　cuisine　料理
World Heritage status　世界遺産の地位　　chef　料理人（板前）　　the wealthy　裕福な人たち
revolving array of sushi plates　並んで回っている寿司の皿
vinegared rice and raw fish　酢飯と生の魚　　snack　軽食
portable sushi stands　移動式の寿司屋台　　particularly　とりわけ　　buckwheat　そば粉
broth　だし汁　　various ingredients　様々な食材

21 問１ ㋐に入れるのに最も適当なものを①～④のうちから１つ選びなさい。

① Because ② But ③ Though ④ When

22 問２ ㋑に入れるのに最も適当なものを①～④のうちから１つ選びなさい。

① so expensive ② so exciting ③ very difficult ④ such importance

23 問３ ㋒の指すものとして最も適当なものを①～④のうちから１つ選びなさい。

① a sushi restaurant
② sitting at a big wooden counter and talking with the chef
③ this experience
④ for ordinary people to enjoy sushi in their everyday life

24 問４ 次のア～エの語句を［A］～［D］に入れる順番の組み合わせとして最も適当なものを①～④のうちから１つ選びなさい。

ア Now イ At that time
ウ Sometimes エ In the early twentieth century

① [A] - イ [B] - エ [C] - ウ [D] - ア
② [A] - イ [B] - エ [C] - ア [D] - ウ
③ [A] - エ [B] - イ [C] - ア [D] - ウ
④ [A] - ウ [B] - イ [C] - エ [D] - ア

25 問５ ㋓に入れるのに最も適当なものを①～④のうちから１つ選びなさい。

① Another ② The other ③ Others ④ The others

26 問６ *nigiri-zushi* に関する説明として適当でないものを①～④のうちから１つ選びなさい。

① It is the sushi with a slice of fish on top of rice.
② We can see it both at *kaiten-zushi* shops and at sushi bars.
③ It is called *edomae* because people in Edo ate it on special occasions.
④ At first, it was eaten at small portable sushi stands as a snack.

27　問7　次の英文が入る最も適当な箇所を①～④のうちから1つ選びなさい。

These days, it has become popular among Westerners because it is healthy even though it is fried.

①〈 1 〉　②〈 2 〉　③〈 3 〉　④〈 4 〉

28　問8　本文の内容と一致しないものを①～④のうちから1つ選びなさい。

① It is possible to say that Japanese cuisine got World Heritage status because of *Kaiten-zushi*.

② In a sushi restaurant, we usually talk with the chef and he or she makes sushi in front of us.

③ Because of *Kaiten-zushi*, more people in Japan can eat Japan's traditional sushi for a reasonable price.

④ We can enjoy soba in a hot soup, like ramen, or in a cold form like *mori-soba*.

<リスニングテスト放送文>

リスニングテスト No.1

<開始の説明>
これからリスニングテストを行います。

問題用紙の１ページを見て下さい。リスニングテストはすべて放送による指示で行います。

問題はＡとＢの２種類があり，全部で５題あります。

問題Ａは問１～３までの３問です。それぞれの問いについて対話を聞き，答えとして最も適当なものを選択肢のうちから１つずつ選びなさい。会話は１度しか読まれませんのでよく聞いて下さい。途中でメモを取っても構いません。

では始めます。


【問題Ａ】

それぞれの問いについて対話を聞き，答えとして最も適当なものを選択肢のうちから１つずつ選びなさい。会話は１度しか読まれません。途中でメモを取っても構いません。

1　問１　What did the woman order?

A(W): Excuse me, are there any more chocolate cakes left?
B(M): I'm sorry, madam. We just sold out.
A(W): All right. Just give me a cup of coffee and an apple pie then.
B(M): That'll be $3.20, please.

① A chocolate cake.
② A cup of coffee and a pie.
③ A cup of coffee and a chocolate cake.
④ A chocolate cake and an apple pie.

<５秒>

2 問2　What is the woman doing?

A(W): I'd like to book a seat for Honolulu, departing on June 8.
B(M): All right. What time would you like to fly out?
A(W): Around 9:00 a.m.
B(M): We suggest reserving a seat on the 9:20 a.m. flight.
A(W): OK. I'll take it.

① Reserving a plane ticket.
② Buying a train ticket.
③ Asking about bus times.
④ Flying to Honolulu.

＜5秒＞

3 問3　What are they talking about?

A(M): Hi Ava! Look! I got it for my birthday.
B(W): Wow, it's nice. Now you don't have to walk to school anymore.
A(M): Yes. I got a blue helmet too. Isn't it cool?
B(W): Very Cute. It looks really good on you.

①

②

③

④

＜5秒＞

これで問題Aを終わります。

問題Bは問4と問5の2題です。それぞれの問いについて英文を聞き，答えとして最も適当なものを選択肢のうちから1つずつ選びなさい。英文は2度読まれます。途中でメモを取っても構いません。では始めます。

【問題B】

それぞれの問いについて英文を聞き，答えとして最も適当なものを選択肢のうちから1つずつ選びなさい。英文は2度読まれます。途中でメモを取っても構いません。

[4] 問4　What is the speaker doing now?

Let me show you how to make the cookies. First, put about a half a cup of butter and sugar in a bowl and mix it well. Then add an egg. After that, put in about two cups of flour and a little bit of salt. Then you bake them at 300 degrees until they are golden brown. Let them cool first before you eat them. Please prepare your preferred toppings. You can choose fruits, whipped cream, and chocolate as well.

① Teaching someone how to bake cookies.
② Telling someone how to eat cookies.
③ Eating cookies with someone.
④ Warning someone about eating cookies.

＜5秒＞

[5] 問5　How many countries did the speaker visit in Europe last year?

My speech is about the trip I made to Europe last year. Last summer I decided to visit my friend in Germany. There are direct flights to Frankfurt, where she lives, but I wanted to see France and Italy as well, so I caught a plane to Paris. I found a charming hotel in Paris that I liked very much. So, I decided to stay longer and not to go to Italy. After a week of visiting museums and shopping, I caught a train and went directly to Berlin. I really enjoyed that train ride!

① One.
② Two.
③ Three.
④ Four.

＜5秒＞

以上でリスニングテストを終わります。

【数　学】（40分）〈満点：100点〉

次の A ～ M の問題について，正しい答えを①～⑤から選びなさい。

A　$(x+2)(x+1)(x-1)(x-2)$ を展開しなさい。　解答番号は 1

① x^4+5x^2+4	② x^4-5x^2+4	③ x^4+5x^2-4
④ $x^4+4x^3+3x^2-2x+4$	⑤ $x^4+4x^3+3x^2-2x-4$	

B　連立方程式 $ax+by=bx+ay=1$ の解が，$x=1$，$y=-2$ であるとき，$a-b$ の値を求めなさい。　解答番号は 2

① -1	② $-\frac{1}{2}$	③ 0	④ $\frac{1}{2}$	⑤ 1

C　a を100以下の自然数とする。18に a をかけた数が，ある自然数の2乗になるとき，最大となる a の値を求めなさい。　解答番号は 3

① 72	② 97	③ 98	④ 99	⑤ 100

D　$\sqrt{3}$ の小数部分を x とするとき，x^2+2x を求めなさい。　解答番号は 4

① 1	② 2	③ 3	④ $3+2\sqrt{3}$	⑤ $3-2\sqrt{3}$

E　関数 $y=ax^2$ $(a\neq 0)$ について，x の変域が $-3\leqq x\leqq 2$ のとき，y の変域が $b\leqq y\leqq 5$ である。このとき，a, b の値を求めなさい。　解答番号は 5

① $a=\frac{5}{9},\ b=0$	② $a=\frac{5}{4},\ b=0$	③ $a=\frac{5}{9},\ b=\frac{20}{9}$
④ $a=\frac{5}{4},\ b=\frac{45}{4}$	⑤ $a=\frac{5}{4},\ b=\frac{20}{9}$	

F　4人をA，Bの2部屋に入れる方法は何通りあるか答えなさい。
ただし，空き部屋があっても良いものとする。　解答番号は 6

① 4通り	② 5通り	③ 8通り	④ 12通り	⑤ 16通り

G　袋の中に，白玉がたくさん入っている。その袋の中に，赤玉144個を入れ，よくかき混ぜてから無作為に30個の玉を取り出したところ，その中に赤玉が12個入っていた。最初に袋の中に入っていた白玉の個数は，およそ何個と推測されるか。もっともふさわしいものを選びなさい。　解答番号は 7

① 196個	② 216個	③ 240個	④ 256個	⑤ 360個

H　ある整数 x の絶対値は $\frac{2024}{210}$ 以下 であることが分かっている。x のとりうる値として考えられる整数の個数を求めなさい。　解答番号は 8

① 9	② 10	③ 18	④ 19	⑤ 20

I　あるクラスの男子生徒の人数は15人，女子生徒は20人であり，男子生徒のうち数学が得意な生徒の割合は40%，女子生徒のうち数学が得意な生徒の人数は，数学が得意な男子生徒の $\frac{2}{3}$ 倍 であるとする。このとき，クラス全体の数学が得意な生徒の人数の割合に最も近いものを，次の選択肢から選びなさい。　解答番号は 9

① 26%	② 29%	③ 32%	④ 35%	⑤ 40%

J　右図のように放物線 $y=ax^2$ のグラフ上に点Aと点Bがある。点Aは，半径4の円の中心でこの円は x 軸と y 軸に接している。点Bの x 座標は6である。このとき，次の問いに答えなさい。

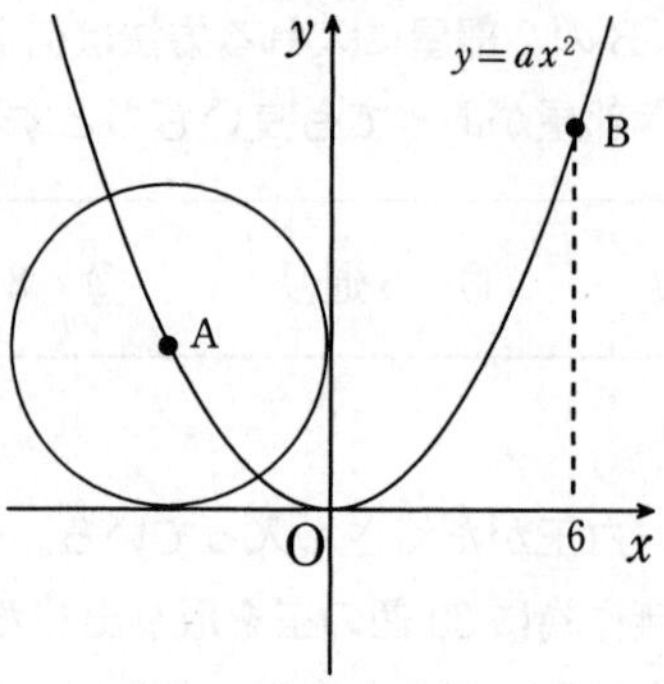

(1)　点Bの y 座標を求めなさい。　解答番号は 10

① 5	② 6	③ 7	④ 8	⑤ 9

(2)　△AOBの面積を求めなさい。　解答番号は 11

① 24	② 26	③ 28	④ 30	⑤ 32

(3)　直線ABと y 軸の交点を点Cとおく。点Cを通り，△AOBの面積を2等分するような直線の方程式を求めなさい。　解答番号は 12

① $y=-5x+5$　② $y=-5x+6$　③ $y=-5x+7$

④ $y=-\dfrac{9}{2}x+5$　⑤ $y=-\dfrac{9}{2}x+6$

K

2つの箱 A, B があり，どちらの箱にも6枚のカード [0], [1], [2], [3], [4], [5] が入っている。2つの箱から同時に1枚ずつカードを取り出し，箱Aから取り出されたカードに書かれた数字を a，箱Bから取り出されたカードに書かれた数字を b とする。また，右図のように，x 座標が a，y 座標が b となる点をPとするとき，次の問いに答えなさい。

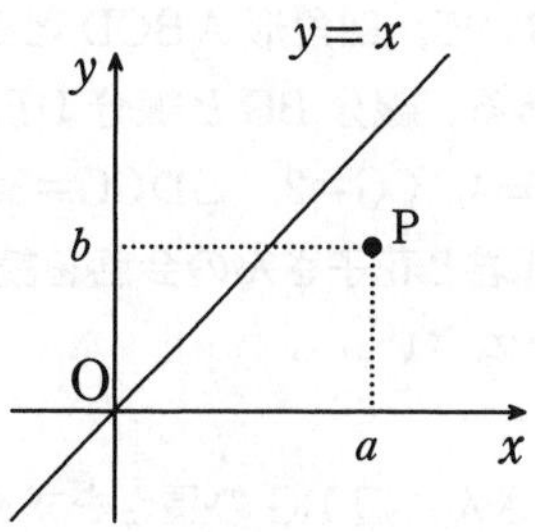

(1) 点Pが直線 $y=x$ 上にある確率を求めなさい。　解答番号は [13]

① $\frac{1}{6}$	② $\frac{1}{9}$	③ $\frac{1}{12}$	④ $\frac{1}{18}$	⑤ $\frac{1}{36}$

(2) 線分OPの長さが $2\sqrt{2}$ 以上となる確率を求めなさい。　解答番号は [14]

① $\frac{7}{12}$	② $\frac{25}{36}$	③ $\frac{13}{18}$	④ $\frac{3}{4}$	⑤ $\frac{7}{9}$

L

右図のように長方形ABCDの紙がある。AE＝1, ∠ABE＝30° となるように線分BEで折ると頂点Aは線分CD上の点Fと重なる。また，線分BEの中点をGとするとき，次の問いに答えなさい。
ただし，円周率は π とする。

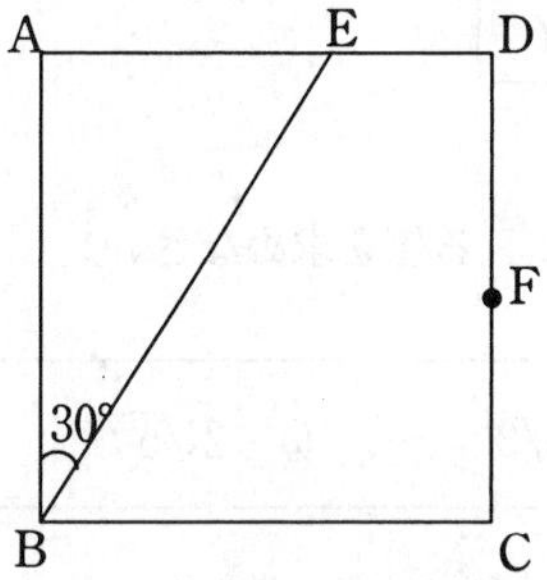

(1) DFの長さを求めなさい。　解答番号は [15]

① $\frac{1}{2}$	② $\frac{\sqrt{2}}{2}$	③ $\frac{\sqrt{3}}{2}$	④ 1	⑤ $\sqrt{2}$

(2) 四角形BCFGの面積を求めなさい。　解答番号は [16]

① $\frac{3\sqrt{2}}{8}$	② $\frac{3\sqrt{3}}{8}$	③ $\frac{5\sqrt{2}}{8}$	④ $\frac{5\sqrt{3}}{8}$	⑤ $\frac{3}{8}$

(3) FGを軸に四角形BCFGを1回転させてできる立体の体積を求めなさい。
解答番号は [17]

① π	② $\frac{\sqrt{3}}{2}\pi$	③ $\frac{3\sqrt{2}}{4}\pi$	④ $\frac{5\sqrt{2}}{8}\pi$	⑤ $\frac{5\sqrt{3}}{8}\pi$

M　右図において，四角形 ABCD と四角形 CEFG は正方形である。線分 BG と線分 DE の交点を H とする。BC=4，CG=2，∠DCG=30° とする。このときの太郎君と花子さんの会話を読んで，以下の問いに答えなさい。

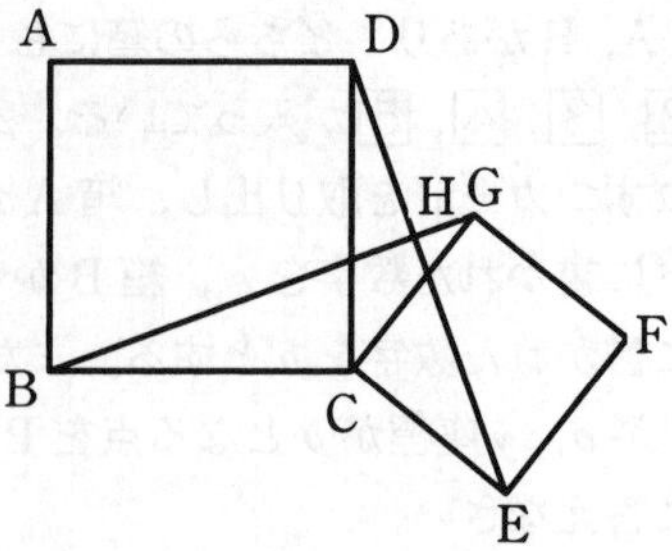

太郎：花子さん，辺 BG の長さを求められる？

花子：簡単よ！　BG= ［ア］ となるよね。

太郎：どうやって求めたの？

花子：図 1 のような補助線を引いて考えると，
∠GCI=60° になり，CG=2 から CI と GI が求まるから，
三角形 BGI に着目して三平方の定理で求まるよ。

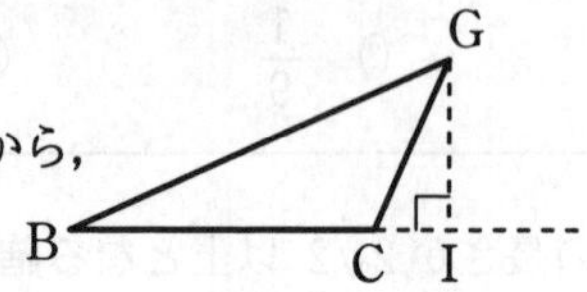

図1

太郎：じゃあ辺 DE の長さは分かる？

花子：それは，<u>計算しなくても分かるわ。</u>発言 A

太郎：さすが花子さん。解がある問題で花子さんが解けない問題はないよね。
じゃあ ∠DHG は求められる？

花子：［イ］

(1)　［ア］ に入る値を求めなさい。　　解答番号は [18]

①　$2\sqrt{3}$　　②　$2\sqrt{5}$　　③　$2\sqrt{6}$　　④　$2\sqrt{7}$　　⑤　$3\sqrt{2}$

(2)　花子さんの発言 A の根拠としてふさわしいものを選びなさい。　　解答番号は [19]

① 三角形 BCG と三角形 DCE が合同なので，DE=BG となるから。

② CD : CE : DE = 2 : 1 : $\sqrt{3}$ となるから。

③ 三角形 CDE において，三平方の定理を用いて，求めることが出来るから。

④ 辺 DE は，三角形 CDE の各頂点 C，D，E を通る円の直径となるから。

⑤ 辺 BG と辺 CD の交点を K とすると，三角形 GKC と三角形 CDE は相似となるから。

(3) 花子さんの イ の発言の内容として，ふさわしいものを選びなさい。

解答番号は 20

① 条件不足だから求められない。
② 三角形 BCG を C を固定して 60° 時計回り回転したら三角形 DCE になるから ∠DHG は 60° になる。
③ 三角形 BCG を C を固定して 90° 時計回り回転したら三角形 DCE になるから ∠DHG は 90° になる。
④ ∠DCG＝30° という条件から，∠DHG は 60° になる。
⑤ 四角形 BDGE はひし形であるから，∠DHG は 90° になる。

問4　傍線部3「お山に夜のぼり、しるし置きて帰れ。さらずば、力ありとも心は臆したり」とあるが、周囲の人たちが口とき男にこのように言った理由として最も適当なものを次の①～⑤の中から選びなさい。

解答番号は 29

① 口では強そうなことをいう男のことを憎らしく感じ、皆で恥をかかそうと思ったから。
② 力が強く口が達者な男をその気にさせて、神のすむ山の様子を探ってもらおうと考えたから。
③ 皆で恐ろしい神の住む山で肝試しをして、誰が一番臆病者か判定し合おうと考えたから。
④ 力が強く威張っている男に、力の強さではなく心の強さが大切だということを伝えたかったから。
⑤ 口が達者な男に嫌気がさして、山に住む神に男の心を鍛えてもらおうと思ったから。

問5　『春雨物語』は江戸時代に成立した作品であるが、同時代に成立した作品を次の①～⑤の中から一つ選びなさい。

解答番号は 30

① 『平家物語』　② 『源氏物語』　③ 『大鏡』　④ 『日本永代蔵』　⑤ 『枕草子』

問1　二重傍線部a〜eを現代仮名遣いにしたものとして、**正しくないもの**を次の①〜⑤の中から一つ選びなさい。　解答番号は 26

①　a「おこなひ」　→おこない

②　b「けふ」　→きょう

③　c「恥《はづ》かしむ」　→はずかしむ

④　d「眉《まゆ》ひそめて」→まゆいそめて

⑤　e「追ひ止《とど》めむ」→おいとどめん

問2　傍線部1「しら」の活用形として最も適当なものを次の①〜⑤の中から一つ選びなさい。　解答番号は 27

①　未然形　②　連用形　③　終止形　④　連体形　⑤　已然形

問3　傍線部2「申の時」の示す時間帯として最も適当なものを次の①〜⑤の中から一つ選びなさい。　解答番号は 28

①　午後1時〜3時　②　午後3時〜5時　③　午後5時〜7時

④　午後7時〜9時　⑤　午後9時〜11時

五

次の古文を読んで、後の問い（問1～5）に答えなさい。

むかし今を1しらず。※1伯耆《はうき》の国大智大権現の御山《おやま》は、恐しき神のすみて、夜はもとより、昼も2申《さる》の時過ぎては、寺僧《じそう》だにくだるべきは下り、行ふべきはaおこなひ明《あか》すとなん聞《きこ》ゆ。麓《ふもと》の里に、夜毎わかき※2あぶれ者等集り、酒のみ、博奕《ばくち》打ちて争ひ遊ぶ宿あり。bけふは雨降りて、野山の※3かせぎゆるされ、※4午時《うまのとき》よりあつまり来て、跡無《あとな》きかたり言《ごと》してたのしがる中に、※5腕だてして、※6口とき男あり。憎しとて、「おのれは強き事いへど、3お山に夜のぼり、しるし置きて帰れ。さらずば、力ありとも心は臆《おく》したり」とて、あまたが中にc恥《はづ》かしむ。「それ何事かは。こよひのぼりて、正《まさ》しくしるしおきてかへらむ」とて、酒のみ物くひみちて、小雨なれば蓑笠《みのかさ》かづきて、ただ今出でゆく。友達が中に、老いて心有るは、「※7無やくの争ひ也。※8渠《かれ》必ず神に引きさき捨てられん」と、d眉《まゆ》ひそめていへど、e追ひ止《とど》めむともさらにせず。

（『春雨物語』より）

（注）※1　伯耆の国……現在の鳥取県
※2　あぶれ者……無法者
※3　かせぎゆるされ……仕事が休みになり
※4　午時……現在の午前11時～午後1時のこと
※5　腕だてして……力を頼みにして威張って
※6　口とき……口が達者な
※7　無やく……無益
※8　渠……「彼」と同じ意味

（Ⅲ）葉の先が食べられてしまっても、新たな葉をつぎつぎに再生することができるのです。
（Ⅳ）したがって、草食動物に食べられることに適応した植物、すなわちススキやササ、シバなどのイネ科の植物が、そこでの優占種になります。
（Ⅴ）ススキやシバなどのイネ科の植物は、茎や芽が地際《じきわ》や地中にあり、そこから葉がわき出すように成長します。

動物が葉といっしょに穂を食べると、種子は動物の体内で消化されずに消化管を通って排出されます。その間に種子は休眠が解除されて発芽《はつが》しやすくなります。

（鷲谷いづみ『さとやま　生物多様性と生態系模様』より）

① （Ⅰ）→（Ⅲ）→（Ⅴ）→（Ⅳ）→（Ⅱ）
② （Ⅱ）→（Ⅳ）→（Ⅴ）→（Ⅲ）→（Ⅰ）
③ （Ⅲ）→（Ⅰ）→（Ⅳ）→（Ⅱ）→（Ⅴ）
④ （Ⅳ）→（Ⅱ）→（Ⅲ）→（Ⅴ）→（Ⅰ）
⑤ （Ⅴ）→（Ⅳ）→（Ⅰ）→（Ⅱ）→（Ⅲ）

四 次の問い（問1～5）の答えを各群の①～⑤の中から一つ選びなさい。

問1 次の①～⑤の熟語のうち、傍線部の意味が明らかに異なるものが一つある。それはどれか。 解答番号は 21

① 学徒　② 生徒　③ 徒労　④ 信徒　⑤ 徒弟

問2 「問答」と同じ構成の熟語はどれか。 解答番号は 22

① 過失　② 公立　③ 無力　④ 起伏　⑤ 挙手

問3 次の①～⑤の熟語のうち、傍線部の読み方が異なるものが一つある。それはどれか。 解答番号は 23

① 稲作　② 水稲　③ 稲光　④ 稲妻　⑤ 稲穂

問4 次の空欄□に一字を入れると四字熟語が完成する。その一字はどれか。 解答番号は 24

奇想□外

① 点　② 天　③ 転　④ 展　⑤ 典

問5 次の（Ⅰ）から（Ⅴ）を並び替えて意味の通る文章にしたとき、最も適当なものはどれか。 解答番号は 25

（Ⅰ）草食動物に食べられることにとくに適応しているシバは、種子をつける穂も、葉と同じぐらいの高さにあります。

（Ⅱ）牧に生える草は、頻繁《ひんぱん》に牛や馬などの草食動物によって食べられます。

問5　傍線部5「無意識」とあるが、同様に「無」という打ち消しの接頭語がつくものを次の①～⑤の中から一つ選びなさい。

解答番号は[19]

①　開発　②　公式　③　自然　④　分別　⑤　現実

問6　本文の内容として最も適当なものを次の①～⑤の中から一つ選びなさい。

解答番号は[20]

①　『僕が本当に若かった頃』を読んだ「私」は、自分の大事な一部が欠落してしまい、読書は何かをなくすものだということに気づき、無意識に恐怖している。

②　『僕が本当に若かった頃』を読んだ「私」は、自分の中の何かが壊れた恐怖を覚えたが、同時にその経験によって自身の内面に起きた変化に喜びも感じている。

③　『僕が本当に若かった頃』を読んだ「私」は、自分が別の形になってしまうことに恐怖を覚え、そのことに耐えられず、小説を読むことにためらいを感じている。

④　『僕が本当に若かった頃』を読んだ「私」は、自分が変わることの恐怖を覚えたが、一方でそれを期待してもいて、その矛盾した気持ちに対して困惑している。

⑤　『僕が本当に若かった頃』を読んだ「私」は、自分自身の内面が大きく変化していき、そのことによって他の人たちの評価が得られることを期待している。

だから、私はこの小説に出会えて嬉しかった。※2畏怖《いふ》と喜びが同居した読書体験を、私はこの短編からもらった。

（村田沙耶香『私が食べた本』より）

（注）※1　表題作…短編集に収録されている作品のうち、その題名が短編集の題名にも使われているもの。

※2　畏怖…恐れおののくこと。

問1　傍線部1「存在」と同じ構成の熟語を次の①～⑤の中から一つ選びなさい。　解答番号は[15]

①　非凡　②　登山　③　往復　④　予知　⑤　豊富

問2　傍線部2『僕が本当に若かった頃』」の作者である大江健三郎はノーベル文学賞を受賞した人物である。同様にノーベル文学賞を受賞した人物を次の①～⑤の中から一つ選びなさい。　解答番号は[16]

①　芥川龍之介　②　太宰治　③　川端康成　④　小川洋子　⑤　村上春樹

問3　傍線部3「それ自身が小説であるかのように、その手紙はそこに存在する」とあるが、ここで使われている表現技法を次の①～⑤の中から一つ選びなさい。　解答番号は[17]

①　直喩　②　隠喩　③　反復法　④　倒置法　⑤　体言止め

問4　傍線部4「それが壊れたということが、私の精神の一部になった」はいくつの文節に分けられるか。次の①～⑤の中から一つ選びなさい。　解答番号は[18]

①　六個　②　七個　③　八個　④　九個　⑤　十個

三　次の文章は、大江健三郎の短編小説集である『僕が本当に若かった頃』を読んで、作者が感想を書いたものである。これを読んで後の問い（問1～6）に答えなさい。

　読書をする、ということについて考えることがある。単に物語を楽しむ、ということで終わらないということ。いったい文字が脳にどういう風に触れているのかわからないけれど、自分という1存在の、核心が揺さぶられるということ。物語と距離をとれず、読むことが、私の精神にとって重要な体験になってしまうということ。2『僕が本当に若かった頃』は私にとってそういう本の中の一冊だ。手に取ったのは、題名に惹《ひ》かれたからだった。※1表題作を読み始めて、その題名が「僕」が若いころに書きかけた小説のものであることを知る。

　この本には九編の短編小説が収められている。表題作である「僕が本当に若かった頃」は、作家である「僕」が、二十歳だったころに家庭教師をした繁君の消息を知るところから始まる。家庭教師をしていた「僕」は、十六歳の繁君からある小説を合作しようと持ちかけられる。その小説を書くために叔父《おじ》と共に北海道へ行った繁君は、ある重大な事故を体験する。そして時は現在へと戻り、物語の最後に現在の繁君からの手紙が置かれる。3それ自身が小説であるかのように、その手紙はそこに存在する。

　繁君の手紙を読んだとき、私は自分の中の何かが壊れたような感じがした。

　それは自分の中の「罪」というものの意味だったかもしれない。「僕」という言葉の存在だったかもしれない。自分を人間にしている部品の一つだったかもしれない。

　とにかく、何かが、壊れた。そのことだけがわかった。

　4それが壊れたということが、私の精神の一部になった。こういうことが起きるから、私は小説というものがどこかで怖い。怖いのに、とてつもなく、惹かれている。

　何かが壊れるということは、自分が別の形になるということだ。それは5無意識のある部分が覚醒《せい》するということにも似ている。精神が今までと少しだけ違う形になる。そのことはとても怖いのだけれど、小説を読むとき、どこかでそのことを期待している。

二

次の問い（問1～5）の傍線部と同一の漢字を使うものはどれか。次の各群の①～⑤の中から一つずつ選びなさい。

解答番号は 10 ～ 14

10 問1 シキ者の意見を聞く。

① 筋組シキの構造。
② シキ彩豊かな絵画。
③ シキ物のほこりを落とす。
④ 常シキのある人物。
⑤ 入学シキに出席する。

11 問2 不キュウの名作。

① キュウ地に立たされる。
② 老キュウ化の進む建物。
③ 国王のキュウ殿。
④ 永キュウ不変の輝き。
⑤ 社会問題を追キュウする。

12 問3 物価が高トウする。

① 人跡未トウの地。
② トウ塁に成功する。
③ トウ芸教室に通う。
④ 水が沸トウする。
⑤ 目的地にトウ着する。

13 問4 腐ハイした食べ物。

① 貴族にハイ謁する。
② ハイ人の作品を鑑賞する。
③ 決勝戦でハイ退する。
④ 産業ハイ棄物の回収。
⑤ 荷物をハイ達する。

14 問5 昆虫のヒョウ本を見る。

① ヒョウ白剤を購入する。
② 選挙の投ヒョウに行く。
③ ヒョウ高の高い山。
④ ヒョウ面張力の原理。
⑤ ヒョウ山の一角。

(i) **【文章B】**の空欄 Y に入ることばとして最も適当なものを次の①～⑤の中から一つ選びなさい。　解答番号は 8

① 疑問　② 理解　③ 錯覚　④ 教訓　⑤ 想像

(ii) **【文章A】**・**【文章B】**を読んだ生徒の発言のうち、文章の趣旨を**踏まえていないもの**はどれか。次の①～⑤の中から一つ選びなさい。　解答番号は 9

① 生徒a―人の外見と内面を結びつける学問があったなんて驚いたわ。フランスでは、一般市民に広く知られているそうね。ヨーロッパの一部でも徐々にこの学問は広がっているみたいね。

② 生徒b―そうだね、コミュニケーションをうまくとるために利用されているようだけど、言葉以外のものが情報を伝える大きな要素になっているのは知らなかったな。

③ 生徒c―しかも、話す言葉の内容以外のものが情報を伝える要素になる割合は九割以上らしいよ。思っていた以上に見た目が大事になるんだな。それに、外見から相手を知ることは人間関係の構築にも役立ちそうだね。

④ 生徒d―でも、たとえ一割以下であっても話の内容は重要な要素だわ。外見は内面を反映したものだから、まずは内面を磨くことを第一に考えるべきね。

⑤ 生徒e―また、自分の先入観だけで相手の印象を決めつけることは良くないね。人を見る目を鍛えるためにも相貌心理学を学んで、他人に対して広い心が持てるようにしたいね。

問7　次の【文章B】は非言語コミュニケーションについて論じたものである。【文章A】、【文章B】の内容を踏まえて（ⅰ）、（ⅱ）の問いに答えなさい。

【文章B】

私たちの周りにあふれていることば以外の膨大な情報――。それを研究しているのが、心理学の「ノンバーバル・コミュニケーション」と呼ばれる領域である。最近は、言葉よりも、言葉以外の要素の方がより多くの情報を伝達していることが分かってきた。アメリカの心理学者アルバート・マレービアン博士は人が他人から受けとる情報（感情や態度など）の割合について次のような実験結果を発表している。

○顔の表情　五五％
○声の質（高低）、大きさ、テンポ　三八％
○話す言葉の内容　七％

話す言葉の内容は七％に過ぎない。残りの九三％は、顔の表情や声の質だというのである。実際には、身だしなみや仕草も大きく影響するだろう。

ついついコミュニケーションの「主役」は言葉だと思われがちだが、それは大間違いである。演劇やマンガを主戦場としている私は、人は能力や性格もひっくるめて「見た目が九割」といっても差し支えないのではないかと考えている。

にもかかわらず、学校教育では「言葉」だけが、「伝達」の手段として教えられる。だから七％を「全体」と勘違いしている人が生まれる。たとえば、「本をたくさん読む人」が「たくさん勉強している人」という［Y］が生まれる。「本をたくさん読む人」が必ずしも「情報をたくさん摂取している人」ではないのである。

（竹内一郎『人は見た目が9割』より）

問4 **【文章A】**の空欄 X に入ることばとして最も適当なものを次の①〜⑤の中から一つ選びなさい。 解答番号は 5

① カウンセリング　② ファイリング　③ マーケティング　④ コーチング　⑤ シェアリング

問5 **【文章A】**の傍線部2「いいこと」とあるが、その内容の説明として最も適当なものを次の①〜⑤の中から一つ選びなさい。 解答番号は 6

① 相手への理解を深めることで相手の本来持っている能力を引き出して活用し、自分の仕事とプライベートを充実させて人生をより豊かにできるということ。

② 自分への理解が深まることで人生の目標が定まり、努力の方向性が安定することで持っている能力を最大限に活かすことができ、成功をつかみやすくなるということ。

③ 他者理解の成熟によって知識や経験が増えて、教育分野とビジネス分野だけではなく、他領域の仕事と連携した新ジャンルの事業を作る可能性が高まるということ。

④ 自分自身を知ることでためらわずに相手の懐《ふところ》に飛び込んで人間関係を発展させることができ、他人への理解が進むことで自分の素質が伸びるということ。

⑤ 正しい自己認識ができることで行動範囲が広がり、公私が満ち足りて生活が豊かになり、他者への理解が深まることで積極的に人間関係を構築することができるということ。

問6 **【文章A】**の傍線部3「相手のためのみならず、自分のためにもなります」とあるが、これを表すことわざ・慣用句として最も適当なものを次の①〜⑤の中から一つ選びなさい。 解答番号は 7

① 気が置けない　② 情けは人の為ならず　③ 心を以て心に伝う　④ 恩をあだで返す　⑤ 魚心あれば水心

問1 **【文章A】**の二重傍線部a・bのカタカナを漢字に直したとき、同じ漢字を含むものを次の各群の①～⑤の中から一つずつ選びなさい。 解答番号は 1 ・ 2

1 a ボウサツ

① 一切をボウキャクする。
② 隣国にボウメイする。
③ ハンボウを極める毎日。
④ 演説をボウガイする。
⑤ オウボウなふるまい。

2 b オサめる

① 国をトウチする。
② 神社に絵馬をホウノウする。
③ 高校の課程をシュウリョウする。
④ 血管がシュウシュクする。
⑤ 犯人をスイリする。

問2 **【文章A】**の傍線部1「フランス」とあるが、フランスに滞在した経験がある作家与謝野晶子の作品を、次の①～⑤の中から一つ選びなさい。 解答番号は 3

① 『みだれ髪』 ② 『にごりえ』 ③ 『たけくらべ』 ④ 『歌よみに与ふる書』 ⑤ 『若菜集』

問3 **【文章A】**の空欄 A ・ B に入ることばの組み合わせとして、最も適当なものを次の①～⑤の中から一つ選びなさい。 解答番号は 4

① A＝または B＝しかしながら
② A＝もしくは B＝ちなみに
③ A＝たとえば B＝また
④ A＝さもなければ B＝すなわち
⑤ A＝それゆえ B＝なお

自分を知ることで、人間関係、仕事の範囲、活動領域が広がって、行動半径も拡大していきます。仕事もプライベートも充実して、人生がより豊かになることは、間違いありません。

二つ目に、他人を知る。

あなた自身、これまでさまざまな人に出会ってきたでしょうが、そのすべての人を真に理解できたでしょうか。そんな人物眼が鋭い人は、めったにいるものではありません。相貌心理学を身につければ、誰もがしっかりした人物眼を持ちコミュニケーションにおける寛容さや相手に対するやさしさを育むことができます。

自分固有の見方で相手を見てしまい、特に第一印象で「この人、嫌い」と思ったら、以後も相手への理解を示すことなく常に隔たりや壁をつくってしまう人は多いようです。その負の感情は、相手にも必ず伝わります。相手からも「あの人、なんか感じが悪い」と思われてしまい、結果的に損をすることになります。

これまでは自分が過去に培ってきた経験や価値観で相手を判断して、それで終わっていた人も、相貌心理学を学ぶことによって、「あ、この人第一印象ではちょっと苦手なタイプだけど、こういういいところがある。そこに着目すれば、私ともうまくいくかもしれない」と見方が変わっていきます。相手の特性を活かすような関係性をつくることで、人間関係も良好になります。

相手を理解することは、相手を活かすこと。それは、[3]相手のためのみならず、自分のためにもなります。

他人を知ることで、これまでよりも多くの人とのコミュニケーションに躊躇《ちゅうちょ》なく踏み出せるようになります。新しい人とのつながりができれば、そこからまたさらなる人間関係が発展して、行動半径が拡大していきます。

自分自身を知る。他人を知る。大きく挙げれば、この二つが、相貌心理学を学ぶメリットになります。

（佐藤ブゾン貴子『人は顔を見れば99％わかる フランス発・相貌心理学入門』より）

（注）※1 相貌…顔かたち。顔つき。容貌。

コルマンは論文以外に、自分の学術研究成果を三十数冊の本で発表し、それが今日の相貌心理学の理論の基になっています。彼自身は臨床心理学者でもあり、実証、ケース・スタディを提唱していたので、自分のメソッドをつくるに当たって数多くの分析・実証を繰り返すことで精度を高めていきました。

現在に至り、一億人以上にも上る顔分析データの集約をもって理論を体系化し続けているという意味では、まさに「生きた学問」と言え、相貌心理学のプロフェッサーによる顔分析の精度は、99％の正確性を誇ると言われています。

フランスでは学問としても人気で、精神科の医師やカウンセラー、ファッション関係者などが相貌心理学者の資格を取得しています。美容関係、エステティシャンなど美に関する職業の方の受講が多いのも特徴です。相貌心理学を学んだ美容師が、相貌心理学と美容を融合させた新しい分野をつくったというケースもあります。

[B]、相貌心理学者は現時点で世界に約千二百人います。その中でもプロフェッサーは世界に十五人。日本人では、僭越《せんえつ》ながら私だけです。

相貌心理学を学ぶと、どんないいこと[2]があるのでしょうか。大まかに言うと、二つあります。

一つ目に、自分自身を知る。

自分自身のことは理解しているようで、案外、理解していないものです。特に仕事に追われたり日々の生活にボウサツ[a]されたりしていると、自分が本当は何をやりたいのか、どんなことが向いているのかを探ろうとする余裕もなくなります。とにかく目の前のことを一生懸命にやって結果を出すのに精いっぱい。

その一生懸命にやっていることは、本当にあなたが求めているものなのでしょうか。自分がどんなことをやりたいのか。あるいは、どんなことで自分の才能が開花するのか……。

才能の開花が望める分野は、その人が持っている力を最大限に発揮させます。当然ながら、その分野を選んでしっかり努力していけば、成功をオサ[b]めることができ、本当の意味で自分を満たすことができます。

この満足感を得るには、自分自身を把握する必要があります。それもなるべく客観的に。それを教えてくれるのが、相貌心理学です。

二〇二四年度

東亜学園高等学校

【国語】（四〇分）〈満点：一〇〇点〉

一　次の【文章A】を読んで、後の問い（問1～7）に答えなさい。

【文章A】

※1相貌《そうぼう》心理学は、一九三七年、1フランスの精神科医でもあり臨床学者でもあったルイ・コルマンによって、顔と精神（内面）、顔と性格の相互関係を研究対象としてつくり上げられた学問です。顔を客観データとして分析し、人間性、性格、パーソナリティーを見立てていきます。

コルマンの著書『相貌心理学序説』は、フランスで最も権威ある出版局「フランス大学出版局」から半世紀にわたり出版されています。日本では一般には知られていませんが、フランスでは心理学の一分野として広く知られており、教育分野、またビジネス分野においても多方面で活用されています。

実際にどのようなメソッドとして活用されているのかについては、相貌心理学者と企業との間で守秘義務の取り決めがあるため、企業名などの詳細はここではお伝えすることができませんが、お客様とのコミュニケーション、人材育成、［A］適材適所の人材配置といったマネジメントに応用されています。

教育分野においては、ファッションや美容などのイメージを［X］する学校のカリキュラムの中などで相貌心理学の顔分析の応用が使われています。一般の家庭でも子どもとのコミュニケーションをうまくとるために使われています。

フランスでは有名な雑誌や新聞で特集されることもあるので、道を歩く人に聞いても、「ああ、知っているよ」と答えるくらいポピュラーな学問なのです。

ヨーロッパにおいても、イタリアやスペインといったフランスの近隣国では、相貌心理学が少しずつ広まりつつあります。

2024年度／東亜学園高等学校

英語解答

1 問1 ② 問2 ① 問3 ①
問4 ① 問5 ②

2 問1 ② 問2 ④ 問3 ③
問4 ③ 問5 ②

3 問1 ④ 問2 ④ 問3 ②
問4 ② 問5 ①

4 問1 ② 問2 ④ 問3 ②
問4 ③ 問5 ①

5 問1 ③ 問2 ① 問3 ④
問4 ② 問5 ② 問6 ③
問7 ④ 問8 ①

1〔放送問題〕解説省略

2〔適語選択・語形変化〕

問1．‘mind＋人＋～ing’「〈人〉が～するのが嫌ではない，〈人〉が～してもかまわない」　「彼女が私の車を運転してもかまわない」

問2．‘too ～ to …’「…するには～すぎる，～すぎて…できない」　「トムは眠すぎてそれ以上数学の勉強をすることができなかった」

問3．主語が this animal「この動物」なので，「何と呼ばれていますか」という意味の文になると考えられる。これは，‘be動詞＋過去分詞’の受け身形で表せる。疑問文なので，‘be動詞＋主語＋過去分詞’という語順になる。　「この動物は英語で何と呼ばれていますか」

問4．Something から you までで英文が成立しているので，空所以降はそれ以前のいずれかの語(句)を修飾するまとまりになっていると判断できる。「あなたにチャンスを与えてくれる」は Something good「何かよいこと」と結びつくとわかるので，これらをつなぐ語として，‘物’を先行詞とする関係代名詞の which が適する。先行詞と関係代名詞は離れている場合がある。　「あなたにチャンスを与えてくれる何かよいことがあなたに起こるでしょう」

問5．little は，「時間」という意味の time のような‘数えられない名詞’が「ほとんどない」という場合に用いる。なお，several，many，few は‘数えられる名詞’とともに使う。　「地球を救うために残された時間はほとんどない」

3〔書き換え―適語(句)選択〕

問1．「あれが彼が壊した機械だ」→「あれが彼によって壊された機械だ」　「彼が壊した」を「彼によって壊された」と読み換え，‘名詞＋過去分詞＋語句’「～された…」の形(過去分詞の形容詞的用法)で表す。

問2．「私たちが彼のアドバイスに従う必要はない」→「私たちは彼のアドバイスに従わなくていい」「～しなくてよい，～する必要がない」は don't/doesn't have to ～ で表せる。　‘It is ～ for … to ―’「…が―することは～だ」　necessary「必要な」

問3．「メアリーは今夜たくさんの雑誌を読まなければならない」→「メアリーには今夜読むべき雑誌がたくさんある」　名詞を修飾する to不定詞(不定詞の形容詞的用法)でも，「～するべき…」という‘義務’を表せる。

問4．「彼の意見は私たちの意見と違っていた」→「彼の意見と私たちの意見の間には違いがあった」

be different from ～「～と違っている」 ‘difference between *A* and *B*’「*A*と*B*の間の違い」

問5．「私たちはこんなに美しい虹を見たことがない」→「これは私たちが今までに見た中で最も美しい虹だ」　現在完了(‘have/has＋過去分詞’)の‘経験’用法で never「～したことがない」と such「こんな」を用いた文は，最上級と ever「今までに」を使って書き換えられる。beautiful の最上級は most beautiful。

4〔整序結合〕

問1．「お年寄りもいる」なので Some old people を主語とし，これに「～したがらない」don't want to ～ を動詞として続ける。「席に座りたがらない」は「席を求めたがらない」と読み換え，to の後に「～を求める」という意味の ask for を置く。　Some old people don't want to ask for a seat on the train.

問2．The woman is a famous pianist「女の人は有名なピアニストだ」が文の骨組み。「君が話しかけた」は you spoke to とし，これを The woman「女の人」の直後に置く。woman と you の間に目的格の関係代名詞が省略されている。　The woman you spoke to is a famous pianist in the world.

問3．be glad to ～「～してうれしい」と have a chance to ～「～する機会を持つ」を組み合わせる。　We are very glad to have a chance to study together at home.

問4．‘put *A* on *B*’で「*A*を*B*につける」。これを「～すること」という意味の動名詞(～ing)として使い，Putting price tags on goods という主語のまとまりをつくる。「時間がかかる」は takes time と表す。　Putting price tags on goods takes time.

問5．‘find it ～ to …’「…することは～だとわかる」と finish ～ing「～し終える」を組み合わせる。　We found it hard to finish reading the book in a week.

5〔長文読解総合―説明文〕

≪全訳≫❶寿司《すし》店はとても高くつくことで知られているが，寿司を手軽に楽しみたいのなら，回転寿司店を利用してみよう。和食が世界遺産の地位を獲得したとき，おそらく回転寿司店という発想は和食がそのリストに加えられた理由ではなかっただろう。伝統的な寿司ほどおいしくはないかもしれないが，回転寿司は日本独特の食の経験だ。❷伝統的には，寿司店に入るということは，普通大きな木製のカウンターに向かって座り，寿司が一貫一貫握られるのを見ながら板前と話すという意味だった。残念なことに，この経験はとても高くつくものでもあったので，特別なときか裕福な人たちのためのものであった。普通の人たちが日常生活で寿司を楽しむのは簡単なことではなかった。❸日本では，回転寿司の並んで回っている寿司の皿のおかげで，客は自分の好きな寿司を手ごろな値段で選ぶことができ，日本の伝統的な酢飯と生の魚をより多くの人が食べることができる。❹寿司店や回転寿司店で見かける，ご飯の上に薄切りの魚が乗った寿司は，握り寿司と呼ばれている。小さな移動式の寿司屋台で寿司を食べていた江戸っ子たちのための軽食として始まったので，このタイプの寿司は江戸前と呼ばれている。当時，寿司は主たる食事ではなかった。20世紀の初めに，寿司は徐々に外食での一般的な食事になった。日本酒は寿司に合うが，とりわけあつかん，つまり熱い酒は，冬には特に合う。❺そば，つまりそば粉を使った麺もまた，江戸時代に人気になった。そばはそば屋で，あるいは寿司と同じように屋台と呼ばれる移動式の食べ物を売る露店で提供された。❻現在，東京にはたくさんのそば屋がある。そばの食べ方は

2つある。1つは，だし汁に入ったそばを注文することだ。これは，ラーメンと同じようにさまざまな食材とともに提供される。もう1つは盛りそば，つまり冷たいそばを注文することだ。冷たいそばを天ぷらと一緒に注文することもある。最近では，油で揚げられているとはいえ健康的なので，これが西洋人の間で人気になっている。

問1＜適語選択＞空所の後の「伝統的な寿司ほどおいしくはないかもしれない」という内容は，カンマの後の「回転寿司は日本独特の食の経験だ」という内容と対照的なものといえるので，‘逆接’の意味のまとまりを導く Though「～だが，～だけれども」が適する。

問2＜適語句選択＞空所の直後に that があることと，続く内容が「寿司は日常的に手軽に食べるものではなかった」といった内容であることから，「とても高くつくものだった」という‘理由’を‘so ～ that …’「とても～なので…」の形で表しているのだと判断できる。

問3＜指示語＞‘It is ～ for … to —’「…が—することは～だ」の構文の主語として使われる It は形式主語と呼ばれ，to 以下の内容を指している。また，for … は to — の意味上の主語を表す。

問4＜適語(句)選択＞直前の文に続けて江戸時代のことが説明されているので，[A]には At that time「当時」が適する。[B]を含む文の動詞は過去形なので，残りの語句の中で適するのは In the early twentieth century「20世紀の初めに」のみ。[C]を含む文は東京のそば屋の数について現在形で書かれているので，[C]には Now「現在」が適する。[D]は，そばと天ぷらを一緒に注文することもある，といった内容になる Sometimes「ときには」が適する。

問5＜適語(句)選択＞第6段落第2文に「食べ方は2つある」とある。2つあるもののうち，1つを one と表した場合，残りの1つは the other と表す。

問6＜語句解釈＞第4段落第2文に「江戸っ子たちのための軽食として始まった」とあるので，③「江戸の人々が特別なときに食べたので，握り寿司は江戸前と呼ばれている」が適切ではない。

問7＜適所選択＞補う文に it is fried「油で揚げられている」とあるので，it は天ぷらを指すと考えられる。天ぷらについて述べられているのは，第6段落である。

問8＜内容真偽＞①「回転寿司のために和食は世界遺産に登録されたといえる」…×　第1段落第2文参照。　②「寿司店で，私たちはたいてい板前と話をし，板前は私たちの目の前で寿司を握る」…○　第2段落第1文に一致する。　③「回転寿司のおかげで，より多くの日本の人々が伝統的な寿司を手ごろな値段で食べられるようになった」…○　第3段落に一致する。　④「私たちは，ラーメンと同じように熱いだし汁に入ったそばや，盛りそばのように冷たい状態のそばを楽しむことができる」…○　第6段落第3～5文に一致する。

数学解答

A ②　B ③　C ③　D ②
E ①　F ⑤　G ②　H ④
I ②
J (1) ⑤　(2) ④　(3) ⑤
K (1) ①　(2) ⑤
L (1) ③　(2) ④　(3) ①
M (1) ④　(2) ①　(3) ③

A〔数と式―式の計算〕

与式$=(x+1)(x-1)(x+2)(x-2)=(x^2-1)(x^2-4)$となる。$x^2=A$とおくと，与式$=(A-1)(A-4)=A^2-5A+4$となるので，$A$をもとに戻して，与式$=(x^2)^2-5x^2+4=x^4-5x^2+4$となる。

B〔数と式―連立方程式―解の利用〕

連立方程式$ax+by=bx+ay=1$の解が$x=1$，$y=-2$だから，解を代入して，$a\times1+b\times(-2)=b\times1+a\times(-2)=1$，$a-2b=-2a+b=1$となる。$a-2b=-2a+b$より，$3a-3b=0$だから，両辺を3でわると，$a-b=0$となる。

C〔数と式―数の性質〕

18を素因数分解すると，$18=2\times3^2$となるので，$18a$がある自然数の2乗となるような自然数aの値は，$18a=2\times3^2\times a$より，nを自然数として，$a=2n^2$となればよい。aは100以下の自然数だから，aの値が最大になるのは，$n=7$のときで，$a=2\times7^2=98$である。

D〔数と式―数の計算〕

$1<\sqrt{3}<2$だから，$\sqrt{3}$の整数部分は1である。$\sqrt{3}$の小数部分をxとするとき，$x=\sqrt{3}-1$である。与式$=x(x+2)$なので，これに$x=\sqrt{3}-1$を代入して，与式$=(\sqrt{3}-1)(\sqrt{3}-1+2)=(\sqrt{3}-1)(\sqrt{3}+1)=3-1=2$となる。

E〔関数―関数$y=ax^2$―比例定数，変域〕

関数$y=ax^2$で，xの変域が$-3\leqq x\leqq2$のとき，yの変域が$b\leqq y\leqq5$だから，比例定数aは正である。よって，xの絶対値が大きくなるとyの値も大きくなるので，xの絶対値が最小の$x=0$のときyの値は最小，xの絶対値が最大の$x=-3$のときyの値は最大となる。$x=0$のとき$y=0$だから，$b=0$となる。また，$x=-3$のとき，$y=5$となるので，$5=a\times(-3)^2$より，$9a=5$，$a=\frac{5}{9}$となる。

F〔データの活用―場合の数〕

4人をそれぞれAかBのどちらかの部屋に入れるので，1人の部屋の入れ方は2通りある。よって，4人をA，Bの部屋に入れる方法は，$2\times2\times2\times2=16$(通り)ある。

G〔データの活用―標本調査―母集団の数〕

無作為に取り出した30個の玉の中に赤玉が12個入っていたので，白玉は，$30-12=18$(個)入っており，取り出す前の白玉と赤玉の個数の比は，$18:12=3:2$と考えることができる。よって，最初に袋の中に入っていた白玉の個数は，$144\times\frac{3}{2}=216$より，およそ216個と推測される。

H〔数と式―数の性質〕

$\frac{2024}{210}=2024\div210=9.63\cdots$だから，整数$x$の絶対値は最小で0，最大で9である。よって，$x$のとりうる値として考えられるのは$-9$以上9以下の整数だから，その個数は，$1+2\times9=19$(個)ある。

I〔数と式―数量の計算〕

男子生徒のうち数学が得意な生徒の人数は，15人の40％だから，$15\times\frac{40}{100}=6$(人)となり，女子生徒のうち数学が得意な生徒の人数は，6人の$\frac{2}{3}$倍だから，$6\times\frac{2}{3}=4$(人)である。クラス全体の生徒数は，$15+20=35$(人)で，そのうち数学が得意な生徒の人数は，$6+4=10$(人)だから，クラス全体の数学が得意な生徒の人数の割合は，$\frac{10}{35}\times100=28.5\cdots$(％)となるので，約29％である。

J 〔関数―$y=ax^2$と一次関数のグラフ〕

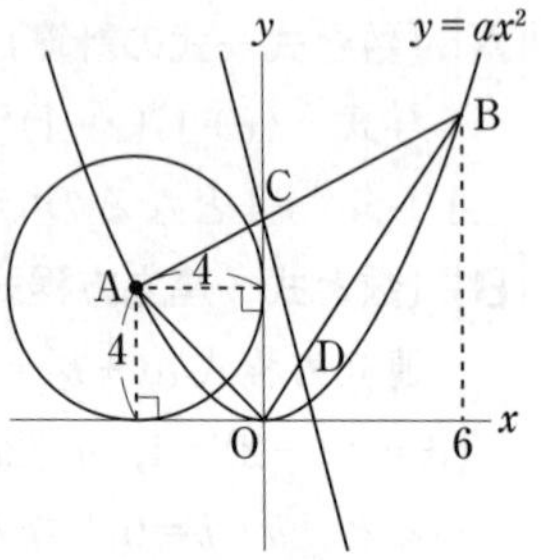

⑴＜y座標＞右図で，点Aは半径4の円の中心で，この円はx軸とy軸に接しているので，それぞれの接点からAまでの距離が4となり，A$(-4,\ 4)$である。点Aは放物線$y=ax^2$上にあるので，$4=a\times(-4)^2$より，$16a=4$，$a=\frac{1}{4}$となる。点Bは放物線$y=\frac{1}{4}x^2$にあり，x座標が6だから，y座標は，$y=\frac{1}{4}\times6^2=9$である。

⑵＜面積＞右図で，⑴より A$(-4,\ 4)$，B$(6,\ 9)$だから，直線ABの傾きは$\frac{9-4}{6-(-4)}=\frac{5}{10}=\frac{1}{2}$となり，その式は$y=\frac{1}{2}x+b$とおける。点Bを通るので，$9=\frac{1}{2}\times6+b$より，$3+b=9$，$b=6$となり，直線ABの式は$y=\frac{1}{2}x+6$である。よって，直線ABと$y$軸の交点をCとすると，C$(0,\ 6)$となる。△AOBを△AOCと△BOCに分け，それぞれの三角形の底辺をOC$=6$とすると，△AOCの高さは点Aのx座標より4となり，△BOCの高さは点Bのx座標より6となる。よって，$\triangle\mathrm{AOB}=\triangle\mathrm{AOC}+\triangle\mathrm{BOC}=\frac{1}{2}\times6\times4+\frac{1}{2}\times6\times6=12+18=30$である。

⑶＜直線の式＞右上図で，⑵より，△AOC＜△BOCだから，点Cを通り，△AOBの面積を2等分する直線は辺OBと交わり，その交点をDとする。これより，$\triangle\mathrm{AOB}=\frac{1}{2}\times30=15$になり，〔四角形AODC〕$=15$だから，△ODC$=$〔四角形AODC〕$-\triangle\mathrm{AOC}=15-12=3$となる。Dの$x$座標を$t$とすると，$\triangle\mathrm{ODC}=\frac{1}{2}\times6\times t=3t$と表すことができるので，$3t=3$が成り立ち，$t=1$となる。ここで，直線OBは傾きが$\frac{9-0}{6-0}=\frac{9}{6}=\frac{3}{2}$で，原点を通るので，その式は$y=\frac{3}{2}x$である。点Dは直線OB上にあるので，$y$座標は$y=\frac{3}{2}\times1=\frac{3}{2}$となり，D$\left(1,\ \frac{3}{2}\right)$である。直線CDは切片が6なので，その式は$y=cx+6$とおくことができ，点Dを通るので，$\frac{3}{2}=c\times1+6$，$c+6=\frac{3}{2}$，$c=-\frac{9}{2}$となる。よって，求める直線の式は$y=-\frac{9}{2}x+6$である。

K 〔データの活用―確率―カード〕

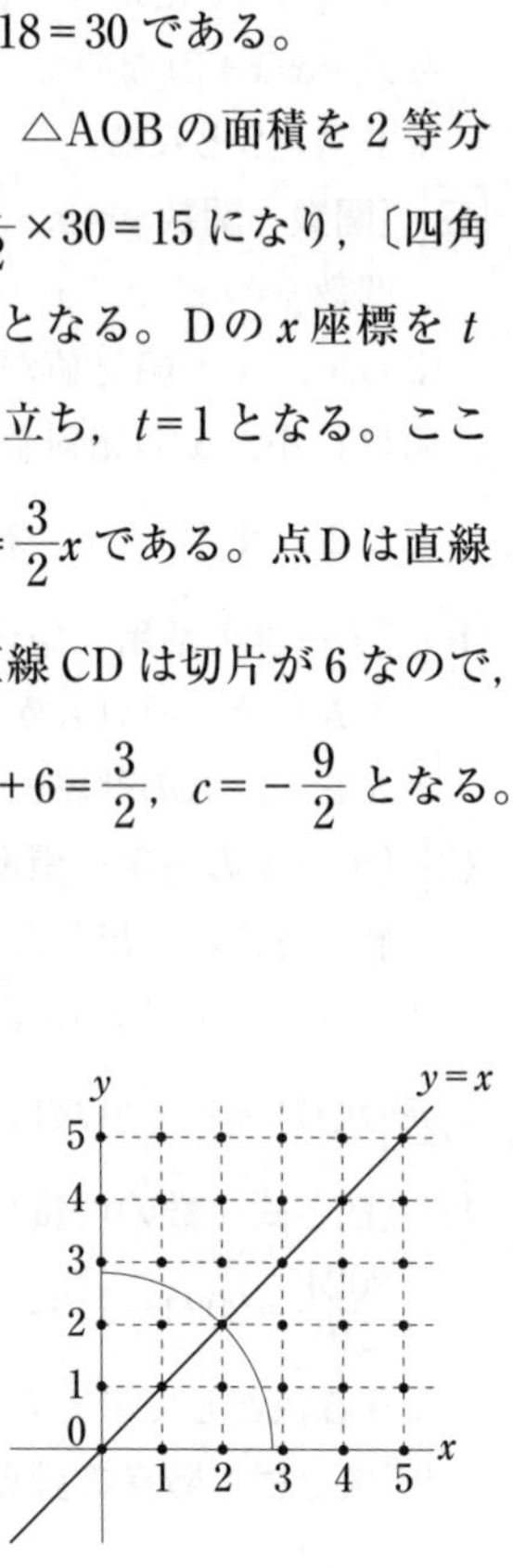

⑴＜確率＞2つの箱A，Bからカードを1枚ずつ取り出すとき，それぞれ6通りの取り出し方があるから，2つの箱からのカードの取り出し方は全部で$6\times6=36$(通り)ある。このうち，点Pが直線$y=x$上にあるのは，$a=b$のときだから，$(a,\ b)=(0,\ 0)$，$(1,\ 1)$，$(2,\ 2)$，$(3,\ 3)$，$(4,\ 4)$，$(5,\ 5)$の6通りある。よって，求める確率は$\frac{6}{36}=\frac{1}{6}$である。

⑵＜確率＞$(a,\ b)=(2,\ 2)$のとき，$\mathrm{OP}=\sqrt{2^2+2^2}=\sqrt{8}=2\sqrt{2}$となるので，

点Oを中心として半径$2\sqrt{2}$の円をかくと，前ページの図のようになる。これより，$\mathrm{OP}<2\sqrt{2}$となるのは，$(a,\ b)=(0,\ 0)$，$(0,\ 1)$，$(0,\ 2)$，$(1,\ 0)$，$(1,\ 1)$，$(1,\ 2)$，$(2,\ 0)$，$(2,\ 1)$の8通りある。よって，$\mathrm{OP}\geqq 2\sqrt{2}$となるのは，$36-8=28$(通り)あるので，求める確率は$\dfrac{28}{36}=\dfrac{7}{9}$である。

L〔平面図形―長方形〕

図1

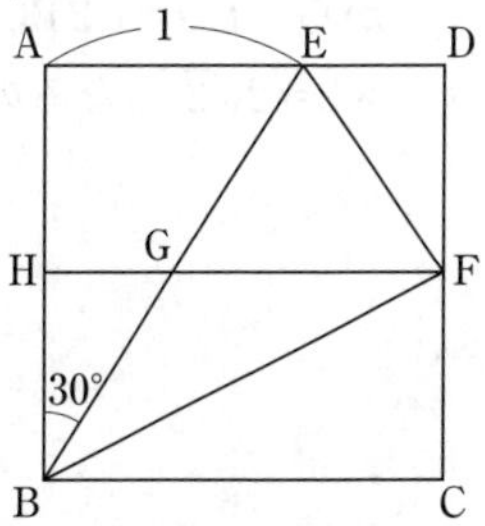

(1)<長さ>右図1の△ABEで，$\angle\mathrm{ABE}=30^\circ$，$\angle\mathrm{BAE}=90^\circ$より，$\angle\mathrm{AEB}=60^\circ$である。また，線分BEで折ると頂点Aが点Fと重なるから，$\mathrm{FE}=\mathrm{AE}=1$，$\angle\mathrm{FEB}=\angle\mathrm{AEB}=60^\circ$となり，$\angle\mathrm{FED}=\angle\mathrm{AED}-\angle\mathrm{AEB}-\angle\mathrm{FEB}=180^\circ-60^\circ-60^\circ=60^\circ$，$\angle\mathrm{FDE}=90^\circ$より，△FEDは3辺の比が$1:2:\sqrt{3}$の直角三角形だから，$\mathrm{DF}=\dfrac{\sqrt{3}}{2}\mathrm{FE}=\dfrac{\sqrt{3}}{2}\times 1=\dfrac{\sqrt{3}}{2}$となる。

(2)<面積>右図1で，△ABEは3辺の比が$1:2:\sqrt{3}$の直角三角形より，$\mathrm{AB}=\sqrt{3}\mathrm{AE}=\sqrt{3}\times 1=\sqrt{3}$となり，四角形ABCDが長方形より，$\mathrm{DC}=\mathrm{AB}=\sqrt{3}$である。よって，(1)で$\mathrm{DF}=\dfrac{\sqrt{3}}{2}$より，$\mathrm{CF}=\mathrm{DC}-\mathrm{DF}=\sqrt{3}-\dfrac{\sqrt{3}}{2}=\dfrac{\sqrt{3}}{2}$となり，$\mathrm{DF}=\mathrm{CF}$だから，点Fは線分DCの中点となる。これと点Gが線分BFの中点より，ED∥GF∥BCである。また，ED∥GFより，錯角は等しく，$\angle\mathrm{EFG}=\angle\mathrm{DEF}=60^\circ$で，$\angle\mathrm{GEF}=60^\circ$だから，△EGFは正三角形で，$\mathrm{GF}=\mathrm{FE}=1$となる。したがって，GF∥BCより，四角形BCFGは台形になるので，〔四角形BCFG〕$=\dfrac{1}{2}\times(\mathrm{GF}+\mathrm{BC})\times\mathrm{CF}=\dfrac{1}{2}\times\left(1+\dfrac{3}{2}\right)\times\dfrac{\sqrt{3}}{2}=\dfrac{1}{2}\times\dfrac{5}{2}\times\dfrac{\sqrt{3}}{2}=\dfrac{5\sqrt{3}}{8}$である。

図2

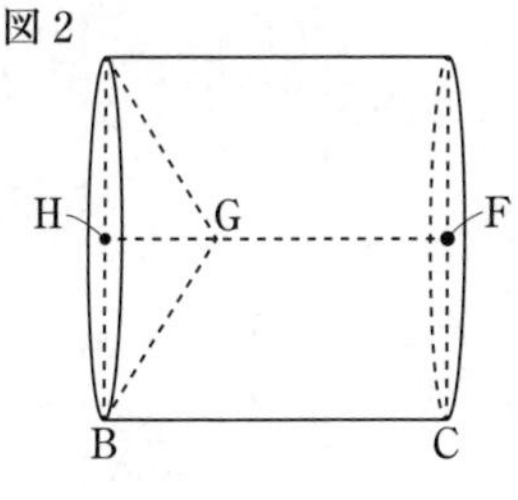

(3)<体積>右上図1で，線分FGを辺ABまでのばし，その交点をHとすると，四角形BCFHは長方形になるので，FGを軸に長方形BCFHを1回転させてできる立体は，右図2のように，底面が半径$\mathrm{CF}=\dfrac{\sqrt{3}}{2}$の円で，高さが$\mathrm{BC}=\dfrac{3}{2}$の円柱から，底面が半径$\dfrac{\sqrt{3}}{2}$の円で，$\mathrm{HF}=\mathrm{BC}=\dfrac{3}{2}$より，高さが$\mathrm{GH}=\mathrm{HF}-\mathrm{GF}=\dfrac{3}{2}-1=\dfrac{1}{2}$の円錐を除いたものになる。

よって，求める立体の体積は，$\pi\times\left(\dfrac{\sqrt{3}}{2}\right)^2\times\dfrac{3}{2}-\dfrac{1}{3}\times\pi\times\left(\dfrac{\sqrt{3}}{2}\right)^2\times\dfrac{1}{2}=\dfrac{9}{8}\pi-\dfrac{1}{8}\pi=\pi$である。

M〔平面図形―正方形と三角形〕

図1

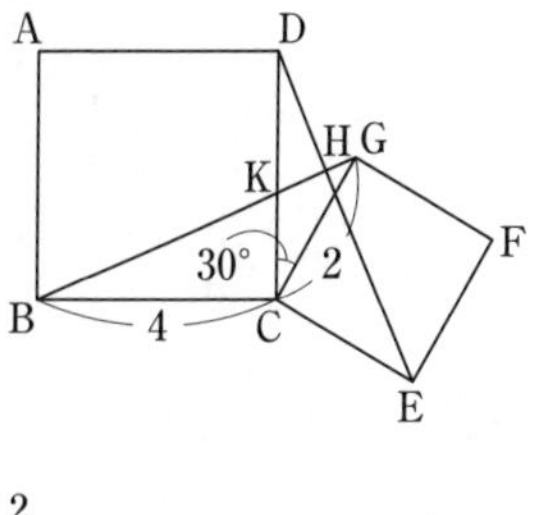

(1)<長さ>右図1で，$\angle\mathrm{BCG}=\angle\mathrm{BCD}+\angle\mathrm{DCG}=90^\circ+30^\circ=120^\circ$となるので，右下図2で，$\angle\mathrm{GCI}=180^\circ-\angle\mathrm{BCG}=180^\circ-120^\circ=60^\circ$となる。$\angle\mathrm{GCI}=60^\circ$，$\angle\mathrm{GIC}=90^\circ$より，△CGIは3辺の比が$1:2:\sqrt{3}$の直角三角形だから，$\mathrm{CI}=\dfrac{1}{2}\mathrm{CG}=\dfrac{1}{2}\times 2=1$，$\mathrm{GI}=\dfrac{\sqrt{3}}{2}\mathrm{CG}=\dfrac{\sqrt{3}}{2}\times 2=\sqrt{3}$となるので，$\mathrm{BI}=\mathrm{BC}+\mathrm{CI}=4+1=5$である。よって，△BGIで三平方の定理より，$\mathrm{BG}=\sqrt{\mathrm{BI}^2+\mathrm{GI}^2}=\sqrt{5^2+(\sqrt{3})^2}=\sqrt{28}=2\sqrt{7}$である。

図2

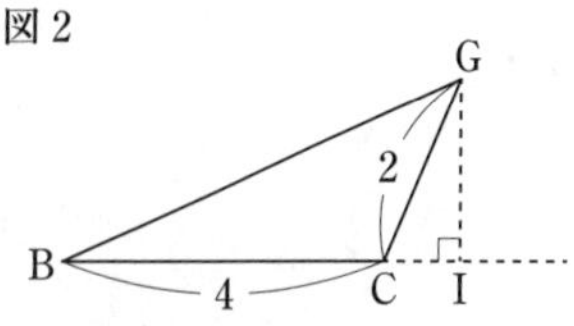

(2)<証明>右上図1で，△BCGと△DCEにおいて，正方形ABCDより，$\mathrm{BC}=\mathrm{DC}$……①，正方形CEFGより，$\mathrm{CG}=\mathrm{CE}$……②，$\angle\mathrm{BCG}=120^\circ$，$\angle\mathrm{DCE}=\angle\mathrm{ECG}+\angle\mathrm{DCG}=90^\circ+30^\circ=120^\circ$より，$\angle\mathrm{BCG}=\angle\mathrm{DCE}$……③となる。よって，①，②，③より，2組の辺とその間の角がそれぞれ等しいので，$\triangle\mathrm{BCG}\equiv\triangle\mathrm{DCE}$で，合同な図形の対応する辺は等しいので，$\mathrm{DE}=\mathrm{BG}=2\sqrt{7}$である。

(3)＜角度＞前ページの図1で，$\angle \mathrm{BCD}=90^\circ$ だから，$\triangle \mathrm{DCE}$ は点Cを中心に $\triangle \mathrm{BCG}$ を時計回りに 90° 回転移動した図形である。ここで，$\angle \mathrm{CBG}=\angle \mathrm{CDE}=x$ とすると，BGとCDの交点をKとして，$\triangle \mathrm{BCK}$ の内角の和が 180° だから，$\angle \mathrm{BKC}=180^\circ-(\angle \mathrm{BCK}+\angle \mathrm{CBK})=180^\circ-(90^\circ+x)=90^\circ-x$ となる。また，対頂角より，$\angle \mathrm{DKH}=\angle \mathrm{BKC}=90^\circ-x$ である。よって，$\triangle \mathrm{DKH}$ で内角と外角の関係より，$\angle \mathrm{DHG}=\angle \mathrm{DKH}+\angle \mathrm{KDH}=(90^\circ-x)+x=90^\circ$ である。なお，BDは正方形ABCDの対角線だから，$\mathrm{BD}=\sqrt{2}\mathrm{BC}=\sqrt{2}\times 4=4\sqrt{2}$ となり，GEは正方形CEFGの対角線だから，$\mathrm{GE}=\sqrt{2}\mathrm{CG}=\sqrt{2}\times 2=2\sqrt{2}$ となるので，四角形BDGEはひし形ではない。

2024年度／東亜学園高等学校

国語解答

一 問1 a…③ b…④ 問2 ①
問3 ② 問4 ④ 問5 ⑤
問6 ② 問7 (i)…③ (ii)…④

二 問1 ④ 問2 ② 問3 ④
問4 ③ 問5 ③

三 問1 ⑤ 問2 ③ 問3 ①
問4 ③ 問5 ④ 問6 ②

四 問1 ③ 問2 ④ 問3 ②
問4 ② 問5 ②

五 問1 ④ 問2 ① 問3 ②
問4 ① 問5 ④

一〔論説文の読解─教育・心理学的分野─心理〕出典：佐藤ブゾン貴子『人は顔を見れば99％わかるフランス発・相貌心理学入門』／竹内一郎『人は見た目が９割』。

≪本文の概要≫【文章Ａ】相貌心理学は，顔と精神(内面)，顔と性格の相互関係を研究対象としてつくり上げられた学問で，フランスでは心理学の一分野として広く知られ，教育分野やビジネス分野においても多方面で活用されている。相貌心理学は，一億人以上にものぼる顔分析データの集約をもって理論を体系化し続けている，「生きた学問」である。相貌心理学を学ぶと，どのようないいことがあるのか。一つ目は，自分自身を知ることである。相貌心理学を学んで自分自身を客観的に把握することは，才能の開花が望める分野を選んで努力することを可能にし，成功を収めることにつながる。そして，人間関係や仕事の範囲などが広がることにより，仕事もプライベートも，充実したものとなる。二つ目は，他人を知ることである。相貌心理学を身につければ，自分固有の見方だけで他人を判断せずに見方を変えることができ，人間関係を発展させることにつながる。大きく挙げれば，この二つが，相貌心理学を学ぶメリットである。／**【文章Ｂ】**最近は，言葉よりも言葉以外の要素の方が，より多くの情報を伝達することがわかってきた。アルバート・マレービアン博士の実験によると，人が他人から受け取る情報は，話す言葉の内容が七％で，九三％は顔の表情や声の質である。私は，人は能力や性格も含めて「見た目が九割」といって差し支えないと考えている。だが，学校教育では，言葉だけが伝達の手段として教えられるので，七％を「全体」と勘違いする人が生まれる。

問１＜漢字＞ａ．「忙殺」と書く。①は「忘却」，②は「亡命」，③は「繁忙」，④は「妨害」，⑤は「横暴」。　ｂ．「収める」と書く。①は「統治」，②は「奉納」，③は「修了」，④は「収縮」，⑤は「推理」。

問２＜文学史＞『みだれ髪』は，明治34(1901)年に発表された，与謝野晶子の歌集。『にごりえ』は，明治28(1895)年，『たけくらべ』は，明治28～29(1895～96)年に発表された，樋口一葉の小説。『歌よみに与ふる書』は，明治31(1898)年に発表された，正岡子規の歌論。『若菜集』は，明治30(1897)年に発表された，島崎藤村の詩集。

問３＜接続語＞Ａ．相貌心理学は，「お客様とのコミュニケーション，人材育成」のほか，「適材適所の人材配置」に応用されている。　Ｂ．相貌心理学は「フランスでは学問としても人気」で，「相貌心理学を学んだ美容師が，相貌心理学と美容を融合させた新しい分野をつくったというケース」もあり，補足すると，「相貌心理学者は現時点で世界に約千二百人」いる。

問４＜文章内容＞教育分野においては，「ファッションや美容などのイメージ」を指導する「学校のカリキュラムの中など」で，相貌心理学の顔分析の応用が，使われている。

問５＜文章内容＞相貌心理学を学んで「自分自身を知る」ことで，「人間関係，仕事の範囲，活動領域」が広がり，「仕事もプライベートも充実」して，人生が豊かになる。また，「他人を知る」ことで，より多くの人とのコミュニケーションに「躊躇なく踏み出せるように」なり，「人間関係が発展して」いく。

問6＜**ことわざ**＞「情けは人の為ならず」は，他人に親切にすることは，巡り巡ってよい報いとして自分に返ってくる，という意味。「気が置けない」は，遠慮する必要がない，という意味。「心を以《もっ》て心に伝う」は，言葉や文字がなくとも，気持ちが通じ合う，という意味。「恩をあだで返す」は，恩を受けた相手に感謝せず，害を与えてしまう，という意味。「魚心あれば水心」は，相手の出方次第で，こちらにも応じるつもりがあること。

問7(i)＜**文章内容**＞学校教育において，「『言葉』だけが，『伝達』の手段として教えられる」から，例えば，「本をたくさん読む人」が「たくさん勉強している人」という思い違いが生まれる。しかし，「本をたくさん読む人」が，必ずしも「『情報をたくさん摂取している人』ではない」のである。

(ii)＜**要旨**＞相貌心理学は，「顔と精神(内面)，顔と性格の相互関係」を研究する学問で，フランスでは「ポピュラーな学問」であり，フランスの近隣国でも，「少しずつ広まりつつ」ある(①…○)。相貌心理学は，他人を知ることで，「人間関係が発展」していくことにつながる学問であり，「コミュニケーションをうまくとるため」に利用される。ちなみに，人が他人から受け取る情報は，言葉以外の「顔の表情や声の質」などが「九三％」である(②・③…○)。相貌心理学を学ぶことで，「自分固有の見方」で相手を判断せず，「コミュニケーションにおける寛容さや相手に対するやさしさ」を持つことができるようになる(⑤…○)。コミュニケーションの主役が「言葉だと思われがち」であるが，それは「大間違い」である(④…×)。

二〔**漢字**〕

問1．「識者」と書く。①は「筋組織」，②は「色彩」，③は「敷物」，⑤は「入学式」。　**問2**．「不朽」と書く。①は「窮地」，③は「宮殿」，④は「永久」，⑤は「追及」または「追究」。　**問3**．「高騰」と書く。①は「未踏」，②は「盗塁」，③は「陶芸」，⑤は「到着」。　**問4**．「腐敗」と書く。①は「拝謁」，②は「俳人」，④は「廃棄物」，⑤は「配達」。　**問5**．「標本」と書く。①は「漂白剤」，②は「投票」，④は「表面」，⑤は「氷山」。

三〔**随筆の読解―芸術・文学・言語学的分野―文学**〕出典：村田沙耶香『私が食べた本』。

問1＜**熟語の構成**＞「存在」と「豊富」は，似た意味の漢字を重ねている熟語。「非凡」は，上の漢字が下の漢字の意味を打ち消している熟語。「登山」は，下の漢字が上の漢字の目的や対象になっている熟語。「往復」は，反対の意味の漢字を重ねている熟語。「予知」は，上の漢字が下の漢字を修飾している熟語。

問2＜**文学史**＞川端康成は昭和43(1968)年に，大江健三郎は平成6(1994)年に，ノーベル文学賞を受賞した。

問3＜**表現技法**＞「ように」という言葉を用いて，「その手紙」を「小説」にたとえている。「直喩」は，「ようだ」「みたいだ」などを用いて，あるものを別のものにたとえる表現技法。

問4＜**ことばの単位**＞文節に区切ると，「それが／壊れたと／いう／ことが，／私の／精神の／一部に／なった」となる。

問5＜**語句**＞①は「未開発」，②は「非公式」，③は「不自然」，⑤は「非現実」。

問6＜**要旨**＞『僕が本当に若かった頃』を読んだ「私」は，「自分の中の何かが壊れた」と感じ，「とても怖い」と思う一方で，精神が「違う形」に変化する体験によって，「喜び」も感じている。

四〔**国語の知識**〕出典：鷲谷いづみ『さとやま　生物多様性と生態系模様』。

問1＜**漢字**＞「徒労」の「徒」は，無駄である，という意味。「学徒」「生徒」「信徒」「徒弟」の「徒」は，仲間や弟子のこと。

問2＜**熟語の構成**＞「問答」と「起伏」は，反対の意味の漢字を重ねている熟語。「過失」は，似た意味の漢字を重ねている熟語。「公立」は，上の漢字が主語，下の漢字が述語になっている熟語。「無力」は，上の漢字が下の漢字の意味を打ち消している熟語。「挙手」は，下の漢字が上の漢字の目的や対象になっている熟語。

問３＜漢字＞「稲作」は「いなさく」,「水稲」は「すいとう」,「稲光」は「いなびかり」,「稲妻」は「いなづま」,「稲穂」は「いなほ」。

問４＜四字熟語＞「奇想天外」は，普通の人では思いもつかないほど奇抜であるさま。

問５＜文章の構成＞「牧に生える草」は，「草食動物」に食べられるので(…(Ⅱ)),「草食動物に食べられることに適応」した「ススキやササ，シバなど」が,「優占種」になる(…(Ⅳ))。その「ススキやシバなど」は,「茎や芽が地際や地中にあり，そこから葉がわき出すように成長」するので(…(Ⅴ)),「葉の先が食べられてしまっても，新たな葉をつぎつぎに再生」できる(…(Ⅲ))。特に「シバは，種子をつける穂も，葉と同じぐらいの高さ」にあり(…(Ⅰ)),「動物が葉といっしょに穂を食べる」と，種子は，その動物の「消化管を通って排出」される。

五〔古文の読解―読本〕出典：上田秋成『春雨物語』「樊噲《はんかい》　上」。

≪現代語訳≫昔の話なのか今の話なのかはわからない。伯耆の国の大智大権現の御山には，恐ろしい神がすんでいて，夜はもちろんのこと，昼も申の時を過ぎては，寺の僧侶でさえも(山を)下るべき者は下り，修行すべき者は修行をして一夜を明かすそうである。麓の里に，毎晩若い無法者が集まって，酒を飲み，ばくちを打って争い遊ぶ宿があった。今日は雨が降って，野山の仕事が休みになり，午の時から集まってきて，とりとめもない話をして楽しんでいる中に，力を頼みにして威張って，口が達者な男がいた。(周囲の者たちは)憎らしいと思って，「お前は強そうなことを言うが，(それならば)お山に夜登って，証拠となるものを置いて帰ってこい。そうでなければ，力はあっても心は臆病なものだ」と言って，大勢の中で恥をかかせた。(口とき男は)「それが何事だというのか。今夜登って，確かに証拠のものを置いて帰ってやろう」と言って，酒を飲み食べ物を腹いっぱい食って，小雨だったので蓑と笠をつけて，すぐに出ていった。友達の中で，年長者で分別のある者は，「無益な争いごとである。あいつは必ず神に引き裂かれて捨てられるだろう」と，眉をひそめて言ったけれども，追いかけて止めようとは全くしなかった。

問１＜歴史的仮名遣い＞ａ．歴史的仮名遣いの語頭以外のハ行は，原則として現代仮名遣いでは「わいうえお」になる。　ｂ．歴史的仮名遣いの「eu」は，原則として現代仮名遣いでは「you」になる。　ｃ．歴史的仮名遣いの「づ」は，現代仮名遣いでは多くの場合「ず」になる。　ｄ．「ひそめて」の「ひ」は，「ひそむ」という動詞の語頭なので，現代仮名遣いでも「ひそめて」である。　ｅ．歴史的仮名遣いの助動詞の「む」は，現代仮名遣いでは「ん」になる。

問２＜古典文法＞「しら」は，動詞「しる」の未然形。「しる」は，「しら(未然形)／しり(連用形)／しる(終止形)／しる(連体形)／しれ(已然形)／しれ(命令形)」と活用する。

問３＜古典の知識＞時間帯は，現在の24時間を「子・丑・寅・卯・辰・巳・午・未・申・酉・戌・亥」で十二等分する。子の時が午後11時から午前１時であり，１つの時間帯を２時間と考える。

問４＜古文の内容理解＞集まった若い無法者たちは,「口とき男」が口先では「強き事」を言っていばっているので，その男のことを「憎し」と思っており,「あまたが中」で恥をかかせたかったのである。

問５＜文学史＞『日本永代蔵』は，江戸時代に井原西鶴が著した浮世草子。『平家物語』は，鎌倉時代に成立し，琵琶法師が広めた軍記物語。『源氏物語』は，平安時代に紫式部が著した物語。『大鏡』は，平安時代に成立した歴史物語。『枕草子』は，平安時代に清少納言が著した随筆。

2024年度 東亜学園高等学校(推薦)

【作文問題】 (50分)

次の注意事項を厳守すること。

①１～６の指示に答える形で、それぞれ101字以上120字以内で文章を書く。

②書き始めは１マスあけない。

③文の途中で改行はしない。

④「、」「。」の処理はこれまで学習してきた内容に従う。

⑤文章は「横書き」で記入する。

1．本校を志望した理由を詳しく説明してください。

2．中学校生活であなたが最も力を入れてきた事柄について詳しく説明してください。

3．物事がうまくいかない時・スランプにおちいった時など、あなたはどのようにそれを乗り越え、克服してきましたか。例を挙げながら説明してください。

4．高校入学後の「学習計画」をどのように思い描いていますか。予習・復習、苦手分野の克服など、例を挙げながら自由に述べてください。

5．３年後、あなたはどのような自分になりたいと考えていますか。

6．将来の夢について具体的に述べてください。あなたは社会人になった時、どのような仕事・職業に就きたいと考えていますか。

2023年度 東亜学園高等学校

【英　語】（40分）〈満点：100点〉

1　リスニングテスト（放送による指示に従って答えなさい。）

【問題A】
それぞれの問いについて対話を聞き，答えとして最も適当なものを選択肢のうちから１つずつ選びなさい。会話は１度しか読まれません。途中でメモを取っても構いません。

［1］　問１　How does Masato study English?

① He sings English songs.
② He studied in England.
③ He reads English books aloud.
④ He listens to English songs.

［2］　問２　How does the boy feel about studying?

① He does not like studying.
② He thinks all classes are difficult.
③ He enjoys studying in the library.
④ He likes studying with his classmates.

［3］　問３　What does Mike want to do?

① He wants to make a light meal.
② He wants to do a lot of things around noon.
③ He wants to eat lunch.
④ He wants to meet Emma around noon.

【問題B】

それぞれの問いについて英文を聞き，答えとして最も適当なものを選択肢のうちから１つずつ選びなさい。英文は２度読まれます。途中でメモを取っても構いません。

| 4 | 問４　When is likely this announcement made?

① Before taking off.
② During the flight.
③ Before landing.
④ After landing.

| 5 | 問５　Why do some Japanese people eat “Katsudon” before the important tests?

① Because “Katsu” means succeeding.
② Because “Katsudon” makes their brains active.
③ Because “Katsudon” is good for their stomachs.
④ Because “Katsu” is popular food in Japan.

※　リスニングテスト放送文は，英語の問題の終わりに付けてあります。

2

次の英文の（　　　）に入る最も適当なものをそれぞれ①～④のうちから１つずつ選びなさい。

6　問1　I think he runs faster than (　　　) other student in our class.

① any　② some　③ no　④ many

7　問2　I want to finish this homework (　　　) the end of this week.

① until　② by　③ on　④ for

8　問3　Do you put (　　　) in your coffee?

① many milk　② much milk　③ some milks　④ any milks

9　問4　He has two sisters.　One is in Yamanashi and (　　　) in Okinawa.

① another　② the another　③ other　④ the other

3

次の各組の英文がほぼ同じ意味になるように，（　　　）に入る最も適当なものをそれぞれ①～④のうちから１つずつ選びなさい。

10　問1
Mike got sick last Monday.　He is still sick in bed.
Mike has (　　　) sick in bed (　　　) last Monday.

① been / since　② to be / from　③ gotten / on　④ gotten / from

11　問2
My mother is very good at cooking.
My mother is a very (　　　).

① good cook　② good cooker　③ well cooking　④ well cook

12　問3
The languages which are spoken in Canada are French and English.
The languages (　　　) Canada are French and English.

① spoken by　② speaking in　③ spoken in　④ they speak

13 問4 { We walked for thirty minutes to get to the museum.
( ) took us thirty minutes ( ) to the museum.

① That / to get ② There / getting ③ It / walk ④ It / to walk

4

日本文に合うように( )内の語句を正しく並べかえ，( )内で３番目と５番目にくる組み合わせをそれぞれ①～④のうちから１つずつ選びなさい。ただし，文頭にくる語も小文字にしてある。

14 問１ 父がこの猫たちを世話しています。
These cats (taken / my father / by / care / of / are).

① of / by ② care / by
③ by / care ④ by / of

15 問２ あなたはその女性が誰だか知っていますか。
(is / do / the woman / know / who / you)?

① know / the woman ② you / is
③ know / is ④ who / the woman

16 問３ これが先日話していたあの小説です。
This (I / is / novel / that / about / was talking) the other day.

① about / novel ② novel / was talking
③ that / was talking ④ novel / I

17 問４ あの警察官に新宿駅に行く道をたずねましょう。
Let's (the / to / ask / way / policeman / that) Shinjuku Station.

① that / the ② way / policeman
③ policeman / way ④ policeman / the

5 次の会話文の（　　　　）に入る最も適当なものをそれぞれ①～④のうちから１つずつ選びなさい。

18 問１ A: Hi, Michelle. What's the matter?
B: Hi, Kent. My bicycle doesn't seem to work well.
A: Can I see that?
B: Sure.
A: Uh... (　　　　) I can fix it soon.
B: Thanks a lot.

① You're welcome.
② No problem.
③ Don't mention it.
④ It's a very easy question.

19 問２ A: It's very sunny this morning. (　　　　)
B: I'd love to, but I have to go to the library from now on. I have a lot of homework to do.
A: That's too bad.

① Why don't you go to the pool?
② I have a plan to go to the library.
③ Do you have any plan today?
④ I know a nice ice cream shop.

20 問３ A: Hello, this is Smith speaking. Can I talk to Mr.Suzuki?
B: Yes, but we have two Suzukis here. Could you tell me his first name?
A: Oh, Ichiro. Ichiro Suzuki, please.
B: OK. (　　　　)

① We can't wait for him any longer.
② He is good at joking.
③ He is out.
④ Hold on, please.

21 問4 A: Can I see the menu?

B: Yes, sir. We recommend our special steak today.

A: OK, I'll have it with onion sauce.

B: (　　　　)

A: Medium, please.

① How would you like your steak?
② What do you do?
③ How is your steak?
④ What kind of steak do you have?

22 問5 A: Can you take me to Narita Airport?

B: All right, sir.

A: (　　　　)

B: About 20 minutes from here, sir.

① What time is it now?
② Take your time, please.
③ How long does it take?
④ Do you have the time?

6 次の英文を読み，下記の設問に答えなさい。

The city of Tokyo is *crisscrossed with train lines both above and below ground. It is the most *extensive transportation network of any city in the world. Everything runs on time, and the subway cars are clean and quiet. However, Tokyo trains are often very crowded during rush hour. You may find yourself standing very close to other people.

East Japan Railway, known as JR East, or sometimes just JR, *operates ㋐ the Yamanote Line, a *loop line that goes around the center of the city. The Chuo and Sobu Lines cross the city from east to west. In addition, various other lines run in all directions.

[　A　], the Yamanote Line is very convenient because each station on the loop is also *hub that connects with subways and *commuter lines.

(　㋑　) the JR lines, there are *privately owned railways *branching out to the *suburbs from several major JR stops, and many subway lines also connect the center of Tokyo to *destinations throughout the *metropolitan area.

The subway system may seem confusing at first, (　㋒　) there is nothing to worry about. It is *color-coded and each station has a number. And ㋓ signs and displays on the trains and in stations include English, as well as Chinese and Korean. [　B　], you can get English maps at the stations at ticket gates and other areas.

Train stations in Tokyo can have many exits. There are maps in the train station to show you which exits are convenient for the places you want to visit. Because some train stations are so big, it is a good idea to make sure to choose the correct exit, ㋔ or you may have to walk a long way to your destination.

Train tickets are got from vending machines. [　C　], you can use the *fare-adjustment machine just inside the exit gates. You need your train ticket or pass to exit the train station.

[　D　], it may be a good idea to get a *Suica* or *PASMO*. They are *rechargeable prepaid cards that can also be used as electronic money. Both *Suica* and *PASMO* are widely used throughout Tokyo for transportation and doing a small shopping in convenience stores and other shops.

〈*Exploring Tokyo* by Coen Nishiumi 改〉

(注) crisscross　縦横に動かす　extensive　広範囲の　operate　操業する　loop　輪状
hub　拠点　commuter line　通勤電車　privately owned railway　私鉄　branch out　枝分かれする
suburb　郊外　destination　行先　metropolitan area　首都中心区域　color-coded　色分けされた
fare-adjustment machine　乗り越し精算機　rechargeable　再補充できる

23 問１ ㋐に関する説明として適当でないものを①～④のうちから１つ選びなさい。

① The Yamanote Line is running in the center of the city and is going in a circle.
② The Yamanote Line has the stations that connect with subways.
③ The Yamanote Line crosses the center of the city from east to west.
④ The Yamanote Line is one of the very convenient train lines in Tokyo.

24 問２ ㋑に入れるのに最も適当なものを①～④のうちから１つ選びなさい。

① In addition to ② Many kinds of ③ On the way to ④ In front of

25 問３ ㋒に入れるのに最も適当なものを①～④のうちから１つ選びなさい。

① because ② but ③ if ④ so

26 問４ ㋓と同じ内容を表す最も適当なものを①～④のうちから１つ選びなさい。

① Signs and displays on the trains and in stations are written not in Chinese or Korean but in English.
② Signs and displays on the trains and in stations are shown mainly in English and sometimes in Chinese or Korean.
③ Some signs and displays on the trains and in stations are shown in English, and others in Chinese or Korean.
④ Signs and displays on the trains and in stations are written not only in Chinese or Korean but in English.

27 問５ ㋔と同じ意味で“or”が使われているものを①～④のうちから１つ選びなさい。

① Which do you prefer, spring or autumn?
② I didn't know, or didn't want to know it.
③ Jim is enjoying playing soccer, or he seems to be.
④ You must study hard, or you'll fail the exam tomorrow.

28 問6 ア～エの英文を［A］～［D］に入れる順番の組み合わせとして最も適当なものを①～④のうちから１つ選びなさい。

ア If you're confused
イ If you want to stay in Tokyo for more than a day
ウ If you want to move around the center of Tokyo
エ If you buy a wrong ticket

① [A] - イ [B] - ア [C] - エ [D] - ウ
② [A] - ア [B] - ウ [C] - エ [D] - イ
③ [A] - ウ [B] - ア [C] - エ [D] - イ
④ [A] - ウ [B] - イ [C] - エ [D] - ア

29 問7 *Suica* と *PASMO* に関する説明として適当でないものを①～④のうちから１つ選びなさい。

① They are a kind of prepaid card which is rechargeable.
② They can be used as electronic money in many countries.
③ We can use them throughout Tokyo for transportation.
④ We can pay for some shopping with them at stores and shops.

30 問8 本文の内容と一致しないものを①～④のうちから１つ選びなさい。

① Though trains in Tokyo run on time, they are always very crowded.
② Privately owned railways connect suburbs and several major JR stops.
③ Many subway lines run throughout the metropolitan area.
④ Big stations in Tokyo have many exits for us to choose convenient ones.

＜リスニングテスト放送文＞

リスニングテスト No.1

＜開始の説明＞

これからリスニングテストを行います。

問題用紙の１ページを見て下さい。リスニングテストはすべて放送による指示で行います。

問題はＡとＢの２種類があり，全部で５題あります。

問題Ａは問１～３までの３問です。それぞれの問いについて対話を聞き，答えとして最も適当なものを選択肢のうちから１つずつ選びなさい。会話は１度しか読まれませんのでよく聞いて下さい。途中でメモを取っても構いません。

では始めます。


【問題Ａ】

それぞれの問いについて対話を聞き，答えとして最も適当なものを選択肢のうちから１つずつ選びなさい。会話は１度しか読まれません。途中でメモを取っても構いません。

1 問１　How does Masato study English?

A(W) : Masato, you got a good score on the English test again.　Why are you so good at English?　Have you ever studied abroad?
B(M): No, I have never been abroad.　Instead, I often listen to English songs.　And, I check the words I don't understand.
A(W) : That sounds nice.　I will also try that way!
B(M): I think you can enjoy studying English.

① He sings English songs.
② He studied in England.
③ He reads English books aloud.
④ He listens to English songs.

<5秒>

2 問2 How does the boy feel about studying?

A(W) : How is high school? Have you gotten used to your new life?
B(M) : Well, my classmates are nice. I enjoy talking with them every day.
A(W) : That's great. How is your studying? Aren't the classes difficult?
B(M) : I think some classes are a little hard, but teachers often give us some good advice. And, I also enjoy studying in the library. It is a nice place for studying.

① He does not like studying.
② He thinks all classes are difficult.
③ He enjoys studying in the library.
④ He likes studying with his classmates.

<5秒>

3 問3 What does Mike want to do?

A(M) : Hi, Emma. Shall we go to lunch?
B(W) : Lunch? It's three p.m. I have already eaten it. Haven't you eaten it yet?
A(M) : I had a lot of things to do around noon, so I couldn't eat it.
Then, how about a light meal if you are not so hungry?
B(W) : Okay, Mike. Let's go.

① He wants to make a light meal.
② He wants to do a lot of things around noon.
③ He wants to eat lunch.
④ He wants to meet Emma around noon.

<5秒>

これで問題Aを終わります。
問題Bは問4と問5の2題です。それぞれの問いについて英文を聞き，答えとして最も適当なものを選択肢のうちから1つずつ選びなさい。英文は2度読まれます。途中でメモを取っても構いません。では始めます。

【問題B】

それぞれの問いについて英文を聞き，答えとして最も適当なものを選択肢のうちから1つずつ選びなさい。英文は2度読まれます。途中でメモを取っても構いません。

4 問4 (W)When is likely this announcement made?

Attention please. Welcome aboard New Zealand Airlines flight NZ90.
We are now ready for departure. Please make sure that your seat belt is fastened.
Our flight time to Auckland International Airport is expected to be 10 hours and 30 minutes. Your cabin attendants are looking forward to serving you. We hope you will enjoy your flight with us.

① Before taking off.
② During the flight.
③ Before landing.
④ After landing.

<5秒>→Listen again→<5秒>

5 問5　Why do some Japanese people eat “Katsudon” before the important tests?

What food did you eat yesterday?　You may say “Katsudon.”　It is a bowl of rice topped with slices of deep-fried pork.　“Katsu” means winning, defeating, beating and succeeding in Japan.　Some Japanese people eat “Katsudon” before important tests with hopes to pass them.　Others don’t do so because they don’t think it is good for their stomachs.　What do you think of it?

① Because “Katsu” means succeeding.

② Because “Katsudon” makes their brains active.

③ Because “Katsudon” is good for their stomachs.

④ Because “Katsu” is popular food in Japan.

＜5秒＞→Listen again→＜5秒＞

以上でリスニングテストを終わります。

【数　学】（40分）〈満点：100点〉

次の A ～ M の問題について，正しい答えを①～⑤から選びなさい。

A　$7\times 17^2\times 2024-2024^2$ を求めなさい。　解答番号は 1

①　-1	②　2023	③　-2023	④　2024	⑤　-2024

B　$\sqrt{\dfrac{2023}{n}}$ の値が整数となる最小の自然数 n を求めなさい。　解答番号は 2

①　3	②　7	③　119	④　289	⑤　2023

C　$x^2+\dfrac{1}{x^2}=2$ のとき，$x+\dfrac{1}{x}$ の値を求めなさい。　解答番号は 3

①　± 2	②　± 3	③　± 4	④　$\pm\sqrt{2}$	⑤　$\pm\sqrt{3}$

D　連立方程式 $\begin{cases} 8(15x+15y)+2(31x+16y)=60 \\ 5(15x+15y)-2(31x+16y)=-60 \end{cases}$ の解を求めなさい。

解答番号は 4

①　$x=1,\ y=-1$	②　$x=-1,\ y=1$	③　$x=2,\ y=-2$
④　$x=3,\ y=-3$	⑤　$x=-3,\ y=3$	

E　関数 $y=ax^2$（a は定数）のグラフ上に点 P，Q があり，点 P の x 座標は -1，点 Q の x 座標は 2 である。直線 PQ の傾きが 3 のとき，a の値を求めなさい。

解答番号は 5

①　1	②　2	③　3	④　$\dfrac{3}{2}$	⑤　$\dfrac{5}{2}$

F 財布の中に1円玉5枚，5円玉2枚，10円玉6枚，50円玉2枚，100円玉1枚入っている。110円の商品をおつりがないように支払う方法は何通りあるか答えなさい。

解答番号は 6

① 6通り	② 8通り	③ 9通り	④ 10通り	⑤ 12通り

G A～Eのうち，標本調査である組み合わせで正しいものを選びなさい。

解答番号は 7

A テレビ番組の視聴率調査
B 学校で行う体力測定
C 飛行機に搭乗する際の手荷物検査
D ある湖に生息する特定の魚の数
E 大きい鍋から大さじ一杯のスープをすくい，味見をする

① A, C, E	② A, D, E	③ B, C, D	④ B, D, E	⑤ C, D, E

H $\sqrt{25}$ の平方根を2乗した値から5を引いた値を求めなさい。 解答番号は 8

① 0	② $\sqrt{5}$	③ 5	④ 20	⑤ 620

I ある本を1日目に30ページ読み，2日目に残りのページ数の $\frac{3}{5}$ を読んだところ，残りのページ数は全体の $\frac{3}{10}$ となった。この本は全体で何ページあるか求めなさい。

解答番号は 9

① 120	② 125	③ 130	④ 135	⑤ 140

J　関数 $y=ax^2$ のグラフ上に2点A，Bがある。ただし，点Aの座標は(4, 8)，点Bの x 座標は負とする。また，点Aから x 軸に垂線を引くと，その交点Cの座標は(4, 0)となる。△ACOの面積が△BCOの面積の2倍になるとき，次の問いに答えなさい。

(1)　a の値を求めなさい。　　解答番号は 10

① 1	② 2	③ 3	④ $\frac{1}{2}$	⑤ $\frac{3}{2}$

(2)　線分BOの長さを求めなさい。　　解答番号は 11

① $2\sqrt{5}$	② $2\sqrt{6}$	③ $3\sqrt{2}$	④ $3\sqrt{5}$	⑤ 4

(3)　△AOBの面積を求めなさい。　　解答番号は 12

① $8+4\sqrt{2}$	② $8+8\sqrt{2}$	③ $8+24\sqrt{2}$	④ $8+16\sqrt{2}$	⑤ $16+8\sqrt{2}$

K　右の図は1辺の長さが2cmの正方形ABCDである。動点Pは点Aを出発し，次のルールに従って動くものとする。このとき，次の問いに答えなさい。

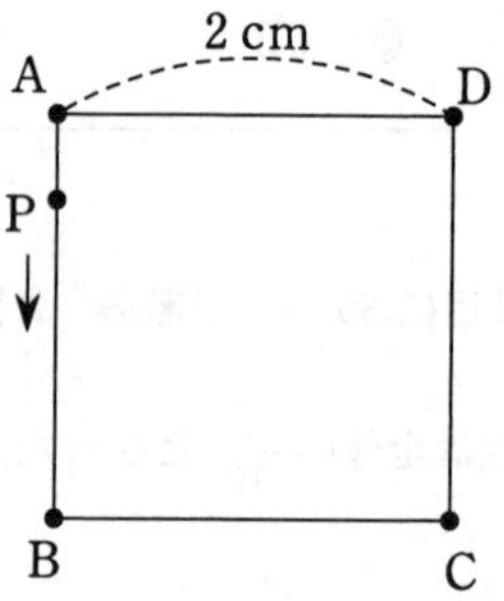

> 動点Pのルール
> 大小2個のさいころを同時に1回だけ投げる。
> (出た目の数の和)×1cmだけ，反時計周りに正方形の辺上を動く。

(1)　動点Pがちょうど点Dで止まる確率を求めなさい。　　解答番号は 13

① $\frac{1}{6}$	② $\frac{1}{12}$	③ $\frac{5}{12}$	④ $\frac{1}{18}$	⑤ $\frac{5}{36}$

(2)　△ABPの面積が $2\,\text{cm}^2$ となる確率を求めなさい。　　解答番号は 14

① $\frac{1}{3}$	② $\frac{1}{4}$	③ $\frac{2}{9}$	④ $\frac{13}{36}$	⑤ $\frac{17}{36}$

L AB＝AC＝5, BC＝8 の二等辺三角形ABCがある。右の図のように正方形 BADE, ACFG をおいたとき，次の問いに答えなさい。ただし，円周率は π とする。

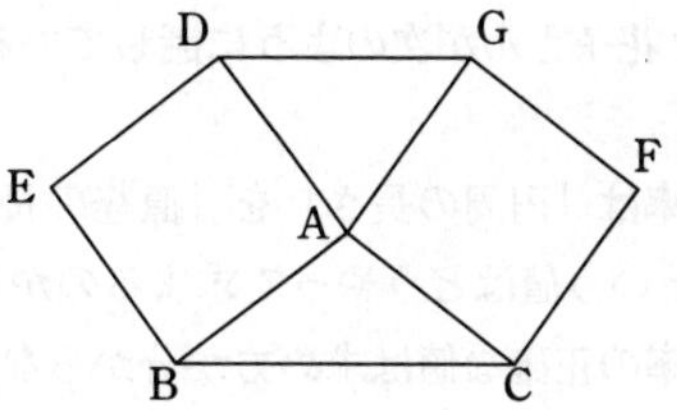

(1) DGの長さを求めなさい。 解答番号は 15

① $4\sqrt{2}$　② $\dfrac{11}{2}$　③ $\dfrac{16}{3}$　④ 5　⑤ 6

(2) EFの長さを求めなさい。 解答番号は 16

① $8\sqrt{3}$　② $9\sqrt{2}$　③ $\dfrac{50}{3}$　④ 14　⑤ 15

(3) EFを軸に四角形 BCFE を1回転させてできる立体の体積を求めなさい。
解答番号は 17

① $64\sqrt{6}\pi$　② $96\sqrt{3}\pi$　③ $\dfrac{225\sqrt{3}}{3}\pi$　④ $\dfrac{256\sqrt{3}}{3}\pi$　⑤ 160π

M　太郎さんと花子さんが次のように話している。

太郎：円周率は「円周の長さ」を「直径の長さ」で割った値だよね。
3.14という値はどうやって求まるのかな。

花子：円周率の正確な値は求め方が分からないけど，近い値なら次のように求められると思う。
まず，半径1の円に内接する正六角形(図1)の周の長さを x とすると
$x=\boxed{\text{ア}}$ となるよね。次に半径1の円が内接するような正六角形(図2)の周の長さを y とすると，$y=\boxed{\text{イ}}$ となるよね。半径が1の円周の長さを z とすると，$\boxed{\text{ア}}<z<\boxed{\text{イ}}$ だから，円周率に近い値 ρ の候補としては，小数第1位までの数では $\boxed{\text{ウ}}$ が挙げられるよ。

図1

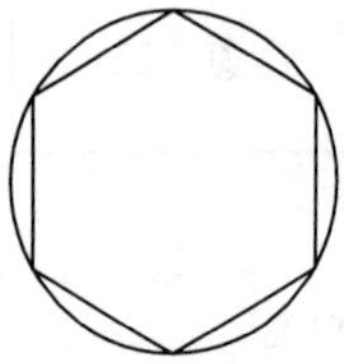

図2

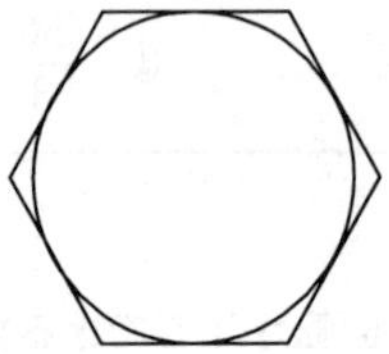

(1)　$\boxed{\text{ア}}$ に入る値を求めなさい。　　解答番号は $\boxed{18}$

①　6　　②　$2\sqrt{2}$　　③　$2\sqrt{3}$　　④　$3\sqrt{2}$　　⑤　$3\sqrt{3}$

(2)　$\boxed{\text{イ}}$ に入る値を求めなさい。　　解答番号は $\boxed{19}$

①　$2\sqrt{3}$　　②　$3\sqrt{2}$　　③　$4\sqrt{2}$　　④　$4\sqrt{3}$　　⑤　8

(3)　花子さんの考察から導き出された ρ の値の候補 $\boxed{\text{ウ}}$ において，最もふさわしいものを選びなさい。必要に応じて $\sqrt{2}=1.41$，$\sqrt{3}=1.73$ を用いることとする。
解答番号は $\boxed{20}$

①　3.0，3.1，3.2
②　3.0，3.1，3.2，3.3
③　3.1，3.2，3.3，3.4
④　3.1，3.2，3.3，3.4，3.5
⑤　3.1，3.2，3.3，3.4，3.5，3.6，3.7，3.8，3.9，4.0，4.1，4.2

問4　本文の内容として最も適当なものを次の①～⑤の中から一つ選びなさい。

解答番号は 29

① 永超僧都の弟子は、食事をする時には魚以外の食べ物は決して口にしない人であった。

② 永超僧都は、都から帰る途中で空腹に耐えかね、民家で魚を分けてくれるよう頼んだ。

③ 夢に現れた恐ろしげなる者どもは、魚を食べる家の者は疫病にかからないと言った。

④ 永超僧都に魚を差し上げた人の一家は、その善行によって疫病にかからなかった。

⑤ 永超僧都に魚を差し上げた家の主人は、疫病にかからなかったお礼として僧都に衣服を贈った。

問5　『宇治拾遺物語』は鎌倉時代の説話集であるが、同じ時代に成立した作品を次の①～⑤の中から一つ選びなさい。

解答番号は 30

① 『万葉集』　② 『竹取物語』　③ 『源氏物語』　④ 『平家物語』　⑤ 『奥の細道』

※7　件の魚の主…魚をさしあげた家の主人。
※8　疫をして…疫病（流行の病気）にかかって。
※9　ただ一宇…たった一軒。
※10　被物一重…褒美《ほうび》としての一式の衣服。

問1　二重傍線部a～eの歴史的仮名遣いを現代仮名遣いに直したものとして、**正しくないもの**を次の①～⑤の中から一つ選びなさい。

解答番号は 26

① a「食はざりける」→食わざりける
② b「くづほれて」→くずほれて
③ c「魚を乞ひて」→魚を乞いて
④ d「夢に見るやう」→夢に見るよう
⑤ e「といふ」→という

問2　傍線部1「参り向ひ」の主語として最も適当なものを次の①～⑤の中から一つ選びなさい。

解答番号は 27

① 永超僧都　② 魚の主　③ 恐ろしげなる者ども　④ 使ひ　⑤ 疫をして死ぬる者

問3　傍線部2「ける」の活用形として最も適当なものを次の①～⑤の中から一つ選びなさい。

解答番号は 28

① 連用形　② 終止形　③ 連体形　④ 已然形　⑤ 命令形

五 次の古文を読み、後の問い（問1～5）に答えなさい。

これも今は昔、※1南京の※2永超僧都《やうてうそうづ》は、魚《うを》なき限りは、※3斎《とき》、非時《ひじ》もすべて[a]食はざりける人なり。※4公請《くじやう》勤めて在京《ざいきやう》の間久しくなりて、魚を食はで、[b]くづほれて下《くだ》る間、※5奈島《なしま》の丈六堂の辺《へん》にて※6昼破子《ひるわりご》食ふに、弟子一人近辺《きんぺん》の在家《ざいけ》にて魚を[c]乞《こ》ひて勧めたりけり。

※7件《くだん》の魚の主《ぬし》、後《のち》に[d]夢に見るやう、恐ろしげなる者ども、その辺《へん》の在家をしるしけるに、我が家しるし除きければ、尋ねぬる所に、使ひの曰《いは》く、「永超僧都に魚を奉る所なり。さてしるし除く」[e]といふ。

その年、この村の在家、ことごとく※8疫《えやみ》をして死ぬる者多かりけり。その魚の主《ぬし》が家、※9ただ一宇《いちう》、その事をまぬかるによりて、僧都のもとへ[1]参り向ひてこの由《よし》を申す。僧都この由を聞きて、※10被物一重《かづけものひとかさね》賜びてぞ[2]帰されける。

（『宇治拾遺物語』より）

（注）※1 南京…興福寺《こうふくじ》の別名。
※2 永超僧都…平安時代の僧侶。
※3 斎、非時…ともに僧侶の食事。
※4 公請勤めて在京の間久しくなりて…ここでは、京都での仕事が長引いて。
※5 奈島の丈六堂…京都府奈島にあった御堂。
※6 昼破子…弁当箱に入った昼食。

問5　次の（Ⅰ）～（Ⅴ）を並び替えて意味の通る文章にしたとき、最も適当なものはどれか。　解答番号は 25

ですから、※友邦《ゆうほう》から海外から日本の学校教育について警鐘が鳴らされているということを日本の教育関係者は厳しく受け止めなければならないと私は思います。けれども、この事実について日本のメディアではほとんど報道がなされていません。なぜか。

制度に欠陥があるというのは「よくあること」です。

（Ⅰ）それはより深刻な出来事です。

（Ⅱ）そのときには、どの臓器や生体機能が不調であるか、どこの骨が折れ、どこから出血しているかについて吟味がまずなされます。

（Ⅲ）でも、制度の欠陥についての指摘を聞き流して、失敗を修正しないというのは「よくあること」ではありません。

（Ⅳ）人間は誰でも病気になり、怪我をします。

（Ⅴ）そうしないと治療が始まらないからです。

でも、いまの日本では「日本の学校教育が海外から否定的評価を受けている」という事実そのものが隠蔽《いんぺい》されている。それは制度を見直し、補正する手立てを講じる機会そのものを放棄するということです。

（内田樹『生きづらさについて考える』より）

（注）※　友邦…互いに親しく交際している国。

① （Ⅰ）―（Ⅴ）―（Ⅳ）―（Ⅱ）―（Ⅲ）
② （Ⅱ）―（Ⅰ）―（Ⅴ）―（Ⅳ）―（Ⅲ）
③ （Ⅲ）―（Ⅰ）―（Ⅳ）―（Ⅱ）―（Ⅴ）
④ （Ⅳ）―（Ⅰ）―（Ⅲ）―（Ⅱ）―（Ⅴ）
⑤ （Ⅴ）―（Ⅱ）―（Ⅳ）―（Ⅰ）―（Ⅲ）

四

次の問い（問1～5）の答えを各群の①～⑤の中から一つ選びなさい。

問1　次にあげた漢字の意味と同じ意味で使われているものはどれか。　解答番号は 21

「修」＝習う。

① 修飾　② 改修　③ 履修　④ 修理　⑤ 監修

問2　「人造」と同じ構成の熟語はどれか。　解答番号は 22

① 地震　② 忌避　③ 非常　④ 発芽　⑤ 巧拙

問3　次の□に共通して入る漢字はどれか。　解答番号は 23

□夫・□事・□作・加□・図□

① 名　② 合　③ 大　④ 凡　⑤ 工

問4　次の空欄□に一字を入れると四字熟語が完成する。その一字はどれか。　解答番号は 24

群雄割□

① 挙　② 拠　③ 距　④ 居　⑤ 去

問4　傍線部2「能ある鷹は爪を隠す」とあるが、次のa～fのことわざ・慣用句のうち、空欄に「鳥類」が入るものはいくつあるか。後の①～⑤の中から一つ選びなさい。　解答番号は18

a　□もおだてりゃ木に登る

b　□百まで踊り忘れず

c　木に縁りて□を求む

d　□の行水

e　□が豆鉄砲を食ったよう

f　掃き溜めに□

①　一つ　②　二つ　③　三つ　④　四つ　⑤　五つ

問5　傍線部3「する」の活用形を次の①～⑤の中から一つ選びなさい　解答番号は19

①　未然形　②　連用形　③　終止形　④　連体形　⑤　仮定形

問6　本文の内容として最も適当なものを次の①～⑤の中から一つ選びなさい。　解答番号は20

①　質問する際は他の参加者にも配慮することが大切なので、質問は決まって20秒以内におさめなければならない。

②　質問する際は回答者に対して、年齢や性別に関係なく敬意を持ち、言葉遣いや礼儀などを重んじることが大切である。

③　質問する際は回答者に対して、講演会が始まる前に自分の情報を話しておくことが質疑応答を円滑に進めるためにも必要である。

④　質問する際は手短に話すという周囲への気遣いにより、他の参加者から興味関心を持ってもらえる可能性がある。

⑤　質問する際は主観的な視点に重きを置くことで、内容が自慢話になることを避けることができ、周囲から賢く思われる。

えず、損をしていると感じます。

たとえ、多くの経験を積んできたとしても、それが自分自身の講演会でない限りは、控えめに振る舞って質問する人のほうが知的に見えます。

[2]「能ある鷹《たか》は爪を隠す」といいますが、まさに知的な人ほど人前で多くを語らないという共通点があるように思います。

ちなみに私が質問をするときは常に「自分だけが知りたい情報か」、 B 「自分以外にも、この質問の答えを知りたいと思う人がいるか」という視点を持つようにしています。

前者の場合は個別に質問ができる状況であればそうすべきですし、できないようでしたら、なるべく時間をとらせないように工夫します。

質問を短く簡潔に[3]するだけで、周囲の人への配慮はあなたをより知的に見せて、「後で、あの人と話してみたい」と周囲の人から声をかけてもらえるチャンスへと繋《つな》がることもあるのです！

問1　傍線部1「学校」とあるが、愛媛県尋常中学校（旧制松山中学校）に英語教師として赴任した経験をもとに描かれたと言われる夏目漱石の作品を、次の①～⑤の中から一つ選びなさい。　解答番号は 15

①　『三四郎』　②　『こころ』　③　『明暗』　④　『坊っちゃん』　⑤　『それから』

問2　空欄 A に入ることばとして最も適当なものを次の①～⑤の中から一つ選びなさい。　解答番号は 16

①　キャパシティ　②　キャリア　③　コンプライアンス　④　シナジー　⑤　シンギュラリティ

問3　空欄 B に入ることばとして最も適当なものを次の①～⑤の中から一つ選びなさい。　解答番号は 17

①　だから　②　つまり　③　あるいは　④　ただし　⑤　ところで

14

問5　飛行機をソウ縦する。

①　山でソウ難する。　②　空気が乾ソウする。　③　ラジオ体ソウをする。

④　事件のソウ査をする。　⑤　図表をソウ入する。

三

次の文章は、吉原珠央『その言い方は「失礼」です！』の一節である。これを読んで後の問い（問1～6）に答えなさい。

大事なことなので繰り返しますが、講演や研修、地域や学校[1]の保護者の集まりなどで、質問の時間であるにもかかわらず、自分のことを延々と話すのは避けたほうが無難です。

仮に質問をする上で、回答者に知っておいてもらいたいことがあれば、「質問させていただくにあたり、現状を簡単に説明させていただきます」などと断ってから話すことで、他に質問したいと思っている人たちにも理解してもらうことができます。

質問者の話す内容にも学びがありますから、絶対に20秒以内にすべきとはいいませんが、「あなたの話を聞きたくて仕事を休んでまで講演に来たわけではない」などと思う人もいるかもしれないという想像力が必要です。

特に有料の講演やセミナーには、誰もが高い費用対効果を得たいという熱い思いで参加しています。講師に質問もしたいですし、意見交換もしたいですし、その場での刺激的な出会いにも期待していることでしょう。

だからこそ、長々とした質問や、自分の経歴紹介を延々と話すことはご法度《はっと》なのです（自分のことは、氏名、職業だけで十分です）。

中には「私自身も経営者として30年の［A］があり、某上場会社との取引もあり、従業員数は……」などと、ご自身の会社設立から乗り越えてきた困難や収めてきた成功の数々を1分以上かけて話す経営者の男性もいました。

そういう方を見ていると、客観的な視点を持って話すことに不慣れで、せっかく素晴らしいことを話していても、自慢にしか聞こ

二

次の問い（問1～5）の傍線部と同一の漢字を使うものはどれか。次の各群の①～⑤の中から一つずつ選びなさい。

解答番号は 10 ～ 14

問1 10 日米首ノウ会談が始まる。

① 疑いがノウ厚だ。
② 運動ノウ力を活かす。
③ ノウ涼花火大会が行われる。
④ ノウ裏をかすめる。
⑤ 苦ノウの色を表す。

問2 11 ショウ細な説明を求める。

① 作者未ショウの古典作品。
② 暗ショウに乗り上げる。
③ 希ショウ動物を保護する。
④ ショウ明写真を撮る。
⑤ 利害がショウ突する。

問3 12 費用をフ担する。

① 憲法が公フされる。
② 豊フな知識がある。
③ 両親をフ養する。
④ 論争に終止フを打つ。
⑤ 新年の抱フを語る。

問4 13 選択シが多い。

① 活動をシ援する。
② しなやかなシ体。
③ 体シ肪率を気にする。
④ 書の大家にシ事する。
⑤ 優れたシ質がある。

① X＝身体　Y＝現代の男女の不愉快な会話
② X＝自我　Y＝一人前に知情意し行為すること
③ X＝人の命　Y＝自己中心的に行為する本能
④ X＝学習機能　Y＝自己中心に考えた自己
⑤ X＝良き習慣　Y＝芸術における固有の色や個性

(ⅱ) Nさんの**【メモ】**をもとにしてグループで話し合いを行った。生徒たちの発言のうち、文章の主旨を**踏まえていないもの**はどれか。次の①～⑤の中から一つ選びなさい。　解答番号は 8

① 生徒a―本文では「料理」をすることが、結局、一人ひとりの幸福につながる行動ではないかと述べられているね。
② 生徒b―うん、「行動（働き）」と「食べる」の連動性によって生きるための学習機能が活かされていくとあるね。
③ 生徒c―そうね、でも「常に料理をしなくちゃいけない」とか、「それが必ず幸福につながる」と言われると少しプレッシャーだわ。
④ 生徒d―また、「生存競争」は「生きるための殺し合い」であり、それは人間の醜い面である「無明」だと述べられているね。
⑤ 生徒e―「料理しないこと」も「生存競争」も人間の幸福につながらないという意味で、二つが「重なる」と表現されているんだと思うよ。

問7 **【文章B】**の傍線部2「芥川」とは芥川龍之介のことであるが、芥川賞を受賞したことのある作家を次の①～⑤の中から一人選びなさい。　解答番号は 9

① 小川洋子　② 中沢けい　③ 村上春樹　④ 恩田陸　⑤ 重松清

④ 第[9]段落に二か所ある「どうでしょうか」という問いかけは、「ほとんどの人々」や「子どもたちの世代」にとっては生存競争が「良くないこと」であることを暗に示す表現である。

⑤ 第[12]段落の「どうぞ踏ん張って下さい」という表現は、貧困問題の解決に向けて、公平な資源の分配を起業家に強く訴えかける筆者の願いが示されている。

問6 Nさんは**【文章A】**の傍線部1「料理することのない人生は、岡潔が『生存競争とは〝無明〟でしかない』とすることにも、重なる」について自分の考えを整理するため、次のような**【メモ】**を作成した。**【文章A】**、**【文章B】**の内容を踏まえて、(i)・(ii)の問いに答えなさい。

(i) 次の**【メモ】**の空欄 [X] ・ [Y] に入る語句の組み合わせとして、最も適当なものを次の①～⑤の中から一つ選びなさい。

解答番号は [7]

【メモ】

●料理することのない人生

「食事（料理）」…一人ひとりすべての [X] を作るもの

↓

一人ひとりの幸福のための行動

●生存競争とは〝無明〟でしかない

「生存競争」…生きるために殺し合いをすること

「無明」…人間の醜悪にして恐ろしい一面。 [Y]

人間の努力は人間の幸福に向かっていかなければならない

問3　**【文章A】**の空欄 A ・ B に入ることばの組み合わせとして、最も適当なものを次の①～⑤の中から一つ選びなさい。　解答番号は 4

① A＝とは言え　B＝そのうえ
② A＝もちろん　B＝でも
③ A＝けれど　B＝ただ
④ A＝ゆえに　B＝言い換えると
⑤ A＝ところが　B＝あるいは

問4　**【文章A】**では次の一文が欠落している。補うとしたらどこがよいか。次の①～⑤の中から一つ選びなさい。　解答番号は 5

できあがった料理を手軽に買い求めて食べることで、「料理する」を省略できるからです。

①【Ⅰ】　②【Ⅱ】　③【Ⅲ】　④【Ⅳ】　⑤【Ⅴ】

問5　**【文章A】**の表現に関する説明として、最も適当なものを次の①～⑤の中から一つ選びなさい。　解答番号は 6

① 第1段落の「無意識の身体で知っている」という表現は、食事を大切にし続けていると、無意識のうちに食事を作る行為が習慣として秩序化されることを表している。
② 第2段落の「食事する」、「食べる」、「食事」にカギカッコが付されているのは、本文中における意味がそれぞれ同じであることをほのめかしている。
③ 第8段落の「岡潔は、『生存競争』と言ってウレえています」という表現は、「生存競争」の解釈について筆者と異なる見解を紹介することで、筆者の主張の独自性を強調している。

③

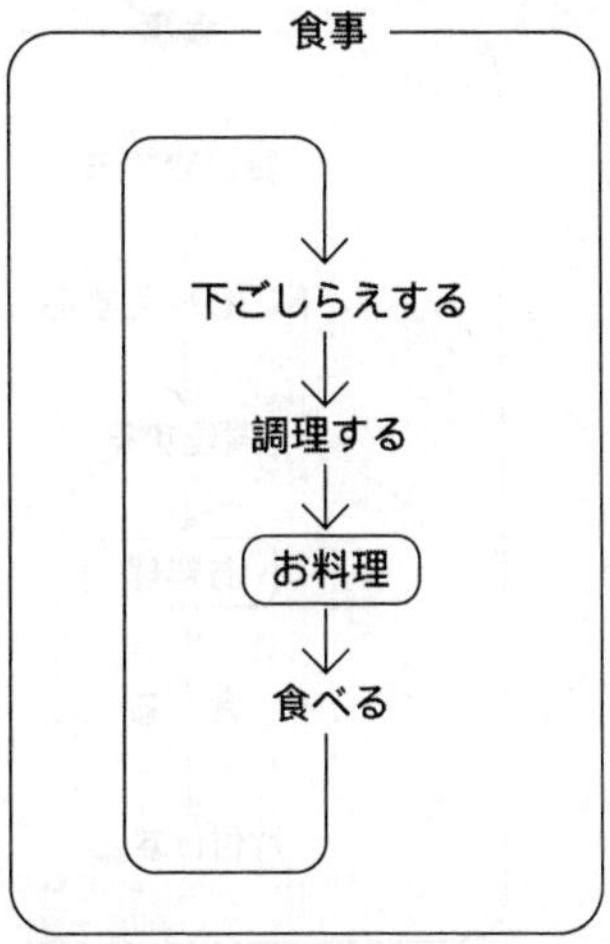

毎日の営みである「食事」には、
人間の根源的な生きる力を養う
働きがある。

④

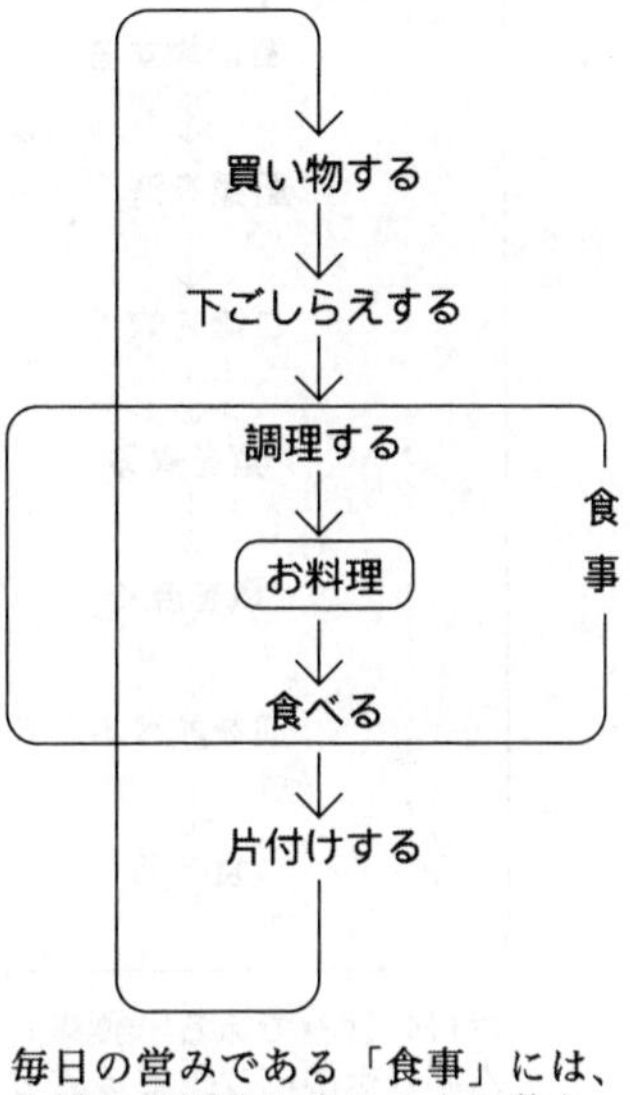

毎日の営みである「食事」には、
人間の根源的な生きる力を養う
働きがある。

⑤

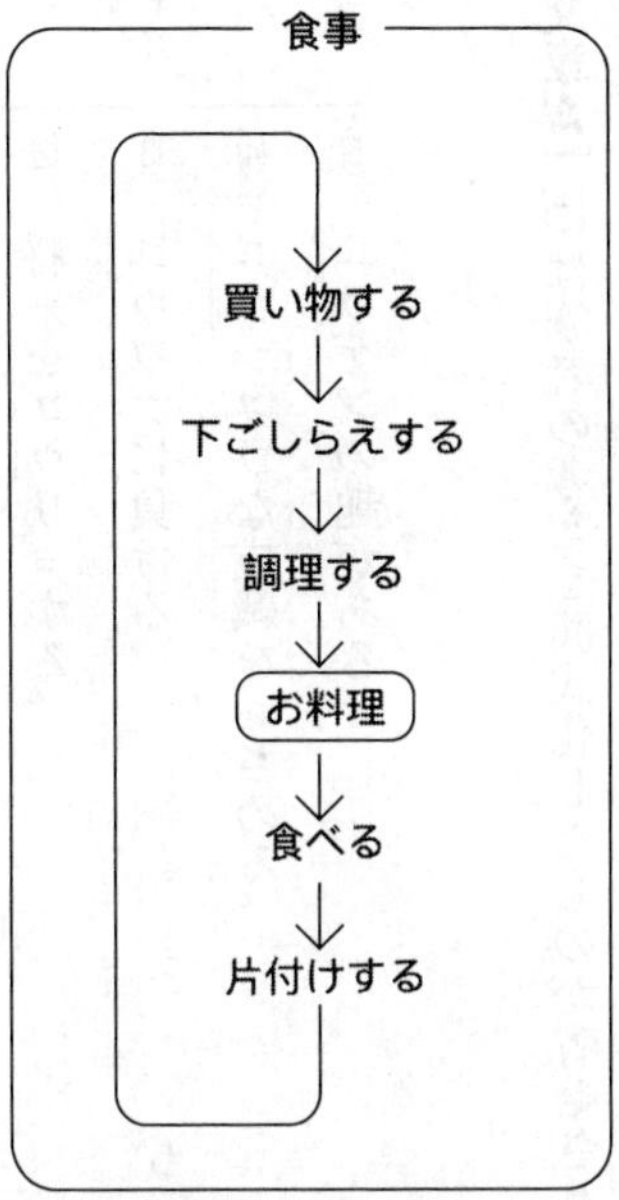

毎日の営みである「食事」には、
人間の根源的な生きる力を養う
働きがある。

問1　**【文章A】**の二重傍線部a・bのカタカナを漢字に直したとき、同じ漢字を含むものを次の各群の①~⑤の中から一つずつ選びなさい。　解答番号は 1 ・ 2

1

a　ウレえ

① 温泉がユウシュツする。
② 将来をユウリョする。
③ ユウワクに負ける。
④ ユウシュウな成績をおさめる。
⑤ ユウゲンの趣がある。

2

b　イマシめ

① コウカイ先に立たず。
② 複雑カイキな事件。
③ 生活習慣をカイゼンする。
④ 病気がゼンカイする。
⑤ 周囲をケイカイする。

問2　**【文章A】**には筆者の考えを図式化したものが省略されている。第 1 ~ 5 段落を読み、最も適当なものを次の①~⑤の中から一つ選びなさい。　解答番号は 3

①

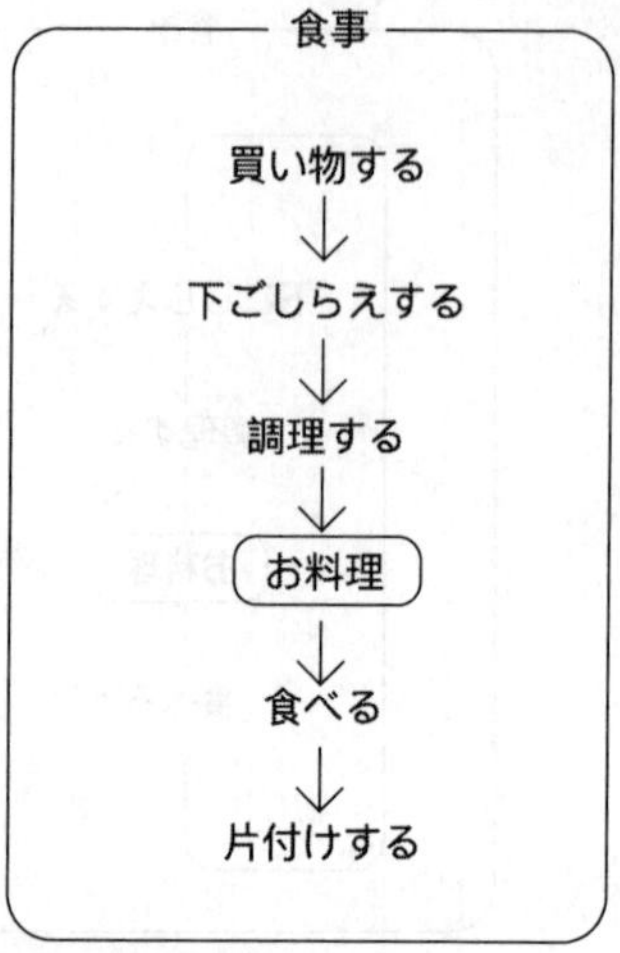

毎日の営みである「食事」には、人間の根源的な生きる力を養う働きがある。

②

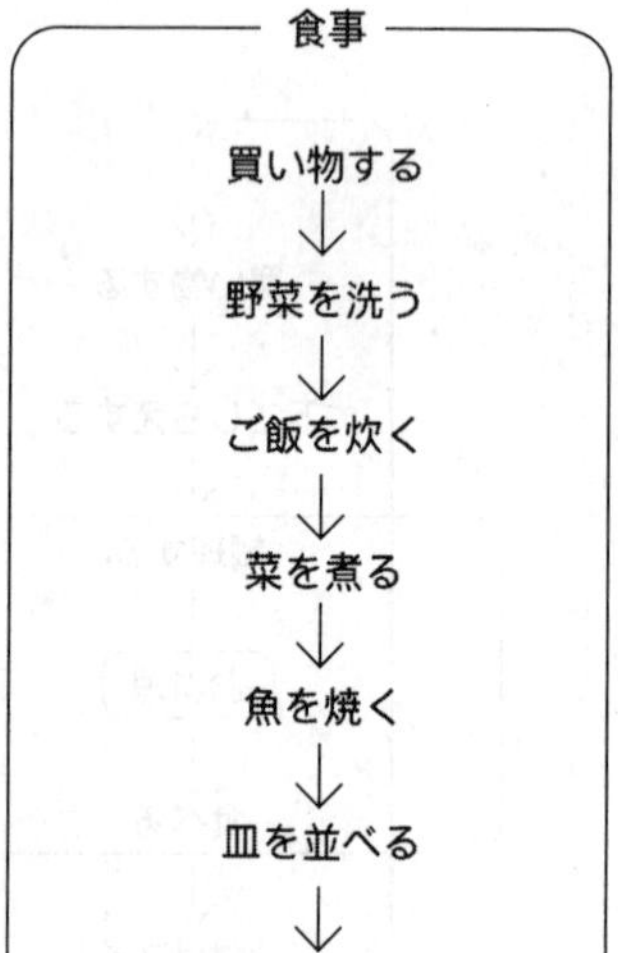

毎日の営みである「食事」には、人間の根源的な生きる力を養う働きがある。

です。人は自己中心に知情意し、感覚し、行為する。その自己中心的な広い意味の行為をしようとする本能を無明という。ところで、人には個性というものがある。芸術はとくにそれをやかましく言っている。漱石《そうせき》も2芥川も言っております。そういう固有の色というものがある。その個性は自己中心に考えられたものだと思っている。本当はもっと深いところから来るものであるということを知らない。つまり自己中心に考えた自己というもの、西洋ではそれを自我といっております。仏教では小我といいますが、小我からくるものは醜悪さだけなんです。ピカソのああいう絵は、無明からくるものである、そういうことを感じて書いたのです。

（小林秀雄・岡潔『人間の建設』より）

（注）※3　ピカソ…スペインの画家。（一八八一～一九七三年）

※4　ソクラテス…古代ギリシャの哲学者。（前四七〇～前三九九年）

※5　釈迦…仏教の開祖。（紀元前六～紀元前五世紀頃）

※6　孔子…古代中国の思想家。（前五五一～前四七九年）

※7　小我…自分だけの狭い考えにとらわれた自我。

※8　七十にして矩を踰えず…七十歳になって自分の思うままに行動しても人の道を踏み外すことがなくなった、の意。『論語』の一節。

※9　知情意…知性と感情と意志。人間の持つ三つの心的要素。

12　どうぞ踏ん張って下さい。なぜならば、[1]料理することのない人生は、岡潔が「生存競争とは〝無明《むみょう》〟でしかない」とすることにも、重なるのかもしれません。

（土井善晴『一汁一菜でよいという提案』より）

（注）※1　自我…自分の意識。
※2　岡潔…数学者。（一九〇一〜一九七八年）

【文章Ｂ】

小林　岡さんは、絵がお好きのようですね。※3ピカソという人は、仏教のほうでいう無明を描く達人であるということをお書きになっていましたね。私も、だいぶ前ですが、同じようなことを考えたことがある。どこかの展覧会にいきまして、小さなピカソの絵をみました。それは男と女がテーブルをはさんで話をしている。ピカソの絵ですから、男か女かわからない。変なごつごつしたもので、とてもそうは見えないけれども、男と女が話しているなと直観的に思った。そうすると、いかにもいやな会話を二人がしているんですな。これは現代の男女がじつに不愉快な会話をしているところをかいたのだなと、ぼくは勝手に思っちゃった。

岡　それは正しい直観だと思います。

小林　岡さんが無明ということを書いていらっしゃったでしょう。ははあ、これは同じ感じだなと思った。

岡　男女関係を沢山かいております。それも男女関係の醜い面だけしかかいていません。あれが無明というものです。人には無明という、醜悪にして恐るべき一面がある。昔、世界の四賢人といって、※4ソクラテスとキリストと※5釈迦《しゃか》と※6孔子をあげておりますが、そのうち三人、釈迦とキリストと孔子は、※7小我《しょうが》は困ると言っているのじゃないかと思います。キリストは、人の子は罪の子だと言っております。孔子は、※8七十にして矩《のり》を踰《こ》えず、つまり自分をしつけて一人前に※9知情意《ちじょうい》し、行為するようになれるまで自分は七十年もかかった。それでは後は何も出来ないわけです。釈迦は、無明があるからだということをよく説いて聞かしているの

てもよくなりました。【Ⅳ】

7 となると、人間は食べるために必然であった行動（働き）を、捨てることになります。「行動（働き）」と「食べる」の連動性がなくなれば、生きるための学習機能を失うことになり、行動して食べることが心を育てると考えれば、大いに心の発達やバランスを崩すことになってしまいます。【Ⅴ】

8 同時に、現代社会では、料理したくても時間が取れないという問題や、働いても満足に食べられないという貧困の問題が起こっています。これはもう社会システムのほうに問題があるのではと疑ってしまいます。それを企業家は「資本主義の競争の原理による必然」と説明するのですが、そのような社会の状態を、数学者であり、日本人の心の働きや文化に関わる著作も多い※2岡潔《おかきよし》は、「生存競争」と言って[a]ウレえています。生存競争とは生きるために殺し合いをすることです。[A]、人間の努力は人間の幸福に向かっていなければならないのです。

9 すべての人に分配できるだけの豊かな資源があった私たちの世代までは、「生存競争」もある意味では正しいことだったかもしれませんが、これから先はどうだろうかと考えます。人口の一つかみほどしかいないお金持ちにとっては良いことでも、そこにはいない、ほとんどの人々にとってはどうでしょうか。私たちの子どもたちの世代にとってはどうでしょうか。

10 そのような大きな問題を、日常の小さな小さなことで解決できるなんて思っていません。料理することは正しいから、必ずどんなときでも料理しろと言うのでもありません。[B]、食事の根源的な意味を考えようとしているのです。一人ひとりすべての人の命を作るものだからです。そして、その最低限のことをおこなうことが、一人ひとりの幸福のための行動だと信じるのです。

11 少なくとも、人間にとって人生の大切な時期に手作りの良い食事と関わることが重要です。新しい家庭を築くはじまりに、また、子どもが大人になるまでのあいだの食事が特に大切だと思います。そして自分自身を大切にしたいと思うなら、丁寧に生きることです。一人暮らしでも食事をきちんとして欲しいと思います。そうすることで、自分の暮らしに[b]イマシめを与え、良き習慣という秩序がついてくるのです。

二〇二三年度
東亜学園高等学校

【国　語】（四〇分）〈満点：一〇〇点〉

一　次の【文章A】と【文章B】を読んで、後の問い（問1～7）に答えなさい。

【文章A】

1　「毎日の食事をきちんとしたい」と思っている人は大勢います。私もその一人です。それは、私たちが「食べる」ということの大切さを心のどこかで感じ、無意識の身体《からだ》で知っているからでしょう。

2　私たちは日頃、ご飯を食べることを「食事する」と簡単に言いますが、そもそも「食べる」ことは「食事」という営みの中にあることで、単に食べることだけが「食事」ではありません。食べるとなれば、家族のだれかが買い物をして材料を用意する。野菜を洗って下ごしらえをする。ご飯を炊《た》いて、菜を煮て汁を作り、魚を焼いて盛る。そして食卓にその皿を並べるのです。

3　このように、ものを食べるとなると、必ず一定の行動がともないます。その食べるための行為のすべてを「食事」と言います。生きるためには身体を動かし、立ち上がり、手を働かせ、肉体を使って食べなければならない。ゆえに、「生きることの原点となる食事的行動には、様々な知能や技能を養う学習機能が組み込まれている」のです。それは、人間の根源的な生きる力となるものです。このことを知っている身体は直感的に感じ、「毎日の食事をきちんとしたい」と（※1自我に）伝えているのだと思います。【Ⅰ】

4　食べ終われば、後片付けをして掃除する。ほっと一息ついて、他の用事を済ませてしばらくすれば、また次のご飯の準備がはじまる。また料理して、食べる。そして片付ける。翌朝起きれば、また朝ご飯を作って、食べる。この毎日の繰り返しが「人間の暮らし」であり、その意味は、やがてそれぞれ美しいかたちとなって、家族である人間のそれぞれに現れてくるものと信じます。【Ⅱ】

5　人生とは、食べるために人と関わり、働き、料理して、食べさせ、伝え（教育）、家族を育て、命をつなぐことです。【Ⅲ】

6　料理することは人間として生きるためには欠かせないものですが、今、私たちのいる現代の日本では、必ずしも料理をしなく

英語解答

1 問1 ④　問2 ③　問3 ③
問4 ①　問5 ①

2 問1 ①　問2 ②　問3 ②
問4 ④

3 問1 ①　問2 ①　問3 ③
問4 ④

4 問1 ②　問2 ①　問3 ②
問4 ③

5 問1 ②　問2 ①　問3 ④
問4 ①　問5 ③

6 問1 ③　問2 ①　問3 ②
問4 ④　問5 ④　問6 ③
問7 ②　問8 ①

1〔放送問題〕解説省略

2〔適語(句)選択〕

問1．‘比較級＋than any other＋単数名詞’「他のどの～よりも…」の形。　「彼は私たちのクラスの他のどの生徒よりも速く走ると思う」

問2．by the end of ～ で「～の終わりまでに」。この by は「～までに」という‘期限’を表す用法。なお，until は「～までずっと」という‘継続’を表すのでここでは不適切。　「私は今週の終わりまでにこの宿題を終わらせたい」

問3．milk「牛乳」は‘数えられない名詞’なので many「(数が)たくさんの」ではなく much「(量が)たくさんの」で修飾する。また，‘数えられない名詞’なので複数形の -s はつけない。　「あなたはコーヒーにミルクをたくさん入れますか」

問4．2つあるうちの one「1つ」に対する「(残りの)もう1つ，もう片方」を表すときは the other を用いる。　「彼には2人の姉妹がいる。1人は山梨に，もう1人は沖縄にいる」

3〔書き換え―適語(句)選択〕

問1．「マイクはこの前の月曜日に病気になった。彼はまだ病気で寝ている」→「マイクはこの前の月曜日からずっと病気で寝ている」　「ずっと～している」という‘継続’を表す‘have/has＋過去分詞’の現在完了形の文に書き換える。2つ目の空所には，現在完了形とともに用いて「～から，以来」の意味を表す since が入る。

問2．「私の母は料理がとても上手だ」→「私の母はとても上手な料理人だ」　「料理人」は cook。be good at ～ing「～するのが上手だ」

問3．「カナダで話されている言語はフランス語と英語だ」　The languages are French and English.「言語はフランス語と英語だ」が文の骨組み。上の文の which are spoken in Canada「カナダで話されている」の部分は languages を修飾する主格の関係代名詞節。これは形容詞的用法の過去分詞を用いて spoken in Canada と書き換えられる。

問4．「私たちはその美術館に行くのに30分歩いた」→「私たちがその美術館まで歩いていくのに30分かかった」　‘It takes＋人＋時間＋to ～’「〈人〉が～するのに(時間が)…かかる」の形にする。walk to ～「～へ歩いていく」

4〔整序結合〕

問1．These cats が主語になっているので，「この猫たちは父によって世話されている」と読み換えて，take care of ～「～の世話をする」を‘be動詞＋過去分詞’の受け身形にする。be動詞の are の後に taken care of を続ける(受け身でも of までそのままの語順で続くことに注意)。「父によって」は by my father。　These cats are taken care of by my father.

問2．「あなたは～を知っていますか」はDo you know ～ で文を始める。「その女性が誰だか」は‘疑問詞＋主語＋動詞…’の語順の間接疑問で表せる。‘疑問詞’は who「誰」，‘主語’は the woman，‘動詞’は is。　Do you know who the woman is?

問3．This is that novel.「これがあの小説だ」が文の骨組み。「(先日)話していた」は，ここでは目的格の関係代名詞を省略した‘主語＋動詞…’の形でI was talking aboutと表し novel の後に置く。　This is that novel I was talking about the other day.

問4．「〈人〉に〈物事〉をたずねる」は‘ask＋人＋物事’の形で表せる。‘人’は that policeman, ‘物事’は the way to Shinjuku Station「新宿駅に行く道」。　Let's ask that policeman the way to Shinjuku Station.

5〔対話文完成―適文選択〕

問1．A：やあ，ミシェル。どうかしたの？／B：こんにちは，ケント。私の自転車がちゃんと動かないみたいなの。／A：見せてもらえる？／B：もちろん。／A：どれどれ…。大丈夫。すぐに直せるよ。／B：どうもありがとう。//直後で「自転車をすぐに直せる」と言っている。　No problem.「問題ない，大丈夫」　fix「～を修理する」

問2．A：今朝はとても晴れているね。プールに行かない？／B：ぜひそうしたいけど，今から図書館に行かないといけないの。しなきゃならない宿題がたくさんあるんだ。／A：それは残念だな。//Why don't you ～？は「～しませんか，～してはどうですか」という‘提案・勧誘’を表す定型表現。

問3．A：もしもし，スミスです。スズキさんとお話しできますか？／B：はい，ですがこちらにはスズキは2名おります。下の名前を教えていただけますか？／A：はい，イチロウです。スズキイチロウさんをお願いします。／B：承知しました。そのままお待ちください。//Hold on, please.「切らないでお待ちください」は，電話を切らずにそのまま待つように伝えるときの定型表現。

問4．A：メニューを見せてもらえますか？／B：はい，お客様。本日は当店の特製ステーキがおすすめでございます。／A：わかりました，ではそちらをオニオンソースでいただきます。／B：ステーキの焼き加減はいかがいたしますか？A：ミディアムでお願いします。//How would you like ～？はステーキの調理の仕方やコーヒーの飲み方などを尋ねる定型表現。

問5．A：成田空港までお願いできますか？／B：かしこまりました，お客様。／A：時間はどのくらいかかりますか？／B：ここから20分くらいです。//タクシー内での会話。ここからの時間を答えているので，所要時間を尋ねる文を選ぶ。

6〔長文読解総合―説明文〕

≪全訳≫❶東京という都市には地上にも地下にも電車の路線が縦横に走っている。それは世界の都市の中で最も広範囲にわたる交通網である。全ては時間どおりに運行し，地下鉄の車両は清潔で静かだ。しかしながら，東京の電車はラッシュ時の間は非常に混み合うことが多い。気づくと他人とひどく接近して立っているということもあるだろう。❷JR東日本，ときには単にJRとして知られる東日本旅客鉄道は，山手線という東京の中心部を周回する環状線を運営している。中央線と総武線は東京を東西に横切っている。加えて，他にもさまざまな路線があらゆる方向に走っている。❸A東京の中心部を移動して回りたいのなら，山手線はとても便利だ。なぜなら環状線上のそれぞれの駅もまた，地下鉄や通勤電車と接続した拠点駅となっているからである。❹JR線に加えて，JRのいくつかの主要駅から郊外に向かって枝分かれしている私鉄があり，たくさんの地下鉄の路線も東京の中心部と首都圏全域に広がる行先とをつないでいる。❺地下鉄のシステムは，最初はややこしく思えるかもしれないが，心配することは何もない。これは色分けされており，それぞれの駅には番号がついている。そして車内や駅構内の看板や表示には中国語や韓国語だけでなく英語も含まれている。B もしわからなくなってしまったら，駅の改札口やその他の場所で英語版の地図をもらうことができる。❻東京の鉄道の駅にはたくさんの出口があるところもある。行きたい場所にはどの出口が便利かを示すために，鉄道の駅には地図がある。いくつかの鉄道の駅はとても大きいので，正しい出口を確実に選ぶことが得策であり，さもないと，目的地まで長い道のりを歩かなければならなくなるかもしれない。❼電車の切符は自動販売機で買える。C 間違った切符を買ってしまった場合は，出口の改札のすぐ内側にある乗り越し精算機を利用すればよい。鉄道の駅から出るには切符か定期券が必要だ。❽D 2日以上東京に滞在したいのなら，SuicaやPASMOを入手してもよいかもしれない。これらは繰り返しチャージできるプリペイドカードで，電子マネーとしても使用できるのだ。SuicaもPASMOも，都内の交通機関やコンビニなどの店でちょっとした買い物をするのに広く利用されている。

問1＜要旨把握＞第2，3段落参照。山手線は東京の中心部を周回し，地下鉄の駅との接続がある便利な路線。東京を東西に走る路線は中央線と総武線なので，③「山手線は都市の中心部を東西に横断している」は誤り。

問2＜適語句選択＞JR線以外にもさまざまな私鉄や地下鉄が運行しているという文意を読み取る。In addition to ～ は「～に加えて」という意味。 on the way to ～「～へ行く途中」 in front of ～「～の正面に，真向かいに」

問3＜適語選択＞空所前後の「地下鉄のシステムは最初はややこしく思えるかもしれない」と「心配することは何もない」が‘逆接’の関係になっている。

問4＜英文解釈＞‘*A* as well as *B*’で「*B*だけでなく*A*も」。車内や駅構内の掲示物は中国語，韓国語だけでなく英語でも表示されていると述べた部分。これに最も近い意味の文は④「車内と駅構内の看板や表示は，中国語や韓国語だけでなく，英語でも書かれている」。‘not only *A* but (also) *B*’は「*A*だけでなく*B*も(また)」という意味。 ‘not *A* but *B*’「*A*ではなく*B*」 mainly「主に」 ‘some ～, others ….’「～なものもあれば，…なものもある」

問5＜多義語＞下線部のorは「さもないと，そうでないと」という意味。これと同じ用法のorを含む文は④「君は勉強をがんばらないといけない，さもないと明日の試験に落ちるだろう」。 ①*A* or *B*で「*A*または*B*」と選択させる用法。 「あなたは春と秋ではどちらが好きですか」 ②前言を訂正する用法。 「私はそれを知らなかった，いやむしろ知りたくなかった」 ③前言を訂正する用法。 「ジムはサッカーを楽しんでいる，というかそのように見える」

問6＜適文選択＞選択肢は全てIf「もし～なら」で始まる条件節。文の主節との関係を考える。A．主節の内容である山手線が便利となるのはどういう場合か考える。 B．主節の内容である地下鉄の地図をもらうのはどういう場合か考える。 confused「混乱した，とまどった」 C．主節の内容である乗り越し精算機を使うのはどういう場合か考える。 D．主節の内容であるチャージができて買い物にも使えるSuicaやPASMOの購入が得策となるのはどういう場合か考える。

問7＜要旨把握＞第8段落参照。ここで述べられているのは，SuicaとPASMOは繰り返しチャージできるプリペイドカードで，都内の交通機関で使用でき，店での買い物にも使うことができるということ。②「それらは多くの国で電子マネーとして使用できる」に関する記述はない。

問8＜内容真偽＞①「東京の列車は時間どおりに運行しているが，常に非常に混んでいる」…× 第1段落最後から2文目参照。「常に」ではない。 ②「私鉄は郊外とJRのいくつかの主要駅とをつないでいる」…○ 第4段落前半に一致する。 ③「多くの地下鉄の路線は首都圏全域を運行している」…○ 第4段落後半と一致する。 ④「東京の大きな駅には，我々が都合のよい出口を選べるように，たくさんの出口がある」…○ 第6段落と一致する。

数学解答

A ⑤	B ②	C ①	D ③	K (1) ⑤ (2) ④
E ③	F ③	G ②	H ①	L (1) ⑤ (2) ④ (3) ⑤
I ①				M (1) ① (2) ④ (3) ③
J (1) ④ (2) ② (3) ②				

A〔数と式―数の計算〕

与式 $=2024\times(7\times17^2-2024)=2024\times(7\times289-2024)=2024\times(2023-2024)=2024\times(-1)=-2024$

B〔数と式―数の性質〕

$\sqrt{\dfrac{2023}{n}}=\sqrt{\dfrac{7\times17^2}{n}}$ となるから，この値が整数となる最小の自然数nは，$\dfrac{7\times17^2}{n}=17^2$となる自然数$n$である。よって，$n=7$である。

C〔数と式―数の計算〕

$\left(x+\dfrac{1}{x}\right)^2=x^2+2\times x\times\dfrac{1}{x}+\dfrac{1}{x^2}=x^2+2+\dfrac{1}{x^2}=x^2+\dfrac{1}{x^2}+2$より，$\left(x+\dfrac{1}{x}\right)^2=x^2+\dfrac{1}{x^2}+2$となる。$x^2+\dfrac{1}{x^2}=2$を代入すると，$\left(x+\dfrac{1}{x}\right)^2=2+2$，$\left(x+\dfrac{1}{x}\right)^2=4$より，$x+\dfrac{1}{x}=\pm2$である。

D〔数と式―連立方程式〕

$8(15x+15y)+2(31x+16y)=60$……㋐，$5(15x+15y)-2(31x+16y)=-60$……㋑とする。$15x+15y=A$，$31x+16y=B$とおくと，㋐は，$8A+2B=60$……㋒となり，㋑は，$5A-2B=-60$……㋓となる。㋒＋㋓より，$8A+5A=60+(-60)$，$13A=0$，$A=0$となり，これを㋒に代入して，$8\times0+2B=60$，$2B=60$，$B=30$である。よって，$A=0$より，$15x+15y=0$，$x+y=0$，$y=-x$……㋔となり，$B=30$より，$31x+16y=30$……㋕となる。㋔を㋕に代入して，$31x+16\times(-x)=30$，$15x=30$，$x=2$であり，これを㋔に代入して，$y=-2$である。

E〔関数―関数$y=ax^2$と一次関数のグラフ―比例定数〕

2点P，Qは関数$y=ax^2$のグラフ上の点で，x座標はそれぞれ-1，2だから，点Pのy座標は$y=a\times(-1)^2=a$，点Qのy座標は$y=a\times2^2=4a$となる。よって，P$(-1,\ a)$，Q$(2,\ 4a)$となり，直線PQの傾きが3のとき，$\dfrac{4a-a}{2-(-1)}=3$が成り立つ。これを解くと，$\dfrac{3a}{3}=3$，$a=3$である。

F〔データの活用―場合の数〕

1円玉5枚，5円玉2枚，10円玉6枚の金額は$1\times5+5\times2+10\times6=75$(円)だから，110円を支払うとき，少なくとも50円玉，100円玉のどちらかが含まれる。50円玉が1枚のとき，残りは$110-50=60$(円)だから，10円玉6枚，5円玉2枚と10円玉5枚，1円玉5枚と5円玉1枚と10円玉5枚のいずれかとなり，3通りある。50円玉が2枚のとき，残りは$110-50\times2=10$(円)だから，10円玉1枚，5円玉2枚，1円玉5枚と5円玉1枚のいずれかとなり，3通りある。100円玉が1枚のとき，残りが$110-100=10$(円)だから，同様に3通りある。以上より，110円を支払う方法は，$3+3+3=9$(通り)ある。

G〔データの活用―標本調査〕

A．一部の視聴者に対して行うので，標本調査である。　B．全ての生徒に対して行うので，標本調査ではない。　C．搭乗する全ての乗客の手荷物に対して行うので，標本調査ではない。

D．一定数の魚に印をつけ，捕獲した魚に含まれる印のついた魚の割合から，湖全体に生息する魚の数を推定するので，標本調査である。　E．大さじ１杯のスープの味から，鍋全体のスープの味を推定するので，標本調査である。

H〔数と式―数の計算〕

$\sqrt{25}=\sqrt{5^2}=5$ より，$\sqrt{25}$ の平方根は $\pm\sqrt{5}$ となり，これを２乗した値は $(\pm\sqrt{5})^2=5$ となる。この値から５をひくと，$5-5=0$ となる。

I〔数と式―一次方程式の応用〕

本全体のページ数を x ページとする。１日目に30ページ読んだので，１日目の残りのページ数は $x-30$ ページである。２日目にこの残りのページ数の $\frac{3}{5}$ を読んだから，２日目の残りのページ数は，$(x-30)\times\left(1-\frac{3}{5}\right)=\frac{2}{5}x-12$（ページ）となる。これが全体の $\frac{3}{10}$ となるから，$\frac{2}{5}x-12=x\times\frac{3}{10}$ が成り立つ。これを解いて，$4x-120=3x$，$x=120$（ページ）となる。

J〔関数―関数 $y=ax^2$ と一次関数のグラフ〕

⑴＜比例定数＞右図で，$A(4,\ 8)$ は関数 $y=ax^2$ のグラフ上の点だから，$8=a\times4^2$ が成り立つ。これを解いて，$a=\frac{1}{2}$ である。

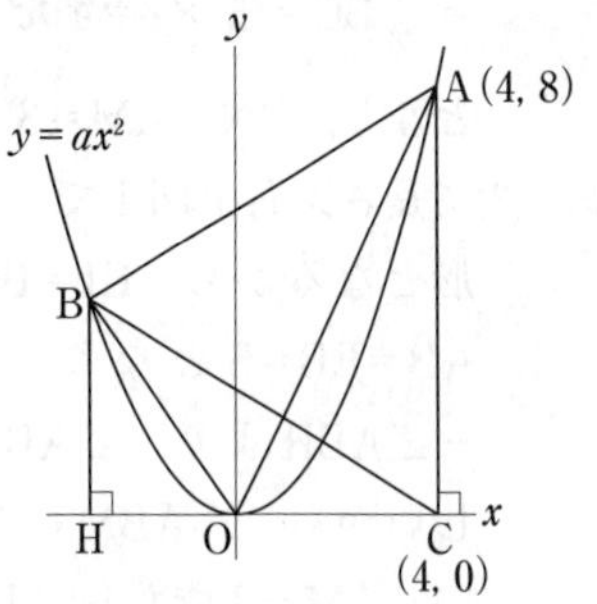

⑵＜長さ＞右図で，点Bから x 軸へ垂線BHを引く。$A(4,\ 8)$，$C(4,\ 0)$ より，$OC=4$，$AC=8$ だから，$\triangle ACO=\frac{1}{2}\times OC\times AC=\frac{1}{2}\times4\times8=16$ となる。$\triangle ACO=2\triangle BCO$ だから，$16=2\triangle BCO$ より，$\triangle BCO=8$ である。よって，$\triangle BCO$ の面積について，$\frac{1}{2}\times OC\times BH=8$ より，$\frac{1}{2}\times4\times BH=8$ が成り立ち，$BH=4$ となる。これより，点Bの y 座標は４である。⑴より，点Bは関数 $y=\frac{1}{2}x^2$ のグラフ上の点なので，$4=\frac{1}{2}x^2$，$x^2=8$，$x=\pm2\sqrt{2}$ となり，点Bの x 座標は負だから，$x=-2\sqrt{2}$ である。したがって，$B(-2\sqrt{2},\ 4)$ となり，$OH=2\sqrt{2}$ である。$\triangle BOH$ で三平方の定理より，$BO=\sqrt{OH^2+BH^2}=\sqrt{(2\sqrt{2})^2+4^2}=\sqrt{24}=2\sqrt{6}$ である。

⑶＜面積＞右上図で，$CH=OC+OH=4+2\sqrt{2}$ となるから，〔台形 ACHB〕$=\frac{1}{2}\times(BH+AC)\times CH=\frac{1}{2}\times(4+8)\times(4+2\sqrt{2})=24+12\sqrt{2}$ となる。また，$\triangle ACO=16$，$\triangle BHO=\frac{1}{2}\times OH\times BH=\frac{1}{2}\times2\sqrt{2}\times4=4\sqrt{2}$ だから，$\triangle AOB=$〔台形 ACHB〕$-\triangle ACO-\triangle BHO=(24+12\sqrt{2})-16-4\sqrt{2}=8+8\sqrt{2}$ である。

K〔データの活用―確率―さいころ〕

⑴＜確率＞大小２個のさいころを同時に１回投げるとき，それぞれ６通りの目の出方があるから，目の出方は全部で，$6\times6=36$（通り）ある。このうち，動点Pがちょうど点Dで止まるのは，２個のさいころの目の数の和が６になるときなので，(大，小)＝(1，5)，(2，4)，(3，3)，(4，2)，(5，1) の５通りある。よって，求める確率は $\frac{5}{36}$ である。

⑵＜確率＞$\frac{1}{2}\times2\times2=2$ より，$\triangle ABP$ の面積が $2\,cm^2$ となるとき，ABを底辺と見たときの高さは２cmだから，動点Pは辺CD上にある。このとき，２個のさいころの目の数の和は４，５，６，12のいずれかとなるので，(大，小)＝(1，3)，(1，4)，(1，5)，(2，2)，(2，3)，(2，4)，(3，1)，

(3, 2), (3, 3), (4, 1), (4, 2), (5, 1), (6, 6)の13通りある。よって，求める確率は$\frac{13}{36}$である。

L 〔平面図形―二等辺三角形，正方形〕

⑴<長さ>右図1で，△ABCがAB＝ACの二等辺三角形，四角形ABED，四角形ACFGが正方形だから，辺BCの中点をMとすると，正方形ABEDと正方形ACFGは直線AMについて対称である。これより，直線AMとDGの交点をNとすると，点Nは線分DGの中点となり，NM⊥BC，NM⊥DGとなる。△ABMと△DANにおいて，AB＝DA＝5，∠AMB＝∠DNA＝90°である。また，△ABMで，∠ABM＝180°－∠AMB－∠BAM＝180°－90°－∠BAM＝90°－∠BAMとなり，∠BAD＝90°より，∠DAN＝180°－∠BAD－∠BAM＝180°－90°－∠BAM＝90°－∠BAMである。よって，∠ABM＝∠DANとなり，直角三角形の斜辺と1つの鋭角がそれぞれ等しいから，△ABM≡△DANとなる。したがって，AM＝DNである。BM＝$\frac{1}{2}$BC＝$\frac{1}{2}\times 8=4$だから，△ABMで三平方の定理より，AM＝$\sqrt{\mathrm{AB}^2-\mathrm{BM}^2}=\sqrt{5^2-4^2}=\sqrt{9}=3$となり，DN＝AM＝3だから，DG＝2DN＝2×3＝6である。

図1
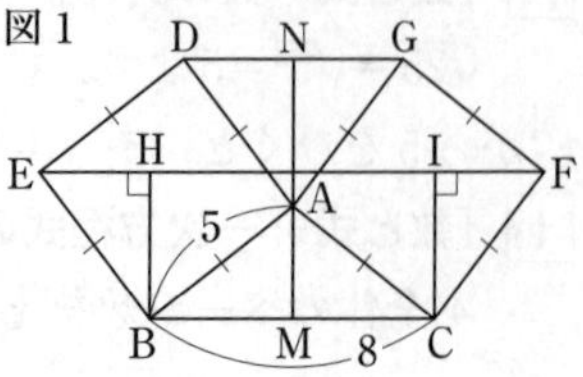

⑵<長さ>右上図1で，2点B，CからEFにそれぞれ垂線BH，CIを引くと，四角形BCIHは長方形となるから，HI＝BC＝8である。また，△ABMと△EBHにおいて，∠AMB＝∠EHB＝90°，AB＝EB＝5となり，∠ABM＝∠HBM－∠ABH＝90°－∠ABH，∠EBH＝∠ABE－∠ABH＝90°－∠ABHより，∠ABM＝∠EBHとなる。よって，直角三角形の斜辺と1つの鋭角がそれぞれ等しいから，△ABM≡△EBHとなり，EH＝AM＝3である。同様にして，△ACM≡△FCIより，FI＝AM＝3である。したがって，EF＝EH＋HI＋FI＝3＋8＋3＝14となる。

⑶<体積―回転体>右上図1で，⑵より，△ABM≡△EBHなので，BH＝BM＝4であり，CI＝BH＝4となる。直線EFを軸に四角形BCFEを1回転させると，右図2のように，底面の半径をBH＝4，高さをEH＝3とする円錐と，底面の半径をBH＝4，高さをBC＝8とする円柱と，底面の半径をCI＝4，高さをFI＝3とする円錐を合わせた立体ができる。よって，求める体積は，$\frac{1}{3}\times(\pi\times 4^2)\times 3+(\pi\times 4^2)\times 8+\frac{1}{3}\times(\pi\times 4^2)\times 3=16\pi+128\pi+16\pi=160\pi$である。

図2
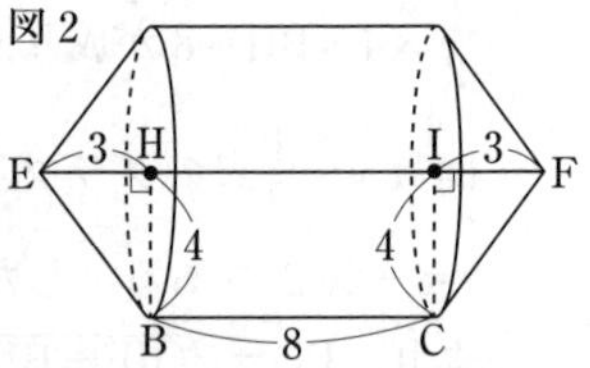

M 〔平面図形―円，正六角形〕

⑴<長さ>右図1のように，2点A，Bを定め，円の中心をOとする。点Oと正六角形の6個の頂点を結ぶと，OA＝OB＝1，∠AOB＝360°×$\frac{1}{6}$＝60°より，△OABは正三角形となるから，AB＝OA＝1となる。よって，円Oに内接する正六角形の周の長さは，x＝6AB＝6×1＝6である。

図1
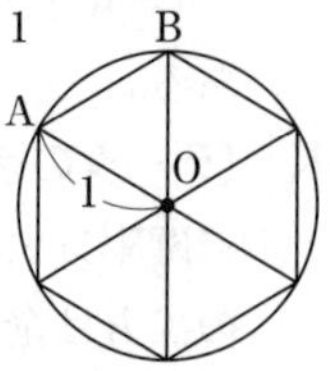

⑵<長さ>右図2のように，2点C，Dを定める。点Oと正六角形の6個の頂点を結ぶと，同様にして，OC＝OD，∠COD＝360°×$\frac{1}{6}$＝60°より，△OCDは正三角形となり，CD＝OCとなる。円Oと辺CDの接点を点Eとし，2点O，Eを結ぶと，∠OEC＝90°となるから，△OCEは3辺の比が$1:2:\sqrt{3}$の直角三角形となる。よって，OC＝$\frac{2}{\sqrt{3}}$OE＝$\frac{2}{\sqrt{3}}\times 1=\frac{2\sqrt{3}}{3}$だから，CD＝OC＝$\frac{2\sqrt{3}}{3}$であり，円Oに外

図2
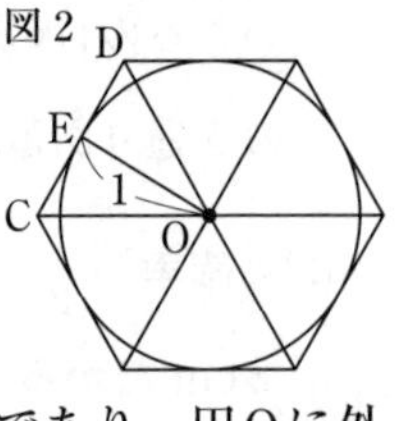

接する正六角形の周の長さは，$y=6\mathrm{CD}=6\times\frac{2\sqrt{3}}{3}=4\sqrt{3}$ である。

(3)**＜円周率に近い値＞**前ページの図１，図２で，半径１の円Ｏの周の長さ z は，円Ｏに内接する正六角形の周の長さ x より長く，外接する正六角形の周の長さ y より短いので，$x<z<y$ となり，(1)，(2)より，$6<z<4\sqrt{3}$ である。円Ｏの直径は $1\times2=2$ であり，円周率は，円周の長さを直径の長さでわった値であるから，$z\div2=\frac{1}{2}z$ と表せる。よって，$6\div2<z\div2<4\sqrt{3}\div2$，$3<\frac{1}{2}z<2\sqrt{3}$ となり，$\sqrt{3}=1.73$ より，$3<\frac{1}{2}z<2\times1.73$，$3<\frac{1}{2}z<3.46$ となる。これより，円周率に近い値 ρ の候補は，3より大きく3.46より小さい値だから，小数第１位までの数では，3.1，3.2，3.3，3.4である。

＝読者へのメッセージ＝

関数では，座標を用いることが多いですが，この座標を発明した人は，フランスの哲学者，数学者のルネ・デカルト(1596～1650)です。彼は，部屋にいるハエの位置を表すのに座標を思いついたといわれています。また，彼は，「我思う，ゆえに我あり」などの名言を残しています。

国語解答

一 問1 a…② b…⑤ 問2 ⑤
問3 ③ 問4 ④ 問5 ④
問6 (i)…③ (ii)…③ 問7 ①

二 問1 ④ 問2 ① 問3 ⑤
問4 ② 問5 ③

三 問1 ④ 問2 ② 問3 ③
問4 ④ 問5 ④ 問6 ④

四 問1 ③ 問2 ① 問3 ⑤
問4 ② 問5 ③

五 問1 ② 問2 ② 問3 ③
問4 ④ 問5 ④

一〔論説文の読解―哲学的分野―人生／人間〕出典；土井善晴『一汁一菜でよいという提案』／小林秀雄・岡潔『人間の建設』。

≪本文の概要≫【文章Ａ】食べるための行為の全てを食事という。食事という行動には，さまざまな知能や技能を養う学習機能が組み込まれているから，食事は，人間の根源的な生きる力となる。人生は，食べること，料理することと深く関わっているから，料理することは，生きるために欠かせない。しかし，現代の日本では，必ずしも料理をしなくてもよくなったため，生きるための学習機能を失ったり，心のバランスを崩したりすることがある。また現代社会では，料理する時間がないという問題や，貧困のため満足に食べられないという問題がある。これを資本主義の競争原理による必然だとする社会の状況を，岡潔は，生存競争だとして憂えている。生存競争とは，生きるために殺し合いをすることであり，人間の努力は人間の幸福に向かっていかなければならないという原則に反している。食事は，人の命をつくるものであるから，一人ひとりの幸福のための行動である。だから，人生の大切な時期に，手づくりのよい食事と関わることが重要であり，また自分自身を大切にするためには，食事をきちんとすることが大切である。／【文章Ｂ】世界の四賢人のうち，釈迦と孔子とキリストの三人は，自分だけの狭い考えにとらわれた自我を悪いものととらえている。キリストは，人の子は罪の子だと言った。孔子は，七十歳になって自分の思うままに行動しても人の道を踏み外すことがなくなった，つまり，人として正しく知性と感情と意志をはたらかせ，行為するようになれるまでに，自分は七十年もかかった，と言った。釈迦は，人間には無明があると説いた。人は自己中心に知情意し，感覚し，行為するが，その自己中心的に行為する本能を無明という。西洋では，自己中心的に考えた自己を自我といい，仏教では小我というが，小我から生まれるものは醜悪さだけである。

問１＜漢字＞ａ.「憂(え)」と書く。①は「湧出」。②は「憂慮」。③は「誘惑」。④は「優秀」。⑤は「幽玄」。　ｂ.「戒(め)」と書く。①は「後悔」。②は「怪奇」。③は「改善」。④は「全快」。⑤は「警戒」。

問２＜文章内容＞食べるには，まず「買い物をして材料を用意」し，野菜を洗うなどの「下ごしらえ」をし，ご飯を炊いたり魚を焼いて盛るなどの調理をする必要がある。そして，できた料理を食べる。「食べ終われば，後片付け」をし，「しばらくすれば，また次のご飯の準備がはじまる」のである。これらの「食べるための行為のすべてを『食事』」という。

問３＜接続語＞Ａ.「生存競争とは生きるために殺し合いをすること」であるが，「人間の努力は人間の幸福に向かっていなければならない」のであり，殺し合いという不幸なことはあってはならない。Ｂ．料理することが大切だと言っているのは，「料理することは正しいから，必ずどんなときでも料理しろ」と言いたいわけでもなく，単に，「食事の根源的な意味を考えようとしている」のである。

問4＜文脈＞「現代の日本では，必ずしも料理をしなくてもよく」なったが，その理由は，「できあがった料理を手軽に買い求めて食べることで，『料理する』を省略できるから」である。

問5＜表現＞「無意識の身体で知っている」という表現は，「食べる」という行為が人間にとって生きる力となる大切なものであるということを，身体が無意識のうちに知っていることを表している(①…×)。「『食べる』ことは『食事』という営みの中にあること」であり，「食べる」と「食事」の本文中における意味が異なることを示唆するために，カギカッコが付されている(②…×)。「岡潔は，『生存競争』と言って憂えています」という表現は，「生存競争とは生きるために殺し合いをすること」であり人間の努力のあり方に反している，という筆者の生存競争についての見解と同様の見解を紹介しており，それによって筆者の主張を補強している(③…×)。全ての人に分配できるだけの資源のないこれから先について，「どうでしょうか」という問いかけの形の反語で表現することで，「ほとんどの人々」や「子どもたちの世代」にとって，生存競争はよくないことであることを暗に示している(④…○)。「どうぞ踏ん張って下さい」という表現によって，自分自身を大切にするために，料理を含めた食事をきちんとしてほしいということを読者に訴えかけている(⑤…×)。

問6(i)**＜文章内容＞**料理を含めた食事は，「一人ひとりすべての人の命を作るもの」であるから，食事を行うことは，「一人ひとりの幸福のための行動」である(…X)。人間には，「無明という，醜悪にして恐るべき一面」があり，その無明は，「自己中心的」な「行為をしようとする本能」である(…Y)。　(ii)**＜要旨＞**「『行動(働き)』と『食べる』の連動性がなくなれば，生きるための学習機能を失う」ということは，「『行動(働き)』と『食べる』の連動性」によって，生きるための学習機能がはたらくのである(②…○)。「生存競争とは生きるために殺し合いをすること」であり，また「生存競争とは“無明”でしかない」が，その無明とは，人間の「醜悪にして恐るべき一面」である(④…○)。「料理することは正しいから，必ずどんなときでも料理しろと言うのでも」ないのである(③…×)。料理をすることは「一人ひとりの幸福のための行動」である(①…○)。幸福のための行動である料理をしない人生と，「生きるために殺し合いをすること」である生存競争は，どちらも人間の幸福につながらないという意味で「重なる」のである(⑤…○)。

問7＜文学史＞小川洋子は，『妊娠カレンダー』で第104回芥川龍之介賞(1990年下半期)を受賞。中沢けいは，1978年に『海を感じる時』で第21回群像新人文学賞を受賞。村上春樹は，1979年に『風の歌を聴け』で第22回群像新人文学賞を受賞。恩田陸は，『蜜蜂と遠雷』で第156回直木三十五賞(2016年下半期)を受賞。重松清は，『ビタミンF』で第124回直木三十五賞(2000年下半期)を受賞。

二 〔漢字〕

問1．「首脳」と書く。①は「濃厚」，②は「能力」，③は「納涼」，⑤は「苦悩」。　**問2**．「詳細」と書く。②は「暗礁」，③は「希少」，④は「証明」，⑤は「衝突」。　**問3**．「負担」と書く。①は「公布」，②は「豊富」，③は「扶養」，④は「終止符」。　**問4**．「選択肢」と書く。①は「支援」，③は「体脂肪」，④は「師事」，⑤は「資質」。　**問5**．「操縦」と書く。①は「遭難」，②は「乾燥」，④は「捜査」，⑤は「挿入」。

三 〔論説文の読解―社会学的分野―コミュニケーション〕出典；吉原珠央『その言い方は「失礼」です！』。

問1＜文学史＞『坊っちゃん』は，青年教師が主人公の風刺とユーモアの小説。『三四郎』は，熊本の高等学校から東京の大学に進学した青年が主人公の青春小説。『こころ』は，罪の意識に苦しむ人間の心と本質を描いた小説。『明暗』は，漱石の死により未完で終わった，人間のエゴイズムの本質に迫る小説。『それから』は，明治の知識人の苦悩と葛藤を描いた恋愛小説。

問2＜語句＞「キャリア」は，実地の経験，経歴のこと。「私自身も経営者として30年の」経験があり，と話す人もいた。「キャパシティ」は，容量，物事を受け入れる能力のこと。「コンプライアンス」は，企業などが法令や規則をよく守ること。「シナジー」は，相乗効果のこと。「シンギュラリティ」は，人工知能(AI)が人類の知能を超える技術的特異点のこと，また，それにより人間の生活に大きな変化が起こる，という概念。

問3＜接続語＞講演や研修などの質問の時間では，質問したいと思っている人たちが他にもいるので，自分の質問は短く簡潔にするべきであり，その方が知的に見える。だから，「私が質問をするときは常に『自分だけが知りたい情報か』，または「『自分以外にも，この質問の答えを知りたいと思う人がいるか』という視点」を持つようにして，不必要に時間が長くかからないようにしている。

問4＜ことわざ・慣用句＞「猿もおだてりゃ木に登る」は，ふだんは無能な者でも，おだててその気にさせると期待以上の成果を出すことがある，ということのたとえ。「すずめ百まで踊り忘れず」は，幼いときに身につけた習慣は，いくつになっても改まらない，ということのたとえ。「木に縁《よ》りて魚を求む」は，方法を誤ると目的を達成できない，ということのたとえ。「からすの行水」は，ろくに洗いもしないで，さっと入浴を済ます，ということのたとえ。「はとが豆鉄砲を食ったよう」は，突然のことにびっくりして目を丸くしている，ということのたとえ。「掃き溜めに鶴」は，つまらないものの中に，ひときわ優れたものや美しいものが混じっている，ということのたとえ。

問5＜品詞＞副助詞「だけ」は，名詞，活用語の連体形，一部の助詞に接続する。「するだけで」は，動詞「する」の連体形「する」＋副助詞「だけ」＋接続助詞「で」となる。

問6＜要旨＞質問者の話す内容にも学びがあるから，「絶対に20秒以内にすべき」だというわけではないが，他の参加者に配慮して長々とした質問はしない方がよい(①…×)。質問する際は自分の情報は「氏名，職業だけで十分」である(③…×)。質問をする際に自分の経歴を延々と話す人の話は，「客観的な視点を持って話すことに不慣れで」，主観的な視点に重きを置いているので，自慢にしか聞こえない(⑤…×)。「質問を短く簡潔に」して周囲の人へ配慮することで，「後で，あの人と話してみたい」と思われるなど，周囲の人から興味や関心を持ってもらうことにつながる(④…○)。質問する際の回答者に対する敬意や言葉遣い，礼儀については，触れられていない(②…×)。

四〔国語の知識〕

問1＜漢字＞「履修」の「修」は，習う，学ぶ，という意味。「修飾」の「修」は，かざる，という意味。「改修」「修理」の「修」は，直す，繕う，という意味。「監修」の「修」は，書物を編む，という意味。

問2＜熟語の構成＞「人造」と「地震」は，上の字が主語，下の字が述語の関係になっている熟語。「忌避」は，同じような意味の字を重ねた熟語。「非常」は，上の字が下の字の意味を打ち消している熟語。「発芽」は，下の字が上の字の目的語になっている熟語。「巧拙」は，反対または対応の意味を表す字を重ねた熟語。

問3＜語句＞「工夫」は，いろいろと考えて，よい手段・方法を生み出すこと，また，その手段・方法。「工事」は，建築や土木の作業のこと。「工作」は，材料などを用いて道具などをつくること，また，ある目的のためにあらかじめ計画的なはたらきかけを行うこと。「加工」は，原材料やもとになる製品に手を加えて新しいものをつくること。「図工」は，図画工作の略で，小学校の教科の一つであり，絵画や工作の表現・鑑賞活動を行う。

問４＜四字熟語＞「群雄割拠」は，多くの英雄が各地で勢力をふるい，対立すること。転じて，多くの実力者が互いに勢力を争うこと。

問５＜文章の構成＞「制度に欠陥があるというのは『よくあること』」であるけれども，「制度の欠陥についての指摘を聞き流して，失敗を修正しないというのは『よくあること』」ではなく(…Ⅲ)，失敗を修正しないというのは，「より深刻な出来事」である(…Ⅰ)。例えば，「人間は誰でも病気になり，怪我を」するが(…Ⅳ)，病気や怪我のときには，「どの臓器や生体機能が不調であるか」などについて「吟味がまずなされ」る(…Ⅱ)。まず不調についての吟味がなされるのは，吟味がなされないと「治療が始まらないから」である(…Ⅴ)。しかし，「いまの日本では『日本の学校教育が海外から否定的評価を受けている』という事実そのものが隠蔽されている」ため，制度を見直す機会が放棄されている。

五〔古文の読解─説話〕出典；『宇治拾遺物語』巻第四ノ十五。

≪現代語訳≫これも今となっては昔のことだが，興福寺の永超僧都は，魚のない限りは，斎，非時のいつの食事も全く食べなかった人である。京都での仕事が長引いて，魚を食べずに，衰弱して奈良へ帰る途中，奈島の丈六堂の辺りで弁当箱に入った昼食を食べるとき，弟子の一人が近所の民家で魚をもらって(僧都に)勧めた。／魚を差し上げた家の主人が，後で夢に見たことには，恐ろしそうな者どもが，その辺りの民家に印をつけて歩いたが，自分の家には印をつけなかったので，尋ねたところ，使いの者が，「永超僧都に魚を差し上げた所である。それで印をつけないのだ」と言う。／その年，この村の民家は，ことごとく疫病にかかって死ぬ者が多かった。(しかし)その魚を差し上げた主人の家，たった一軒が，その災難を免れたので，(その家の主人が)僧都の所へ参上してこのことを申し上げた。僧都はこの話を聞いて，ほうびとしての一式の衣服をお与えになり帰されたという。

問１＜歴史的仮名遣い＞歴史的仮名遣いの語頭以外のハ行は，現代仮名遣いでは原則として「わいうえお」となる。「ぢ」「づ」は，現代仮名遣いではほとんど「じ」「ず」となる。「au」の音は，現代仮名遣いでは「ou」になる。したがって，「くづほれて」は，「くずおれて」となる。

問２＜古文の内容理解＞魚を永超僧都に差し上げた人の家たった一軒が，疫病の災難を免れたので，魚を差し上げた家の主人は，僧都の所へ参上してこのことを申し上げた。

問３＜古典文法＞「賜びてぞ帰されける」では，係助詞「ぞ」の係り結びで，文末の過去の意味の助動詞「けり」が連体形「ける」となっている。

問４＜古文の内容理解＞永超僧都は，魚がなければいつの食事も食べなかった(①…×)。永超僧都が京都から帰る途中で魚を食べずに衰弱していたので，弟子の一人は，近所の民家に魚を分けてくれるよう頼んだ(②…×)。魚を差し上げた家の主人が夢で見た恐ろしそうな者どもは，永超僧都に魚を差し上げた家だから印をつけないのだ，と言った(③…×)。この村の民家がことごとく疫病にかかったとき，永超僧都に魚を差し上げた人の家だけが，疫病の災難を免れた(④…○)。永超僧都に魚を差し上げた家の主人は，魚を差し上げたことのほうびとして，僧都から衣服を賜った(⑤…×)。

問５＜文学史＞『平家物語』は，鎌倉時代初期に成立した軍記物語。『万葉集』は，奈良時代に成立した現存する日本最古の歌集。『竹取物語』は，平安時代初期に成立した物語。『源氏物語』は，平安時代中期に成立した紫式部の物語。『おくのほそ道』は，江戸時代初期に成立した松尾芭蕉の俳諧紀行文。

2023年度 東亜学園高等学校(推薦)

【作文問題】(50分)

次の注意事項を厳守すること。

①1～6の指示に答える形で、それぞれ101字以上120字以内で文章を書く。

②書き始めは1マスあけない。

③文の途中で改行はしない。

④「、」「。」の処理はこれまで学習してきた内容に従う。

⑤文章は「横書き」で記入する。

1．本校を志望した理由を詳しく説明してください。

2．中学校生活であなたが最も力を入れてきた事柄について詳しく説明してください。

3．物事がうまくいかない時・スランプにおちいった時など、あなたはどのようにそれを乗り越え、克服してきましたか。例を挙げながら説明してください。

4．高校入学後の「学習計画」をどのように思い描いていますか。予習・復習、苦手分野の克服など、例を挙げながら自由に述べてください。

5．3年後、あなたはどのような自分になりたいと考えていますか。

6．あなたは社会人になった時、どのような仕事・職業に就きたいと考えていますか。将来の夢について自由に述べてください。

2022年度 東亜学園高等学校

【英　語】（40分）〈満点：100点〉

1　リスニングテスト（放送による指示に従って答えなさい。）

■リスニングテストの音声は，当社ホームページで聴くことができます。（実際の入試で使用された音声です）
再生に必要なユーザー名とアクセスコードは「収録内容一覧」のページに掲載しています。

【問題A】
それぞれの問いについて対話を聞き，答えとして最も適当なものを選択肢のうちから１つずつ選びなさい。会話は１度しか読まれません。途中でメモを取っても構いません。

[1]　問１　Why didn't George do well on the test?

① Because he doesn't like English.
② Because he forgot about the test.
③ Because he thought the test was difficult.
④ Because he didn't study much last night.

[2]　問２　When does the movie begin?

① At 10:30.
② At 11:00.
③ At 11:30.
④ At 12:00.

[3]　問３　Why is Bill calling?

① Because he is too tired to work.
② Because he is going to buy a new computer.
③ Because his machine is not working well.
④ Because he wants to play with his friend.

【問題B】

それぞれの問いについて英文を聞き，答えとして最も適当なものを選択肢のうちから１つずつ選びなさい。英文は２度読まれます。途中でメモを取っても構いません。

| 4 | 問４ Where did Hiroki eat lunch?

① At the museum.
② At Tokyo Sky Tree.
③ In the park.
④ On the bus.

| 5 | 問５ Why did Mike start playing the piano?

① Because he liked listening to his mother's piano.
② Because his mother told him to go to a music school.
③ Because he wanted to win first place.
④ Because his mother was a famous pianist.

※ リスニングテスト放送文は，英語の問題の終わりに付けてあります。

2 次の英文の（　　）に入る最も適当なものをそれぞれ①～④のうちから１つずつ選びなさい。

| 6 | 問１ Japanese must (　　　) in this class. You can speak only English.
① not speak　② not to speak
③ not be spoken　④ be not speaking

| 7 | 問２ The woman (　　　) with her dog along the river was Mary.
① running　② runs　③ to run　④ ran

| 8 | 問３ (　　　) this is a small step, it is a great step for you.
① From　② Though　③ But　④ Until

| 9 | 問４ Do you know what (　　) now?
① is Ken doing　② does Ken do　③ Ken do　④ Ken is doing

3 次の各組の英文がほぼ同じ意味になるように，(　　) に入る最も適当なものをそれぞれ①～④のうちから１つずつ選びなさい。

10 問１ Tom can swim better than I.
I (　　) swim as (　　) as Tom.

① can't / well　② can't / bad
③ can / good　④ can / better

11 問２ This is my first visit to Japan.
I have (　　) Japan before.

① just been to　② never visited to
③ gone to　④ never been to

12 問３ My mother said to me, "Don't leave the child alone."
My mother (　　) leave the child alone.

① didn't tell me to　② told me not to
③ didn't want me to　④ asked me must not

13 問４ Do you know the girl with long hair?
Do you know (　　) long hair?

① who the girl has　② the having girl
③ the girl who has　④ the girl that having

4 日本文に合うように (　　) 内の語句を正しく並べかえ，(　　) 内で３番目と５番目にくる組み合わせをそれぞれ①～④のうちから１つずつ選びなさい。

14 問１ 私は日本語ではなく英語で生徒たちと話したい。
I'd like (in / but / with the students / to talk / in Japanese / not) English.

① in Japanese / to talk　② in / with the students
③ not / but　④ with the students / in Japanese

15 問２ 父は私にパンを買ってくるよう言った。
I (by / to / buy / was / some bread / asked) my father.

① buy / asked　② to / some bread
③ was / by　④ buy / to

16 問3 マイクはクラスで一番背が高い。

Mike is (in / boy / other / any / taller / than) his class.

① than / other　② other / any

③ boy / than　④ any / boy

17 問4 彼女が亡くなったという知らせを聞いて私たちはとても悲しくなった。

The news of (us / death / her / sad / so / made).

① made / so　② us / sad

③ so / death　④ so / us

5 次の会話文の（　　）に入る最も適当なものをそれぞれ①～④のうちから１つずつ選びなさい。

18 問１ A : Can you come over to my house on Saturday afternoon?

B : Thank you, but I can't. I have to read this report by next Monday.

A : Some of our old friends will also come. Is it important?

B : It is, and I really must read it.

A : (　　) I'll say hello to them for you.

① It's really interesting.

② That's too bad.

③ It's nice meeting them.

④ It's too late.

19 問２ A : Welcome to our burger shop! Can I help you?

B : We want two cheeseburgers.

A : Do you want them with French fries?

B : (　　)

① We'll take them out.

② It takes about three minutes.

③ Yes, you can eat them here.

④ One with and one without.

20 問3 A : When you go to Washington, D.C. next weekend, you should visit *the Smithsonian Institute.*

B : What's that?

A : It's like a big museum having some different buildings. There're airplanes, rockets, and things like that in them.

B : Sounds exciting. (　　)

① It's too good to miss.
② It's none of your business.
③ I'm sorry to hear that.
④ I'm little interested in them.

21 問4 A : I want you to clean this dress.

B : OK. We can do it by the day after tomorrow.

A : Can't you do it tomorrow?

B : (　　) It takes two days.

① Why not?
② I'm afraid not.
③ I don't know why.
④ It's all right.

22 問5 A : Why were you absent from class yesterday?

B : My mother was sick. I had to take care of her.

A : (　　)

B : Oh, no, sir. Every child should take care of his mother.

① How careless you were!
② Everything was all right.
③ Why didn't you let me know?
④ That was very kind of you.

6 次の英文を読み，下記の設問に答えなさい。

As a *measure of how *cosmopolitan it has become, Tokyo has more restaurants with *Michelin Guide stars than any other city in the world. When you enter this *metropolis, you will enjoy its rich history, its *cultural legacies, its *fabulous cuisine, and its *fascinating trends in fashion and innovation.

〈 A 〉

There is an image that Tokyo is an expensive place to visit or live in. It is true that if you want *luxury, Tokyo is one of the most expensive places in the world. However, there are many ㋐ <u>tactics</u> that will help you to enjoy Tokyo for a reasonable price.

For example, instead of choosing expensive international hotels with *spacious rooms, you can (㋑) so-called business hotels in Tokyo. Their rooms can be very small, but they provide everything you need. Most hotel rooms provide all the *essential amenities, such as *cotton robes, slippers, toothbrushes, and shaving kits.

〈 B 〉

If you want to experience the real Japanese lifestyle, try a *capsule hotel, which is like a *hotel dormitory. In these hotels, however, you can have privacy in a small capsule about 1.2 meters wide, 2 meters long, and 1 meter high, with your own TV and a nice, clean bed.

If you want to (㋒) money after trying an expensive meal at a traditional sushi restaurant, try the convenience stores that can be found all over the city. Convenience stores, known as *konbini*, sell almost all the snacks and useful items that you might need in daily life. You can get delicious ready-to-eat meals called *bento*, as well as inexpensive hot coffee at convenience stores. (㋓), most convenience stores have ATMs, photocopy machines, and tickets for concerts, shows, and sporting events. If you need to go to the toilet, you can use one for free.

〈 C 〉

In addition to convenience stores, there are thousands of *vending machines on the streets of Tokyo. They have *countless varieties of drinks.

〈 D 〉

First of all, you should know that it is very hard to get around Tokyo (㋔) a map or smartphone. Sometimes even *locals can get lost in this city. Just like other cities with long histories, such as London or Paris, Tokyo has countless *webs of winding streets and alleys.

Unfortunately, most of Tokyo's narrow streets don't have names. ㋕ <u>Instead, block numbers are given to the addresses.</u> Therefore, *GPS app on your tablet or smartphone will be very useful for getting around.

〈*Exploring Tokyo* by Coen Nishiumi 改〉

（注）measure　基準　　cosmopolitan　国際的　　Michelin Guide stars　ミシュランガイドの「☆」(飲食店の格付けの指標)　　metropolis　大都市　　cultural legacies　文化遺産
fabulous cuisine　素晴らしい料理　　fascinating trends in fashion and innovation　魅力的なファッションや先進の物　　luxury　贅沢《ぜいたく》　　spacious rooms　広い部屋
essential amenities　基本的生活用品　　cotton robes　浴衣　　capsule hotel　カプセルホテル
hotel dormitory　相部屋型の宿泊所　　vending machines　自動販売機　　countless　数えきれない
locals　地元の人たち　　webs of winding streets and alleys　網の目のように曲がりくねった通りや小道
GPS app　GPS（位置特定）のアプリ

23 問1 ㋐に最も近い意味になるものを①～④のうちから1つ選びなさい。
① ways ② times ③ hotels ④ people

24 問2 ㋑に入れるのに最も適当なものを①～④のうちから1つ選びなさい。
① get on ② look for ③ make up ④ put on

25 問3 ㋒に入れるのに最も適当なものを①～④のうちから1つ選びなさい。
① give ② get ③ save ④ make

26 問4 ㋓に入れるのに最も適当なものを①～④のうちから1つ選びなさい。
① At first ② For example ③ In addition ④ In short

27 問5 ㋔に入れるのに最も適当なものを①～④のうちから1つ選びなさい。
① without ② between ③ against ④ on

28 問6 ㋕の状況として最も適当なものを①～④のうちから1つ選びなさい。
① Most of Tokyo's narrow streets have names, but we can know the addresses by block numbers.
② Though Tokyo's narrow streets usually don't have names, block numbers tells us the addresses.
③ None of the narrow streets in Tokyo are named, so we should find the address by block numbers.
④ Because most of the narrow streets in Tokyo are given block numbers as the addresses, we should not name them.

29 問7 次の英文を入れるのに最も適当な箇所を①～④のうちから1つ選びなさい。
To enjoy getting around in Tokyo, it's important to know about the city.
① 〈 A 〉 ② 〈 B 〉 ③ 〈 C 〉 ④ 〈 D 〉

30 問8 本文の内容と一致しないものを①～④のうちから1つ選びなさい。
① Tokyo is the city which has the most restaurants with Michelin Guide stars in the world.
② It is true that Tokyo is an expensive place to visit, but business hotels or capsule hotels can help the visitors to stay there for a reasonable price.
③ We can get not only almost all the items that you might need in daily life but also tickets for events at convenience stores.
④ Tokyo has countless webs of winding streets and alleys like London or Paris, so only locals can walk around easily.

＜リスニングテスト放送文＞

リスニングテスト

＜開始の説明＞

これからリスニングテストを行います。

問題用紙の１ページを見て下さい。リスニングテストはすべて放送による指示で行います。

問題はＡとＢの２種類があり，全部で５題あります。

問題Ａは問１～３までの３問です。それぞれの問いについて対話を聞き，答えとして最も適当なものを選択肢のうちから１つ選んで下さい。会話は１度しか読まれませんのでよく聞いて下さい。途中でメモを取っても構いません。

では始めます。


【問題Ａ】

それぞれの問いについて対話を聞き，答えとして最も適当なものを選択肢のうちから１つずつ選びなさい。会話は１度しか読まれません。途中でメモを取っても構いません。

1　問１　Why didn't George do well on the test?

A : How did you do on your English test, Mike?
B : No problem.　It was so easy.　How about you, George?
A : I didn't do well because I played too many video games last night.
B : Oh, that's too bad.

① Because he doesn't like English.
② Because he forgot about the test.
③ Because he thought the test was difficult.
④ Because he didn't study much last night.

＜５秒＞

2 問2 When does the movie begin?

A : Shall we go to a movie tomorrow?
B : Yes, I'd love to. How about an action movie? It starts at 11:30.
A : Sounds great, so let's meet at 10:30.
B : That's too early. How about 11:00?

① At 10:30.
② At 11:00.
③ At 11:30.
④ At 12:00.

＜5秒＞

3 問3 Why is Bill calling?

A : Hello.
B : Hello, it's Bill. The computer you gave me doesn't work well.
A : Really? Didn't you hit it on something?
B : No, I don't think so.

① Because he is too tired to work.
② Because he is going to buy a new computer.
③ Because his machine is not working well.
④ Because he wants to play with his friend.

＜5秒＞

これで問題Aを終わります。

問題Bは問4と問5の2題です。それぞれの問いについて英文を聞き，答えとして最も適当なものを選択肢から1つ選んで下さい。英文は2度読まれます。途中でメモを取っても構いません。では始めます。

【問題B】

それぞれの問いについて英文を聞き，答えとして最も適当なものを選択肢のうちから１つずつ選びなさい。英文は２度読まれます。途中でメモを取っても構いません。

4 問４　Where did Hiroki eat lunch?

I'm Hiroki.　Today, I'm going to talk about my bus trip in Tokyo.　In the morning, we went to a museum and saw many pictures.　They were so nice!　Then, we were going to eat lunch in a big park.　But it began raining, so we ate on the bus.　Anyway, it was delicious!　In the afternoon, it stopped raining.　We visited Tokyo Sky Tree. We could see Mt. Fuji from there.

① At the museum.
② At Tokyo Sky Tree.
③ In the park.
④ On the bus.

＜５秒＞→Listen again→＜５秒＞

5 問５　Why did Mike start playing the piano?

Mike likes playing the piano.　When he was a child, his mother played the piano every day.　He liked it and wanted to play the piano himself.　He went to a music school and practiced it for eight hours a day.　It was hard but he became very good at playing it.　Last month, he won first place in a contest.

① Because he liked listening to his mother's piano.
② Because his mother told him to go to a music school.
③ Because he wanted to win first place.
④ Because his mother was a famous pianist.

＜５秒＞→Listen again→＜５秒＞

以上でリスニングテストを終わります。

【数　学】（40分）〈満点：100点〉

次の A ～ M の問題について，正しい答えを①～⑤から選びなさい。

A　$(\sqrt{125}+\sqrt{75})(\sqrt{45}-\sqrt{27})$ を計算しなさい。　解答番号は 1

① $10\sqrt{5}$　② $5\sqrt{3}+3\sqrt{5}$　③ 6　④ 15　⑤ 30

B　比例式 $(2x-0.6):9=\dfrac{6-x}{5}:1$ を満たす x の値を求めなさい。　解答番号は 2

① $x=2$　② $x=3$　③ $x=4$　④ $x=\dfrac{3}{2}$　⑤ $x=\dfrac{5}{2}$

C　「☆」の記号を，2つの数 a，b について $a☆b=ab+a+b$ と定めるとき，方程式 $(x☆2)☆x=11$ を解きなさい。　解答番号は 3

① $x=-1$　② $x=2$　③ $x=3$　④ $x=3,\ -1$　⑤ $x=-3,\ 1$

D　「8％の食塩水 x g に5％の食塩水 y g を混ぜたら，7％以下の食塩水となった。」この関係を不等式で表したとき，正しいものを1つ選びなさい。

解答番号は 4

① $\dfrac{8}{100}x+\dfrac{5}{100}y\geqq\dfrac{7}{100}(x+y)$　② $\dfrac{8}{100}x+\dfrac{5}{100}y\leqq\dfrac{7}{100}(x+y)$

③ $8x+5y\leqq\dfrac{7}{100}(x+y)$　④ $\dfrac{8}{100}x+\dfrac{5}{100}y\leqq7(x+y)$

⑤ $\dfrac{8}{100}y+\dfrac{5}{100}x<\dfrac{7}{100}(x+y)$

E　x についての2次方程式 $x^2-10x+19+a=0$ の解が整数になるような a の値は何個あるか求めなさい。ただし，$a>0$ とする。　解答番号は 5

① 1　② 2　③ 3　④ 4　⑤ 5

F 右の度数分布表は，あるクラス 40 名のテストの平均点をまとめたものである。度数 x の相対度数が度数 y の相対度数より 0.075 大きいとき，度数 x を求めなさい。

階級(点)	度数
0 以上 50 未満	9
50 ～ 60	8
60 ～ 70	x
70 ～ 80	8
80 ～ 90	y
90 ～ 100	2
計	40

解答番号は 6

① 5	② 6	③ 7	④ 8	⑤ 9

G 五輪のマークは左から青，黄，黒，緑，赤という配色となっているが，他の配色を試してみることにした。青，黄，黒，緑，赤の 5 色をすべて使うものとし，1 番左を緑にしてみた。このとき，残りの 4 色の配色の決め方は全部で何通りあるか答えなさい。

解答番号は 7

① 4 通り	② 10 通り	③ 12 通り	④ 24 通り	⑤ 60 通り

H 2 つの関数 $y=-2x+4$ と $y=ax^2$ について，x の変域がともに $-1 \leqq x \leqq 2$ のとき，y の変域が一致する。このとき，a の値を求めなさい。 解答番号は 8

① 2	② 6	③ $\frac{2}{3}$	④ $\frac{1}{2}$	⑤ $\frac{3}{2}$

I $y=\frac{1}{3}x^2$ のグラフ上に OA＝OB の直角二等辺三角形となるような点 A，B をとる。△OAB の面積を求めなさい。

解答番号は 9

① 7	② $7\sqrt{2}$	③ 9	④ $9\sqrt{2}$	⑤ 18

J　$y=x^2$ のグラフ上において，x 座標が 1 である点を A，x 座標が -3 である点を B とする。次の問いに答えなさい。

(1)　直線 AB の式を求めなさい。　　解答番号は 10

① $y=-x+2$　② $y=-x+3$　③ $y=-2x+2$
④ $y=-2x+3$　⑤ $y=-3x+4$

(2)　$y=x^2$ のグラフ上に x 座標が正の点 P をとる。△AOB と△APB の面積比が 3 : 5 となるような点 P の x 座標を求めなさい。　　解答番号は 11

① 2　② 3　③ $\frac{1}{2}$　④ $\frac{3}{2}$　⑤ $\frac{5}{2}$

(3)　直線 AB 上に点 Q をとる。(2)のとき，$\angle POQ=90°$ となるような点Q の x 座標を求めなさい。　　解答番号は 12

① 2　② 3　③ $\frac{1}{2}$　④ $\frac{3}{2}$　⑤ $\frac{5}{2}$

K　次の問いに答えなさい。

(1)　大小 2 つのさいころを同時に投げるとき，出る目の数の和が 7 以上，10 以下になる確率を求めなさい。　　解答番号は 13

① $\frac{1}{2}$　② $\frac{5}{9}$　③ $\frac{5}{12}$　④ $\frac{7}{12}$　⑤ $\frac{13}{36}$

(2)　硬貨を 1 枚投げたとき，表が出たら 4 点，裏が出たら -1 点とする。硬貨を 1 枚投げることを 5 回行ったときの点数が 0 点になる確率を求めなさい。　　解答番号は 14

① $\frac{1}{4}$　② $\frac{1}{5}$　③ $\frac{1}{8}$　④ $\frac{4}{25}$　⑤ $\frac{5}{32}$

L　右の図のような AB=AC=6，BC=4 の二等辺三角形 ABC がある。辺 BC の中点を D，辺 AC の中点を E，線分 CD の中点を F とするとき，次の問いに答えなさい。ただし，円周率は π とする。

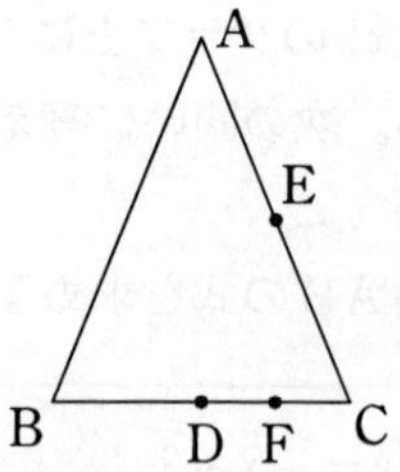

(1)　△DFE の面積を求めなさい。　解答番号は 15

① $\sqrt{2}$　② $\sqrt{3}$　③ $\sqrt{5}$　④ $2\sqrt{2}$　⑤ $2\sqrt{3}$

(2)　直線 AB と直線 EF の交点を G としたとき，△GBE の面積を求めなさい。
解答番号は 16

① $3\sqrt{2}$　② $3\sqrt{3}$　③ $3\sqrt{5}$　④ $6\sqrt{2}$　⑤ $6\sqrt{3}$

(3)　△ABE を直線 EF を軸として，1 回転させてできる立体の体積を求めなさい。
解答番号は 17

① $\dfrac{16\sqrt{2}}{3}\pi$　② $\dfrac{32\sqrt{2}}{3}\pi$　③ $\dfrac{16\sqrt{3}}{3}\pi$　④ $\dfrac{32\sqrt{3}}{3}\pi$　⑤ $\dfrac{16\sqrt{5}}{3}\pi$

M　図において，五角形 ABCDE は円 O に内接している。また，BD と CE の交点を F とする。BC＝CD＝6，∠ABD＝70°，∠ACE＝40°，∠CAE＝60°のとき，次の問いに答えなさい。

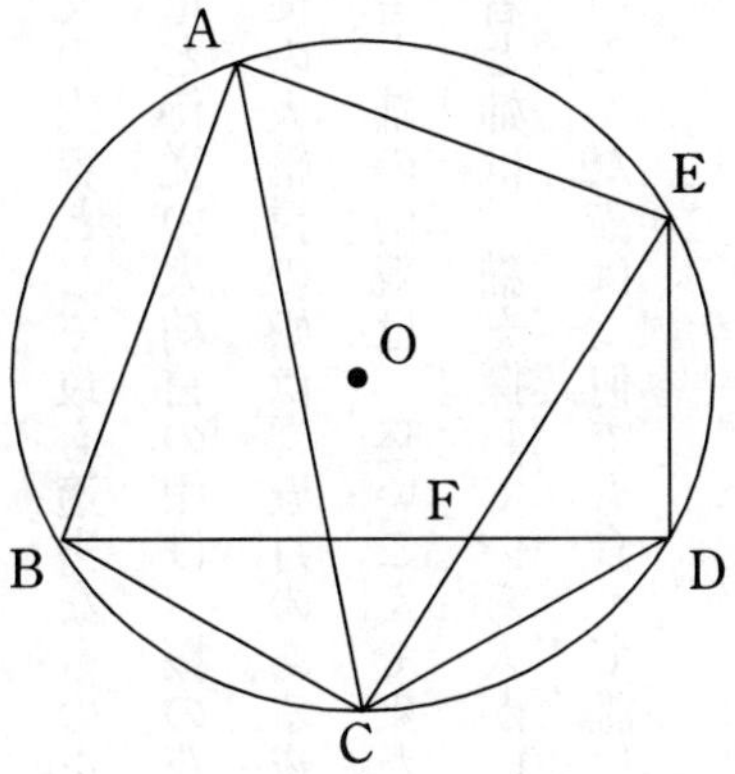

(1)　∠BFEの大きさを求めなさい。　解答番号は 18

①　105°	②　110°	③　120°	④　130°	⑤　135°

(2)　DFの長さを求めなさい。　解答番号は 19

①　$2\sqrt{2}$	②　$2\sqrt{3}$	③　$3\sqrt{2}$	④　$3\sqrt{3}$	⑤　4

(3)　四角形BCDE の面積を求めなさい。　解答番号は 20

①　54	②　$27\sqrt{2}$	③　$27\sqrt{3}$	④　$18\sqrt{6}$	⑤　$36\sqrt{2}$

問2　傍線部1「五月」の読みとして最も適当なものを次の①~⑤の中から一つ選びなさい。　解答番号は 27

①　むつき　②　さつき　③　はづき　④　かんなづき　⑤　しわす

問3　傍線部2「をかしげなる」の本文中における意味として最も適当なものを次の①~⑤の中から一つ選びなさい。　解答番号は 28

①　かわいい　②　珍しい　③　かわいそうな　④　小さな　⑤　不思議な

問4　本文の内容として最も適当なものを次の①~⑤の中から一つ選びなさい。　解答番号は 29

①　乳母と侍従の大納言の娘は、桜の花の散る時季に亡くなった。

②　侍従の大納言の娘は、五月のある夜更けに迷いこんだ猫を見つけた。

③　作者と姉の両親は、迷いこんで来た猫を飼うことに反対した。

④　作者と姉は、猫を探している人がいないか使用人に確認させた。

⑤　迷いこんだ猫は、何でも食べて誰にでもよくなついてかわいがられた。

問5　『更級日記』は平安時代に成立した作品であるが、同じ時代に成立した作品の冒頭部分を次の①~⑤の中から一つ選びなさい。　解答番号は 30

①　春はあけぼの。やうやう白くなりゆく山ぎは、少しあかりて、紫だちたる雲の細くたなびきたる。

②　つれづれなるままに、日暮らし硯に向かひて、心にうつりゆくよしなしごとを、そこはかとなく書きつくれば、あやしうこそものぐるほしけれ。

③　祇園精舎《ぎをんしやうじや》の鐘の声、諸行無常の響きあり。

④　月日は百代の過客にして、行きかふ年もまた旅人なり。

⑤　ゆく河の流れは絶えずして、しかも、もとの水にあらず。

五 次の文章は、作者が自分自身の少女時代を回想して書いたものである。これを読んで、後の問い（問1～5）に答えなさい。

花の咲き散る※1をりごとに、※2乳母《めのと》亡《な》くなりしをりぞかし、とのみ[a]あはれなるに、同じをり[b]亡くなりたまひし侍従《じじゅう》の大納言《だいなごん》の御むすめの※3手を見つつ、※4すずろにあはれなるに、[1]五月ばかり、夜ふくるまで物語をよみて[c]起きゐたれば、来《き》つらむ方《かた》も見えぬに、猫のいと※5なごう鳴いたるを、おどろきて見れば、[d]いみじうをかしげなる猫あり。いづくより来つる猫ぞと見るに、姉なる人、「あなかま、人に聞かすな。いと[2]をかしげなる猫なり。[e]飼はむ」とあるに、いみじう人なれつつ、かたはらにうち臥《ふ》したり。尋ぬる人やあると、これを隠して飼ふに、すべて※6下衆《げす》のあたりにも寄らず、つと前にのみありて、物もきたなげなるは、ほかざまに顔をむけて食はず。

（『更級日記』より）

（注）※1　をり…時季。季節。
※2　乳母…生母にかわってその子に乳を飲ませ、育てる女。
※3　手…筆跡。
※4　すずろに…わけもなく、むやみに。
※5　なごう…のどやかに。
※6　下衆…使用人。

問1　二重傍線部a～eの読みとして**正しくないもの**を次の①～⑤の中から一つ選びなさい。

①　a「あはれなるに」→あわれなるに
②　b「亡くなりたまひし」→なくなりたまいし
③　c「起きゐたれば」→おきえたれば
④　d「いみじう」→いみじゅう
⑤　e「飼はむ」→かわん

解答番号は 26

問4　次の空欄□に一字を入れると四字熟語が完成する。その一字はどれか。　解答番号は24

絶□絶命

①退　②対　③態　④耐　⑤体

問5　次の（Ⅰ）～（Ⅴ）を並べ替えて意味の通る文章にしたとき、最も適当なものはどれか。　解答番号は25

電車に乗っていても、読書をする若い人たちを見かけることはあまりなくなった。それが少し寂しいような気もする。

（Ⅰ）今なら、本の口コミやレビューも見ることができるし、ＳＮＳでも本についての情報がたくさん上がっている。

（Ⅱ）ふと気になった小説を読んで、好きになって、その作家さんのファンになる。

（Ⅲ）そういう出会い方もいいと思う。

（Ⅳ）その人の新作が出るのを楽しみに待つ。そういうのってすごくワクワク感があって良いと思うのだ。

（Ⅴ）ただ、積極的に書店にも出かけてみてほしいし、とにかく活字に触れてほしい。


（丸善ジュンク堂書店編『本棚の前でする勉強の話』より）

①（Ⅱ）－（Ⅳ）－（Ⅴ）－（Ⅰ）－（Ⅲ）
②（Ⅰ）－（Ⅴ）－（Ⅳ）－（Ⅱ）－（Ⅲ）
③（Ⅰ）－（Ⅳ）－（Ⅴ）－（Ⅲ）－（Ⅱ）
④（Ⅱ）－（Ⅳ）－（Ⅰ）－（Ⅲ）－（Ⅴ）
⑤（Ⅰ）－（Ⅲ）－（Ⅴ）－（Ⅳ）－（Ⅱ）

問6　問題文の内容に一致するものを次の①～⑤の中から一つ選びなさい。　解答番号は 20

① 読み手は文章を誤読する権利を持っていて、文章の要点がどこにあるかを自由に決めることができる。
② 書き手の意図が正しく伝わるかどうかは、言い換えや単語の組み換えの精度によって決まっている。
③ 「心」をことばとして表現するための試行錯誤は、それを伝える相手の存在が前提となっている。
④ 「心」が伝わるかどうかという問題を読者に委ねることで、作家は自由に文章を書くことができる。
⑤ 文章には作者の「心」をどう理解するべきかという方針と、ことばを尽くす工夫とが同居している。

四

次の問い（問1～5）の答えを各群の①～⑤の中から一つ選びなさい。

問1　次にあげた漢字の意味と同じ意味で使われているものはどれか。　解答番号は 21

「一」＝もっぱら。

① 一致　② 画一　③ 統一　④ 専一　⑤ 一般

問2　「映写」と同じ構成の熟語はどれか。　解答番号は 22

① 盛衰　② 援助　③ 乾季　④ 骨折　⑤ 退陣

問3　傍線部の読み方が**異なるもの**を選びなさい。　解答番号は 23

① 越権　② 権威　③ 権化　④ 人権　⑤ 利権

問2　二重傍線部Ⅰ～Ⅴの中で、品詞が**異なるもの**を次の①～⑤の中から一つ選びなさい。　解答番号は 16

①　Ⅰ　あるいは文章を書かなくても、

②　Ⅱ　読み手がいなければ

③　Ⅲ　存在するはずがないものです。

④　Ⅳ　それが相手には届かない

⑤　Ⅴ　正しく届くかどうか、わからない。

問3　傍線部2「□中を察する」とあるが、傍線部の空欄に入る漢字と同じものを入れて、慣用句になるものを次の①～⑤の中から一つ選びなさい。　解答番号は 17

①　□がすく　②　□をひそめる　③　□で風を切る　④　□から手が出る　⑤　□に銘《めい》ずる

問4　空欄 A に入る「危険」という意味のカタカナ語を次の①～⑤の中から一つ選びなさい。　解答番号は 18

①　デメリット　②　タブー　③　ジレンマ　④　ピーク　⑤　リスク

問5　傍線部3「『あきらめのよさ』と『あきらめの悪さ』」とあるが、筆者の考える、文章の書き手の「あきらめのよさ」に当たるものを次の①～⑤の中から一つ選びなさい。　解答番号は 19

①　書き手の「心遣い」が伝わらなかったためにあれこれ言い換えること。

②　書き手が工夫して差し出したことばの受け取り方を読み手に任せること。

③　書き手がもともと持っている「心」の存在を強く信じて疑わないこと。

④　書き手の「心」を理解したがらない読み手に評価を委ねること。

⑤　書き手の「親切」な気持ちが相手に伝わることはないと考えること。

三

次の文章は、筆者が太宰治の文章の一節を引用し、「心づくし」ということばを次々と言い換えていくことに注目することで、文の書き手と読み手との関係に言及したものである。これを読んで、後の問い（問1～6）に答えなさい。

太宰の文章の力は、読者に（こう言ってよければ）誤読する権利、誤解する自由を許していることに由来します。

太宰は「心」とは書かずに「心づくし」と書き、「親切」、「心趣《こころばえ》」、「心意気」「心遣い」と言い換えてゆきます。

「心」は書き手である太宰自身のものです。私たち読者は、太宰のことばを信じる他に、その□中を察する術《すべ》がありません。「心」は読者である私たちがいなくても、あるいは文章を書かなくても、太宰の中にあります（たぶん）。

でも、「心づくし」や「心遣い」は読み手あってのものです。それは書き手が読み手に向かってまっすぐ差し出しているものだからです。読み手がいなければ存在するはずがないものです。相手あっての「心づくし」「心遣い」ですからね。

「相手あっての」ということは、逆から言えば、サービスする側にどれほどの「心づくし」や「心遣い」があっても、それが相手には伝わらない［A］を含んでいるということです。

こちらには「親切」な気持ちがあるんだけれど、それが相手には届かない……ということがあります。いささか切ない状況ですけれども、こちらの思いが正しく届くかどうか、わからない。

でも、すべては相手しだい、というこのところに、実は「心づくし」の「心づくし」たる所以《ゆえん》があるのです。

私の思いをどう解釈するか、どう評価するか、それをあなたに委ねますという、いささか悲愴《ひそう》な断念を告げながら、それにもかかわらず、できたらこちらの意のあるところを汲《く》んで、それなりのご評価を頂きたい……と、あれこれ言い換えたり、単語を組み替えたりしてみせる。この「あきらめのよさ」と「あきらめの悪さ」がなじみよく同居しているところが、「心づくし」の手柄なんです。

（内田樹『先生はえらい』より）

問1　傍線部1「太宰」とあるが、太宰治の作品として適当なものを次の①～⑤の中から一つ選びなさい。　解答番号は［15］

①　坊っちゃん　②　雪国　③　高瀬舟　④　人間失格　⑤　雨ニモマケズ

二 次の問い（問1～5）の傍線部と同一の漢字を使うものはどれか。次の各群の①～⑤の中から一つずつ選びなさい。 解答番号は 10 ～ 14

10

問1 和解をカン告する。

① カン迎会を開く。　② 新入生をカン誘する。　③ 映画の結末にカン激する。

④ 野球をカン戦する。　⑤ カン末まで読み終える。

11

問2 文化祭を企カクする。

① まだ氷山の一カクにすぎない。　② 試合に勝てるとカク信する。　③ 文字をカク大する。

④ 新規メンバーとして参カクする。　⑤ 自カクを持って臨む。

12

問3 数学で面セキの問題を解く。

① 重セキを果たす。　② セキ年の努力が報われる。　③ 試合でセキ敗する。

④ 日本の国セキを取得する。　⑤ 大学を首セキで卒業する。

13

問4 個人のサイ量に任せる。

① 教師にサイ用される。　② サイ能豊かな青年。　③ 果物をサイ培する。

④ 布をサイ断する。　⑤ 小説が掲サイされる。

14

問5 キ運が熟する。

① 一定のキ間が必要だ。　② キ関車の通る道だ。　③ 心臓は体に血液を送るキ官だ。

④ 戦争からキ還する。　⑤ キ管支炎が治る。

問8　**【文章A】**・**【文章B】**を読んだ生徒たちの発言のうち、文章の主旨を踏まえたものとして最も適当なものを、次の①～⑤の中から一つ選びなさい。　解答番号は 9

①　生徒a―**【文章A】**では日本の若者のパソコン所有率が諸外国と比べて低いということが述べられているね。これは逆に言えば、日本の高校生や大学生の読書習慣が確立されていることのあらわれだと思うな。

②　生徒b―**【文章A】**にあるように、読書もせずにパソコンや携帯電話を介してネットにはまったZ世代の人たちは、関わりたくない人とはなるべく関わらないということになりやすいのだろうね。

③　生徒c―**【文章A】**の「新村社会」も**【文章B】**の「村社会」も、限られたコミュニティの中で他者に配慮しながら生きなければならないという点では共通しているよね。

④　生徒d―**【文章B】**のような江戸時代の「村社会」の伝統が発展を遂げて、**【文章A】**にあるゆとり世代の「新村社会」に連綿と引き継がれていったことがよく分かったよ。

⑤　生徒e―**【文章B】**に述べられている「村八分」などの様子からすると、優しさではなくルールを守ることに固執している江戸時代の「村社会」に、良い部分はまったく見られないと思うな。

問4 **【文章A】**の空欄 A ・ B に入ることばの組み合わせとして、最も適当なものを次の①～⑤の中から一つ選びなさい。 解答番号は 5

① A＝防御　B＝発信
② A＝自己　B＝他者
③ A＝受信　B＝権利
④ A＝平等　B＝攻撃
⑤ A＝閉鎖　B＝開示

問5 「Z世代」誕生以前に発表された作品として、最も適当なものを次の①～⑤の中から一つ選びなさい。 解答番号は 6

① 又吉直樹『火花』　② 俵万智『サラダ記念日』　③ 村田沙耶香『コンビニ人間』
④ カズオ・イシグロ『わたしを離さないで』　⑤ 村上春樹『1Q84』

問6 **【文章B】**の傍線部3「『世間』は結婚相手の世話や、ケガをした時の助け合いや、田畑への水の配分など、あらゆる面であなたを守りました」はいくつの文節に分けられるか。次の①～⑤の中から一つ選びなさい。 解答番号は 7

① 十一個　② 十二個　③ 十三個　④ 十四個　⑤ 十五個

問7 **【文章B】**では次の一文が欠落している。補うとしたらどこがよいか。後の①～⑤の中から一つ選びなさい。 解答番号は 8

そうなると、村全体が滅びます。

① **【Ⅰ】**　② **【Ⅱ】**　③ **【Ⅲ】**　④ **【Ⅳ】**　⑤ **【Ⅴ】**

問1 **【文章A】**の二重傍線部a・bのカタカナを漢字に直したとき、同じ漢字を含むものを次の各群の①～⑤の中から一つずつ選びなさい。

解答番号は 1 ・ 2

1

a ショウニン

① 友人からショウサンされる。
② 無実がリッショウされる。
③ ショウタイ状を送る。
④ 身分ショウカイを求める。
⑤ 技をデンショウする。

2

b トウコウ

① 番組のコウセイを練る。
② 禁止ジョウコウを定める。
③ ソウコウを書き改める。
④ 景気回復のチョウコウ。
⑤ 古くから伝わるコウクン。

問2 **【文章A】**の傍線部1「この二つの世代」とあるが、その特徴について説明したものとして最も適当なものを次の①～⑤の中から一つ選びなさい。

解答番号は 3

① 携帯電話の技術革新により、SNS上でつながる人数はゆとり世代よりもZ世代の方が圧倒的に多い。
② ゆとり世代は思春期から携帯電話を所有した初めの世代であり、音楽や動画など多彩なコンテンツを自在に楽しんだ。
③ Z世代は思春期から携帯電話を与えられたが、その内訳は「ガラケー派」と「スマホ派」に二分される。
④ ゆとり世代の思春期はSNSの機能が今ほど充実しておらず、不本意な他者との交流を余儀なくされることがあった。
⑤ ゆとり世代は人間関係に関してSNSの使い方に苦心したため、実社会でも協調性が高いことが多い。

問3 **【文章A】**の傍線部2「出る杭」とあるが、この言葉を用いた慣用句として次の空欄に当てはまる最も適当なものを一つ選びなさい。

解答番号は 4

出る杭は[　　]

① 割られる　② 刈られる　③ 流される　④ 巻かれる　⑤ 打たれる

それは、火事とお葬式以外は、無視して口をきかない、仲間に入れない、取り引きしない、という恐ろしい仕打ちです。

【Ⅲ】

火事とお葬式は、優しさから手伝うのではありません。

火事は、とにかく消さないと村全体が燃えてしまうからです。

お葬式は、死体をちゃんと埋めないと、死体が腐って伝染病が広がる可能性があるからです。

ですから、しょうがなく火事とお葬式を手伝ったのです。そこに優しさはありません。

【Ⅳ】

逆に言えば、村の掟（ルール）に従っている限りは、村は村人を守りました。

これは、一神教とまったく同じです。

神様を信じている限りは、神様は信者を守ってくれるように、村も、村の掟（ルール）を守っている限り、村人を守りました。

例えば、田植えの時に、体を壊して動けなくなったら、他の村人が代わりに働きました。

刈り入れの時も、風邪をひいてしまったら、他の村人が代わりに刈り入れしました。

結婚相手がなかなか見つからない若者がいたら、村全体の問題として、なんとか相手を見つけるように努力しました。

この強力なつながりが「世間」です。

3「世間」は結婚相手の世話や、ケガをした時の助け合いや、田畑への水の配分など、あらゆる面であなたを守りました。

それは、その個人のためだけではなく、村全体のためになるからです。

村で協力しながら結婚相手を見つければ、やがて、子供が生まれて、働き手となり、村は発展していきます。

結婚相手が見つからず一生独身のままなら、村全体も困ります。

【Ⅴ】

村は、つまり「世間」は、ちゃんと掟（ルール）に従っている限り、ずっとあなたの面倒を見てくれたのです。

（鴻上尚史『「空気」を読んでも従わない　生き苦しさからラクになる』より）

（注）　※１　ゆとり世代…本文では１９８７～９５年生まれの世代を指す。

※２　Ｚ世代…おおよそ１９９０年代中盤（または２０００年代序盤）以降に生まれた世代を指す。

※３　ＳＮＳ…ソーシャル・ネットワーキング・サービスの略。文章や写真、動画などで自分を表現したり、コミュニケーションしたりするサービス。本文にある「ｍｉｘｉ」、「ツイッター」、「インスタグラム」などはその一種である。

※４　自己ブランディング…自分自身を自らの力でプロモーションし、認知度やイメージの向上を図る取り組み。

【文章Ｂ】

江戸時代まで、村はひとつにまとまっていました。いえ、ひとつにまとまらないと、生きていけませんでした。

一番の理由は、田畑の水です。

日照りの夏に、もし、誰かが自分の水田に水を勝手に引いたら、他の水田は干からびて、稲が死んでしまいます。

【Ⅰ】

村は、全体に水が行き渡るように、不公平のないように、常に厳しく監視しなければなりませんでした。

村がひとつにまとまらないと村人は生きていけなかったのです。

【Ⅱ】

もし、日照りの夏に隣村が水を強引に横取りしようとしたら、村としては戦わなければいけませんでした。

水がどうしても足らない時は、どこからか水を引くか、手に入れる作業をする必要がありました。それはすべて、村単位で考え、動くことでした。

これらの行動に参加せず、自分の畑の仕事だけをしたり、自分の田んぼにだけ水を引いたりした人は、村の掟《おきて》（ルール）を破ったことになります。そういう人間は、村では生きてゆけませんでした。

「村八分」という言葉があります。

村の掟（ルール）を破った者は、村仲間から「村八分」にされます。

また、様々な機能も制限されていたため、「ガラケー第一世代」だった「ゆとり世代」は、前述のように、携帯メールやｍｉｘｉや「前略プロフィール」（いわゆるプロフサイトの先駆けで、手軽に携帯電話で自己紹介ページが作成できるもの）などの主に人間関係ツールを多く使用し、その結果、「同調圧力」が強くなりました。

これに対し、Ｚ世代は「スマホ第一世代」であり、検索もするし音楽（一応ガラケーでも音楽を聴けたが、スマホと比べると色々な制限があった）も聴くし動画も見るなど、多様な機能を使いこなすようになっています。

※3ＳＮＳの先駆けであるｍｉｘｉを使いこなしていた若い頃の「ゆとり世代」は、「新村社会」や「ｍｉｘｉ八分」というキーワードが示すように、ＳＮＳに大変翻弄《ほんろう》されていました。

しかしＺ世代は、ＬＩＮＥに「ブロック機能」（つながった人を遮断し連絡が取れないようにする機能）があったり、ツイッターやインスタグラムに「鍵機能」（ａショウニンした人しか自分のページを見られないようにする機能）があったり、インスタグラムに「親しい友達機能」（自分がｂトウコウしたものを親しい友達にしか見せないようにする機能）があったりして、嫌な人と極力関わらなくて済んだり、自分の伝えたい人だけに伝えたい情報を伝えられるようになりました。

そのため、「ゆとり世代」のように、大して親しくない人や嫌いな人とも関わり、2出る杭《くい》にならないように、陰口や噂話を流されないようにと「新村社会」の過剰な「同調圧力」に押し潰されるケースは減ってきています。

もちろん、たくさんの人とＳＮＳでつながっている状況自体は「ゆとり世代」の時と変わらないので、新村社会が全くなくなったわけではありませんが、周りの顔色をうかがって怯《おび》えるというより、※4自己ブランディングのために何を発信するか、ということに頭を割くようになった、という点が大きな違いです。

ＳＮＳ上で叩かれたくないという「同調圧力」と「 A 意識」が強かった思春期時代の「ゆとり世代」と、周りからの心象が悪くならない範囲で、ＳＮＳ上で周りと同程度に自己アピールしたいという「同調志向」と「 B 意識」が強いＺ世代――。このように説明すると、この2世代の似て非なる特徴の違いが示せるかもしれません。

（原田曜平『Ｚ世代　若者はなぜインスタ・ＴｉｋＴｏｋにハマるのか？』より）

二〇二二年度
東亜学園高等学校

【国　語】（四〇分）〈満点：一〇〇点〉

一　次の【文章A】と【文章B】を読んで、後の問い（問1〜8）に答えなさい。

【文章A】

「※1ゆとり世代」の特徴の一つとして、思春期から携帯電話を持ち始めた最初の世代であり、それによって「同調圧力」が強くなった、というものがありました。

ここで重要なのは、「ゆとり世代」は確かに「携帯電話第一世代」ですが、もっと厳密に言うと「ガラケー第一世代」である、という点です。

一方、※2Z世代は、1台目からスマホを持っている「スマホ第一世代」です。

思春期から携帯電話を持ち始めた、という点でこの二つの世代は共通していますが、実はこの思春期から「ガラケー」か「スマホ」かの違いこそ、[1]この二つの世代を似て非なるものに特徴づけているのです。

これは余談ですが、日本の高校生、大学生の自分専用のパソコンの所有率は世界的に見て低く（少し前のデータだが、内閣府の「我が国と諸外国の若者の意識に関する調査」〈2013年度〉によると、16〜19歳の自分専用のノートパソコンの所有率は、日本58・0％、アメリカ83・3％、イギリス82・0％、ドイツ72・0％、フランス83・8％）、それだけ日本の若者は携帯電話依存が強く、彼らを分析する上で携帯電話というものが大きな一因子《いちいんし》になっていることは、前提としてお伝えしておきます。

パソコン並みの機能があるスマホと違い、ガラケーは画面も小さく、検索結果の量や質にも限りがあり、スマホほど検索行為は行われませんでした。

2022年度／東亜学園高等学校

英語解答

1 【問題A】 問1…④　問2…③　問3…③
【問題B】 問4…④　問5…①

2 問1 ③　問2 ①　問3 ②　問4 ④

3 問1 ①　問2 ④　問3 ②　問4 ③

4 問1 ③　問2 ②　問3 ④　問4 ①

5 問1 ②　問2 ④　問3 ①　問4 ②　問5 ④

6 問1 ①　問2 ②　問3 ③　問4 ③　問5 ①　問6 ②　問7 ④　問8 ④

1 〔放送問題〕 解説省略

2 〔適語(句)選択・語形変化〕

問1．助動詞 must を使った否定文は must not の後に動詞の原形が続くので，②，④は不適切。日本語は「話される」ものなので，‘be動詞＋過去分詞’ の受け身形を選ぶ。　「この授業では日本語は話されてはならない。あなたがたは英語のみ話すことができる」

問2．The woman was Mary が文の骨組みで，空所から the river までが The woman を修飾していると考えられる。現在分詞 running で始まる語句が前の名詞 The woman を修飾する‘名詞＋現在分詞＋語句’「～している…」の形。　「川沿いを犬と一緒に走っている女性はメアリーだった」

問3．a small step と a great step が対比されているので，前半と後半は ‘逆接’ の関係にあるとわかる。　though「～だけれども」　「これは小さな一歩だが，あなたにとっては偉大なる一歩だ」

問4．what 以下は動詞 know の目的語になる部分で，‘疑問詞(what)＋主語(Ken)＋動詞(is doing) ...’ の形の間接疑問になる。　「今，ケンが何をしているか知っていますか」

3 〔書き換え―適語(句)選択〕

問1．「トムは私よりも上手に泳ぐことができる」→「私はトムほど上手に泳ぐことができない」　上の better は副詞 well「上手に」の比較級。下の文は，上とは主語が異なることに着目し，‘not ～ as well as …’「…ほど上手に～ない」の形に書き換える。

問2．「これは私の初めての日本訪問だ」→「私は今まで日本に行ったことがない」　have never been to ～「～へ行ったことがない」(現在完了の ‘経験’ 用法)の形にする。have just been to ～は「～へ行ってきたところだ」(‘完了’ 用法)，have gone to ～ は「～へ行ってしまった」(‘完了’ 用法)という意味。また，visit は「～を訪問する」という他動詞なので，②は to が不要。

問3．「母は私に『その子を放っておいてはいけません』と言った」→「母は私にその子を放っておかないように言った」　直接話法から間接話法への書き換え。‘tell＋人＋not to ～’ で「〈人〉に～しないように言う」という意味を表せる。not が to の前に置かれることに注意。

問4．「あなたは長い髪の少女を知っていますか」　上の文の with は「～を持っている」という意味。下の文では，この部分を関係代名詞を使って表し，‘先行詞(the girl)＋関係代名詞(who)＋動詞(has)...’ の形にする。現在分詞 having を使う場合は，the girl having long hair となる。

4 〔整序結合〕

問１．「私は生徒たちと話したい」は would like to ～「～したい」を使って，I would like to talk with the students とまとめる。「日本語ではなく英語で」は，'not *A* but *B*'「*A*ではなく*B*」の形で，not in Japanese but in English とする。 I'd like to talk with the students not in Japanese but in English.

問２．語群に asked があり，主語が I なので，「私は～するように頼まれた」と読み換えて，'ask＋人＋to ～'「〈人〉に～するように頼む」の受け身の'人＋be動詞＋asked to ～'の形で表す。'～'には動詞の原形が続くので buy を置き，その目的語となる some bread を続け，最後に by my father「父に(よって)」を置く。 I was asked to buy some bread by my father.

問３．語群から，最上級と同じ意味を表す'比較級＋than any other＋単数名詞'「他のどの～よりも…」の形をつくる。「クラスで」は「クラスのどの男子より」と考え，than any other boy in his class とする。 Mike is taller than any other boy in his class.

問４．主語が The news で語群に made があるので「～という知らせが私たちをとても悲しくした」と読み換えて，'make＋目的語＋形容詞'「～を…(の状態)にする」の形で表す。主語の「彼女が亡くなったという知らせ」は The news of her death「彼女の死の知らせ」とする。 The news of her death made us so sad.

5 〔対話文完成―適文選択〕

問１．Ａ：土曜日の午後，私の家に来ない？／Ｂ：ありがとう，でも行けないよ。このレポートを今度の月曜日までに読まなくてはならないんだ。／Ａ：昔の友達も何人か来るよ。それは重要なの？／Ｂ：うん，どうしても読まなくてはならないんだ。／Ａ：それは残念だな。彼らにはあなたに代わってよろしくと言っておくよ。∥この後Ａが「よろしくと言っておく」と言っているので，ＢはＡの誘いを断ったとわかる。That's too bad. は「それは残念だ」という意味を表す定型表現。say hello to ～「～によろしくと言う」

問２．Ａ：当ハンバーガー店へ，ようこそ！ いらっしゃいませ。／Ｂ：チーズバーガーを２つください。／Ａ：フライドポテトをおつけしますか？／Ｂ：１つはつけて，１つはなしにしてください。∥直前のフライドポテトをつけるかという質問の答えとなるのは④だけ。繰り返しを避けるため with と without の後ろに French fries がそれぞれ省略されている。

問３．Ａ：来週末にワシントンD.C.に行ったら，スミソニアン協会を訪れるといいよ。／Ｂ：それは何？／Ａ：さまざまな建物がある大きな博物館のようなものだよ。それらの中には飛行機やロケットや，そういったものもあるんだ。／Ｂ：楽しそうだね。見逃せないな。∥直前の Sounds exciting「楽しそうだね」から，Ｂはスミソニアン協会に大いに興味を持ったと考えられる。この It's too good to miss. は「見逃すには良すぎる」→「見逃せない」ということ。

問４．Ａ：この服をきれいにしてほしいのですが。／Ｂ：かしこまりました。明後日までに仕上げられます。／Ａ：明日までにはできませんか？／Ｂ：無理だと思います。２日はかかります。∥Ａに明日までにできないかときかれたＢは直後で「２日はかかります」と答えているので，Ａの要望に応えられないことがわかる。I'm afraid not は「残念ながら〔申し訳ないが〕だめだ〔そうではない〕」という意味で，ここでは I'm afraid we cannot do it tomorrow. ということ。

問5．Ａ：昨日はどうして授業を欠席したのですか？／Ｂ：母が病気だったんです。面倒をみなければならなかったので。／Ａ：あなたはとても親切ですね。／Ｂ：いいえ，そんなことはありません。どの子どもも母親の面倒をみるのは当然です。∥この後生徒と思われるBは，Aの言葉を否定したうえで，当然のことをしたまでですという意味のことを言っている。つまり，褒められるようなことはしていないので，褒めないでくださいという意味でOh, no, sir. と言ったのである。よって，空所にはAを褒める内容が入る。

6〔長文読解総合―説明文〕

≪全訳≫❶いかに国際的になったかの基準として，東京にはミシュランガイドの「☆」を持つレストランが，世界の他のどの都市よりも多くある。この大都市に足を踏み入れると，その豊かな歴史，文化遺産，すばらしい料理，魅力的なファッションやイノベーションを楽しめるだろう。❷東京は訪れるにも暮らすにもお金がかかる場所だ，というイメージがある。もしも贅沢をしたいなら，東京は世界で一番お金がかかる場所の１つであることに間違いない。しかし，手頃な金額で東京を楽しむことを助けてくれる方策はたくさんある。❸例えば，広い部屋のある高級な国際的ホテルを選ぶ代わりに，東京のいわゆるビジネスホテルを探すこともできる。そういったホテルの部屋はとても狭いが，必要なものは何でもそろっている。たいていのホテルの部屋には，浴衣やスリッパ，歯ブラシ，ひげそりといった，基本的な生活用品が全て備わっている。❹本当の日本の生活様式を体験したいなら，相部屋型の宿泊所のような，カプセルホテルを試してみるといい。こういったホテルでは，およそ幅1.2メートル，奥行２メートル，高さ１メートルの狭いカプセルながら，自分専用のテレビや，快適で清潔なベッドが備わっており，プライバシーを保てる。❺伝統的なすし店での高価な食事体験をしてみた後，お金を節約したいなら，町の至る所で見つけられるコンビニエンスストアに行ってみるといい。コンビニエンスストアは，コンビニとして知られているのだが，ほとんど全ての軽食や，日常生活で必要となるかもしれない便利な品物を売っている。コンビニエンスストアでは，安いホットコーヒーと同様に，弁当と呼ばれるおいしい出来合いの食事を買うことができる。さらに，たいていのコンビニエンスストアにはATMやコピー機があり，コンサートやショー，スポーツイベントのチケットの取り扱いをしている。トイレに行く必要があれば，無料で使うことができる。❻コンビニエンスストアに加えて，東京の通りには何千台もの自動販売機がある。そこには数えきれない種類の飲み物があるのだ。❼$_D$東京を移動しながら楽しむには，その都市について知ることが大切だ。❽まず，地図やスマートフォンなしに東京を移動するのはとても困難だと知っておく必要がある。時には地元の人たちでさえ，この都市では道に迷うことがある。ロンドンやパリのような，長い歴史を持つ他の都市と同様に，東京には網の目のように曲がりくねった通りや小道が数えきれないほどあるのだ。❾残念ながら，東京の狭い通りのほとんどには名前がない。その代わり，住所に番地がついている。だから，タブレットやスマートフォンのGPSのアプリは，移動するのにとても便利なのだ。

問1＜単語の意味＞tactic(s)は「方策，策略，作戦，戦略」の意味。この後の文章で，ビジネスホテルやカプセルホテル，コンビニ，自動販売機の利用といった，安く済ませるための具体的な方法をいくつも紹介していることから推測できる。

問2＜適語句選択＞高級ホテルを選ぶ代わりにすることとして適切なのは，ビジネスホテルを「探す」こと。　look for ～「～を探す」　instead of ～「～の代わりに」

問３＜適語選択＞伝統的なすし店での高価な食事の後にコンビニエンスストアをすすめていることから判断できる。　save「～を節約する」

問４＜適語句選択＞空所の前でコンビニエンスストアの良い点を挙げており，空所後では，また別の良い点を追加して述べている。in addition は「さらに，それに加えて」という‘追加’の意味を表す。　at first「最初は」　in short「要するに，手短に言えば」

問５＜適語選択＞空所を含む文の it 以下は‘it is ～ to …’「…することは～だ」の構文。地図やスマートフォン「なしで」東京を移動するのは大変だと考えられる。この段落では，東京の道のわかりにくさについて述べていることからも判断できる。　get around「歩き回る，動き回る」

問６＜英文解釈＞下線部の Instead「その代わりに」とは，前文の内容から，「通りに名前がついていない代わりに」ということだとわかる。通りの名前の代わりに番地がつけられているということ。この内容を表すのは，②「東京の狭い通りにはたいてい名前がないが，番地が住所を教えてくれる」。①「東京の狭い通りのほとんどには名前があるが，番地で住所を知ることができる」　③「東京の狭い通りは，全く名前がつけられていないので，番地で住所を探すべきである」　④「東京の狭い通りのほとんどには住所として番地がつけられているので，名前をつける必要がない」

問７＜適所選択＞脱落文の「東京を楽しく移動するには，その都市について知ることが大切だ」という大意から，この後には東京を移動するうえで知っておくべき都市の特徴が述べられていると考えられる。空所Dの後の内容がそれに該当する。

問８＜内容真偽＞①「東京は世界で最もミシュランガイドの『☆』のついたレストランが多い都市である」…○　第１段落第１文の内容に一致する。　②「東京は訪れるのにお金がかかる場所であることに間違いないが，ビジネスホテルやカプセルホテルは訪問者が手頃な金額で滞在するのを助けてくれる」…○　第２～４段落の内容に一致する。　③「コンビニエンスストアでは，日常生活で必要になるかもしれないほとんど全ての品物だけでなく，イベントのチケットも買うことができる」…○　第５段落第２～４文の内容に一致する。　④「東京には，ロンドンやパリと同様に，網の目のように曲がりくねった通りや小道が数えきれないほどあるので，地元の人しか簡単に歩き回れない」…×　第８段落第２，３文参照。地元の人でも道に迷うことがある。

2022年度／東亜学園高等学校

数学解答

A ⑤　B ②　C ⑤　D ②
E ③　F ④　G ④　H ⑤
I ③
J (1) ④　(2) ①　(3) ①
K (1) ①　(2) ⑤
L (1) ①　(2) ④　(3) ②
M (1) ③　(2) ②　(3) ③

A〔数と式─数の計算〕

与式 $=(\sqrt{5^2\times5}+\sqrt{5^2\times3})(\sqrt{3^2\times5}-\sqrt{3^2\times3})=(5\sqrt{5}+5\sqrt{3})(3\sqrt{5}-3\sqrt{3})=5(\sqrt{5}+\sqrt{3})\times3(\sqrt{5}-\sqrt{3})$ $=15(\sqrt{5}+\sqrt{3})(\sqrt{5}-\sqrt{3})=15\times(5-3)=15\times2=30$

B〔数と式─一次方程式〕

$a:b=c:d$ のとき，$a\times d=b\times c$ だから，$(2x-0.6)\times1=9\times\frac{6-x}{5}$ より，$2x-0.6=\frac{9}{5}(6-x)$，両辺に5をかけて，$10x-3=9(6-x)$，$10x-3=54-9x$，$19x=57$　$\therefore x=3$

C〔特殊・新傾向問題〕

$a☆b=ab+a+b$ だから，$x☆2=x\times2+x+2=3x+2$ となり，$(x☆2)☆x=(3x+2)☆x=(3x+2)\times x+(3x+2)+x=3x^2+2x+3x+2+x=3x^2+6x+2$ となる。よって，方程式は，$3x^2+6x+2=11$ となる。これを解くと，$3x^2+6x-9=0$，$x^2+2x-3=0$，$(x+3)(x-1)=0$　$\therefore x=-3,\ 1$

D〔数と式─文字式の利用─不等式〕

8％の食塩水 x g に5％の食塩水 y g を混ぜると，$x+y$ g の食塩水ができる。この食塩水の濃度が7％以下なので，混ぜてできた食塩水に含まれる食塩の量は，7％の食塩水 $x+y$ g に含まれる食塩の量以下となる。よって，$x\times\frac{8}{100}+y\times\frac{5}{100}\leqq(x+y)\times\frac{7}{100}$ が成り立ち，$\frac{8}{100}x+\frac{5}{100}y\leqq\frac{7}{100}(x+y)$ となる。

E〔数と式─二次方程式─解の利用〕

二次方程式 $x^2-10x+19+a=0$ において，$a>0$ より，$19+a>19$ である。また，解が整数であることより，左辺は因数分解できる。x の係数が -10 だから，左辺を因数分解した式として考えられるのは，$(x-3)(x-7)=0$，$(x-4)(x-6)=0$，$(x-5)^2=0$ である。それぞれ，左辺を展開すると，$x^2-10x+21=0$，$x^2-10x+24=0$，$x^2-10x+25=0$ となる。よって，$19+a=21,\ 24,\ 25$ だから，$a=2,\ 5,\ 6$ となり，求める a の値の個数は3個である。

F〔データの活用─度数分布表─度数〕

度数の合計が40名より，$9+8+x+8+y+2=40$ が成り立ち，$x+y=13$……㋐となる。また，度数 x の相対度数が度数 y の相対度数より0.075大きいから，$\frac{x}{40}=\frac{y}{40}+0.075$ が成り立ち，$x=y+3$，$x-y=3$……㋑となる。㋐＋㋑で y を消去すると，$x+x=13+3$，$2x=16$，$x=8$(名)となる。

G〔データの活用─場合の数〕

一番左を緑にしたとき，左から2番目は青，黄，黒，赤の4色の中から1色なので4通り，左から3番目は残りの3色の中から1色なので3通り，左から4番目は残りの2色の中から1色なので2通りあり，一番右は残り1色なので1通りとなる。よって，一番左が緑のときの配色の決め方は，$4\times3\times2\times1=24$(通り)ある。

H 〔関数—関数$y=ax^2$，一次関数—比例定数〕

関数$y=-2x+4$は，xの値が増加するとyの値が減少する関数だから，xの変域が$-1\leqq x\leqq 2$においては，$x=-1$のときyの値は最大，$x=2$のときyの値は最小となる。$x=-1$のとき$y=-2\times(-1)+4=6$，$x=2$のとき$y=-2\times2+4=0$だから，yの変域は，$0\leqq y\leqq 6$となる。よって，関数$y=ax^2$において，xの変域が$-1\leqq x\leqq 2$のときのyの変域は$0\leqq y\leqq 6$となる。これより，$a>0$だから，関数$y=ax^2$は，xの絶対値が大きくなるとyの値も大きくなる。xの絶対値が最大の$x=2$のときyの値は最大で，$y=a\times2^2=4a$と表せる。yの最大値は6なので，$4a=6$が成り立ち，$a=\frac{3}{2}$である。

I 〔関数—関数$y=ax^2$のグラフ—面積〕

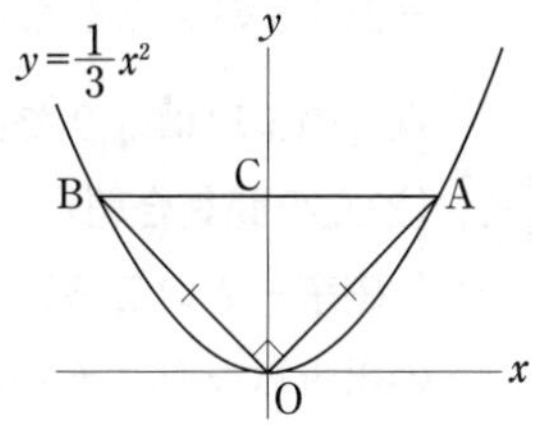

右図で，関数$y=\frac{1}{3}x^2$のグラフは，原点Oを頂点とするy軸について対称な放物線であるから，このグラフ上にOA＝OBとなる2点A，Bをとると，2点A，Bはy軸について対称な点となる。辺ABとy軸との交点をCとすると，AB⊥OCとなり，△OABが直角二等辺三角形より，∠OAC＝∠OBC＝45°だから，△OAC，△OBCは合同な直角二等辺三角形となる。OC＝AC＝BC＝tとすると，A$(t,\ t)$と表せる。点Aは関数$y=\frac{1}{3}x^2$のグラフ上の点であるから，$t=\frac{1}{3}t^2$より，$t^2-3t=0$，$t(t-3)=0$となり，$t=0$，3となる。$t>0$より，$t=3$だから，OC＝AC＝BC＝3，AB＝2AC＝2×3＝6となり，$\triangle OAB=\frac{1}{2}\times AB\times OC=\frac{1}{2}\times6\times3=9$である。

J 〔関数—関数$y=ax^2$と一次関数のグラフ〕

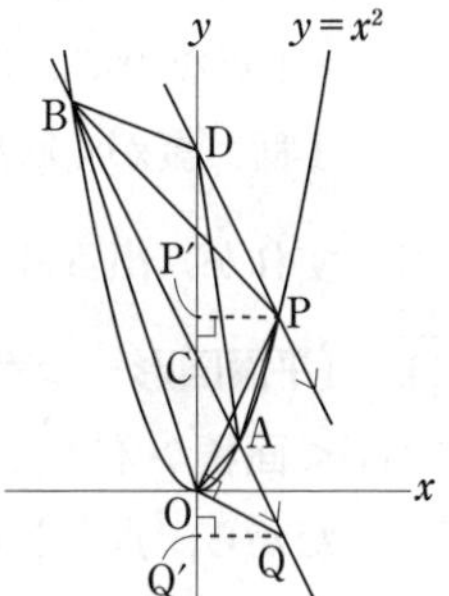

(1)＜直線の式＞右図で，2点A，Bは関数$y=x^2$のグラフ上にあり，x座標がそれぞれ1，-3だから，y座標は$y=1^2=1$，$y=(-3)^2=9$となり，A(1，1)，B(-3，9)である。直線ABの傾きは$\frac{1-9}{1-(-3)}=-2$だから，その式は$y=-2x+b$とおける。点Aを通るので，$x=1$，$y=1$を代入して，$1=-2\times1+b$，$b=3$となり，直線ABの式は$y=-2x+3$である。

(2)＜x座標＞右図で，直線ABとy軸との交点をCとすると，(1)より直線ABの切片は3だから，C(0，3)であり，OC＝3である。OCを底辺と見ると，△AOCの高さは1，△BOCの高さは3だから，$\triangle AOB=\triangle AOC+\triangle BOC=\frac{1}{2}\times3\times1+\frac{1}{2}\times3\times3=6$となる。よって，△AOB：△APB＝3：5より，$\triangle APB=\frac{5}{3}\triangle AOB=\frac{5}{3}\times6=10$となる。そこで，△ADB＝△APB＝10となる点Dをy軸上の点Cより上側にとる。このとき，AB∥PDとなり，直線ABの傾きは-2だから，直線PDの傾きも-2となる。また，D$(0,\ d)$とすると，CD＝$d-3$となり，CDを底辺と見ると，△ADCの高さは1，△BDCの高さは3だから，$\triangle ADB=\triangle ADC+\triangle BDC=\frac{1}{2}\times(d-3)\times1+\frac{1}{2}\times(d-3)\times3=2d-6$と表せる。したがって，$2d-6=10$が成り立ち，$2d=16$，$d=8$となるので，D(0，8)であり，直線PDの式は$y=-2x+8$となる。点Pは関数$y=x^2$のグラフと直線$y=-2x+8$の交点となるから，$x^2=-2x+8$，$x^2+2x-8=0$，$(x+4)(x-2)=0$より，$x=-4$，2となり，点Pの$x$座標は正なので，2である。

(3)＜x座標＞前ページの図で，(2)より，点Pは関数$y=x^2$のグラフ上の点で，x座標が2だから，$y=2^2=4$より，P(2，4)である。2点P，Qからy軸にそれぞれ垂線PP′，QQ′を引くと，$\angle \mathrm{PP'O}=\angle \mathrm{OQ'Q}=90^\circ$である。また，△OPP′で，$\angle \mathrm{P'PO}=180^\circ-\angle \mathrm{PP'O}-\angle \mathrm{P'OP}=180^\circ-90^\circ-\angle \mathrm{P'OP}=90^\circ-\angle \mathrm{P'OP}$であり，$\angle \mathrm{POQ}=90^\circ$より，$\angle \mathrm{Q'OQ}=180^\circ-\angle \mathrm{POQ}-\angle \mathrm{P'OP}=180^\circ-90^\circ-\angle \mathrm{P'OP}=90^\circ-\angle \mathrm{P'OP}$だから，$\angle \mathrm{P'PO}=\angle \mathrm{Q'OQ}$である。よって，2組の角がそれぞれ等しいので，△OPP′∽△QOQ′となる。P′P＝2，OP′＝4なので，$\dfrac{\mathrm{Q'O}}{\mathrm{QQ'}}=\dfrac{\mathrm{P'P}}{\mathrm{OP'}}=\dfrac{2}{4}=\dfrac{1}{2}$となり，直線OQの傾きは$-\dfrac{1}{2}$である。したがって，直線OQの式は$y=-\dfrac{1}{2}x$だから，点Qは2直線$y=-\dfrac{1}{2}x$，$y=-2x+3$の交点となる。この2式より，$-\dfrac{1}{2}x=-2x+3$，$-x=-4x+6$，$3x=6$，$x=2$となるので，点Qの$x$座標は2である。

K〔独立小問集合題〕

(1)＜確率―さいころ＞大小2つのさいころを投げるとき，それぞれ6通りの目の出方があるから，目の出方は全部で$6\times6=36$(通り)ある。このうち，出た目の数の和が7以上10以下になるのは，和が7のとき(大，小)＝(1，6)，(2，5)，(3，4)，(4，3)，(5，2)，(6，1)の6通り，和が8のとき(大，小)＝(2，6)，(3，5)，(4，4)，(5，3)，(6，2)の5通り，和が9のとき(大，小)＝(3，6)，(4，5)，(5，4)，(6，3)の4通り，和が10のとき(大，小)＝(4，6)，(5，5)，(6，4)の3通りより，$6+5+4+3=18$(通り)ある。よって，求める確率は$\dfrac{18}{36}=\dfrac{1}{2}$である。

(2)＜確率―硬貨＞1枚の硬貨を投げるとき，表，裏の2通りの出方があるので，1枚の硬貨を5回投げるとき，表，裏の出方は全部で$2\times2\times2\times2\times2=32$(通り)ある。表が出ると4点，裏が出ると$-1$点なので，5回投げて点数が0点となるのは，$4+(-1)+(-1)+(-1)+(-1)=0$より，表が1回，裏が4回出るときである。このとき，表は，1回目，2回目，3回目，4回目，5回目のいずれかに出るので，5通りある。よって，求める確率は$\dfrac{5}{32}$である。

L〔平面図形―二等辺三角形〕

(1)＜面積＞右図1で，△ABCはAB＝ACの二等辺三角形であり，BD＝CDだから，点Aと点Dを結ぶと，AD⊥BCとなる。また，AE＝CE，DF＝CFだから，△ACDで中点連結定理より，AD∥EFとなり，EF⊥BCとなる。$\mathrm{BD}=\mathrm{CD}=\dfrac{1}{2}\mathrm{BC}=\dfrac{1}{2}\times4=2$，$\mathrm{DF}=\mathrm{CF}=\dfrac{1}{2}\mathrm{CD}=\dfrac{1}{2}\times2=1$，$\mathrm{AE}=\mathrm{CE}=\dfrac{1}{2}\mathrm{AC}=\dfrac{1}{2}\times6=3$であるから，△ECFで三平方の定理より，$\mathrm{EF}=\sqrt{\mathrm{CE}^2-\mathrm{CF}^2}=\sqrt{3^2-1^2}=\sqrt{8}=2\sqrt{2}$となり，$\triangle\mathrm{DFE}=\dfrac{1}{2}\times\mathrm{DF}\times\mathrm{EF}=\dfrac{1}{2}\times1\times2\sqrt{2}=\sqrt{2}$である。

図1

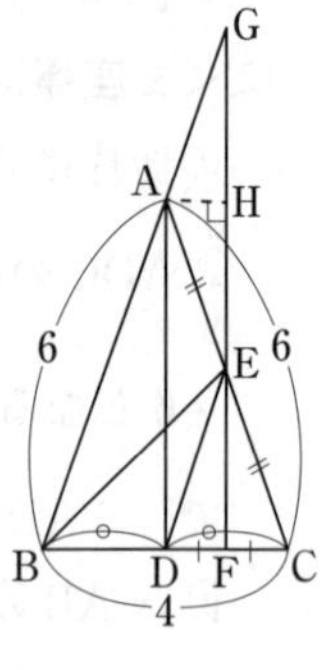

(2)＜面積＞右上図1で，△DFE，△BCEの底辺をそれぞれDF，BCと見ると，高さが等しいから，△DFE：△BCE＝DF：BC＝1：4となる。(1)より，$\triangle\mathrm{DFE}=\sqrt{2}$だから，$\triangle\mathrm{BCE}=4\triangle\mathrm{DFE}=4\sqrt{2}$となる。同様にして，△ABE，△BCEの底辺をそれぞれAE，CEと見ると，AE＝CEだから，$\triangle\mathrm{ABE}=\triangle\mathrm{BCE}=4\sqrt{2}$となる。また，AD∥GFより，BA：AG＝BD：DF＝2：1だから，△ABE：△AEG＝2：1となり，$\triangle\mathrm{AEG}=\dfrac{1}{2}\triangle\mathrm{ABE}=\dfrac{1}{2}\times4\sqrt{2}=2\sqrt{2}$となる。よって，△GBE＝△ABE＋

$\triangle AEG = 4\sqrt{2} + 2\sqrt{2} = 6\sqrt{2}$ である。

(3)＜**体積—回転体**＞前ページの図1で，点Aから GF に垂線 AH を引く。$GF \perp BC$ より，$\triangle ABE$ を直線 EF を軸として1回転させてできる立体は，右図2のように，$\triangle GBF$ がつくる円錐から，$\triangle GAH$，$\triangle EAH$，$\triangle EBF$ がつくる円錐を除いた立体となる。図1で，$BF = BD + DF = 2 + 1 = 3$，$AH = DF = 1$ である。また，$AE = CE$，$\angle AHE = \angle CFE = 90°$，$\angle AEH = \angle CEF$ より，$\triangle EAH \equiv \triangle ECF$ だから，$EH = EF = 2\sqrt{2}$ となる。さらに，$AE = 3$ であり，$BA : AG = 2 : 1$ より，$AG = \frac{1}{2}BA = \frac{1}{2} \times 6 = 3$ だから，$\triangle AGE$ は $AG = AE = 3$ の二等辺三角形であり，$GH = EH = 2\sqrt{2}$，$GF = GH + EH + EF = 2\sqrt{2} + 2\sqrt{2} + 2\sqrt{2} = 6\sqrt{2}$ となる。よって，図2で，$\triangle GBF$ がつくる円錐の体積は $\frac{1}{3} \times \pi \times BF^2 \times GF = \frac{1}{3} \times \pi \times 3^2 \times 6\sqrt{2} = 18\sqrt{2}\pi$，$\triangle GAH$ がつくる円錐の体積は $\frac{1}{3} \times \pi \times AH^2 \times GH = \frac{1}{3} \times \pi \times 1^2 \times 2\sqrt{2} = \frac{2\sqrt{2}}{3}\pi$，$\triangle EAH$ がつくる円錐の体積は $\frac{1}{3} \times \pi \times AH^2 \times EH = \frac{1}{3} \times \pi \times 1^2 \times 2\sqrt{2} = \frac{2\sqrt{2}}{3}\pi$，$\triangle EBF$ がつくる円錐の体積は $\frac{1}{3} \times \pi \times BF^2 \times EF = \frac{1}{3} \times \pi \times 3^2 \times 2\sqrt{2} = 6\sqrt{2}\pi$ となるから，求める立体の体積は，$18\sqrt{2}\pi - \frac{2\sqrt{2}}{3}\pi - \frac{2\sqrt{2}}{3}\pi - 6\sqrt{2}\pi = \frac{32\sqrt{2}}{3}\pi$ である。

図2

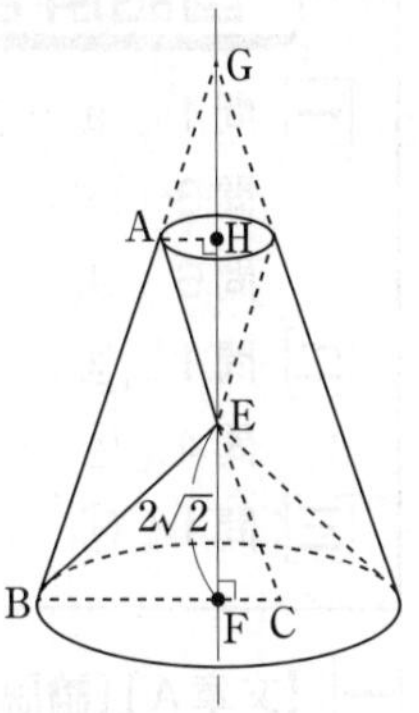

M〔**平面図形—円，五角形**〕

(1)＜**角度**＞右図で，点Bと点Eを結ぶ。$\overset{\frown}{AE}$ に対する円周角より，$\angle ABE = \angle ACE = 40°$ だから，$\angle EBF = \angle ABD - \angle ABE = 70° - 40° = 30°$ となる。また，$\overset{\frown}{CE}$ に対する円周角より，$\angle CBE = \angle CAE = 60°$ だから，$\angle CBD = \angle CBE - \angle EBF = 60° - 30° = 30°$ となる。$\triangle CBD$ は $BC = CD$ の二等辺三角形だから，$\angle CDB = \angle CBD = 30°$ となり，$\overset{\frown}{BC}$ に対する円周角より，$\angle BEF = \angle CDB = 30°$ となる。よって，$\triangle FBE$ で，$\angle BFE = 180° - \angle EBF - \angle BEF = 180° - 30° - 30° = 120°$ である。

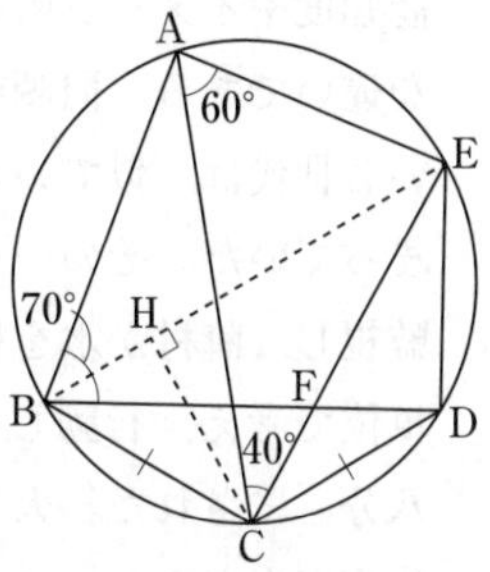

(2)＜**長さ**＞右上図で，(1)より，$\angle CBD = \angle EBF = 30°$ であるから，$\overset{\frown}{CD} = \overset{\frown}{DE}$ となり，$CD = DE = 6$ となる。また，$\angle EFD = 180° - \angle BFE = 180° - 120° = 60°$ であり，$\overset{\frown}{CD}$ に対する円周角より，$\angle FED = \angle CBD = 30°$ だから，$\triangle DEF$ は3辺の比が $1 : 2 : \sqrt{3}$ の直角三角形となる。よって，$DF = \frac{1}{\sqrt{3}}DE = \frac{1}{\sqrt{3}} \times 6 = 2\sqrt{3}$ である。

(3)＜**面積**＞右上図で，$\angle EBF = \angle CDB = 30°$ より，錯角が等しいので，$BE /\!/ CD$ となり，四角形 BCDE は台形である。点Cから辺 BE に垂線 CH を引くと，$\angle EBC = \angle EBF + \angle CBD = 30° + 30° = 60°$ より，$\triangle BCH$ は3辺の比が $1 : 2 : \sqrt{3}$ の直角三角形だから，$CH = \frac{\sqrt{3}}{2}BC = \frac{\sqrt{3}}{2} \times 6 = 3\sqrt{3}$ となる。また，$\angle EDB = 90°$ だから，$\triangle BDE$ も3辺の比が $1 : 2 : \sqrt{3}$ の直角三角形であり，$BE = 2DE = 2 \times 6 = 12$ となる。よって，四角形 BCDE の面積は，$\frac{1}{2} \times (CD + BE) \times CH = \frac{1}{2} \times (6 + 12) \times 3\sqrt{3} = 27\sqrt{3}$ である。

国語解答

一 問1 a…⑤ b…③ 問2 ④
問3 ⑤ 問4 ① 問5 ②
問6 ④ 問7 ① 問8 ③

二 問1 ② 問2 ④ 問3 ②
問4 ④ 問5 ②

三 問1 ④ 問2 ③ 問3 ①
問4 ⑤ 問5 ② 問6 ③

四 問1 ④ 問2 ② 問3 ③
問4 ⑤ 問5 ④

五 問1 ③ 問2 ② 問3 ①
問4 ① 問5 ①

一 **【文章Ａ】〔論説文の読解―社会学的分野―現代社会〕**出典；原田曜平『Ｚ世代　若者はなぜインスタ・TikTokにハマるのか？』。／**【文章Ｂ】〔論説文の読解―文化人類学的分野―日本人〕**出典；鴻上尚史『「空気」を読んでも従わない　生き苦しさからラクになる』。

≪本文の概要≫【文章Ａ】ゆとり世代は，思春期から携帯電話を持ち始めた「ガラケー第一世代」である。ガラケーは検索を行うにも限界があり，今ほど機能が充実していなかったため，人間関係ツールが多く使われた。その結果，「新村社会」による同調圧力が強くなり，ゆとり世代は，SNSに翻弄された。一方，Ｚ世代は，一台目からスマホを持っている「スマホ第一世代」であり，検索，音楽，動画などを使いこなしている。Ｚ世代は，スマホの多様な機能により，嫌な人とは極力関わらず，自分の伝えたい相手に情報を選んで伝えられるようになった。周りの顔色をうかがうことなく，自分の認知度やイメージの向上のために何を発信するかに頭を使うようになったのが，ゆとり世代との大きな違いである。同調圧力と防御意識が強かった思春期時代のゆとり世代と，同調志向と発信意識が強いＺ世代は，似ているようだが，その特徴に違いがある。／**【文章Ｂ】**江戸時代まで，村は一つにまとまっていた。その一番の理由は，田畑の水の管理である。村は，全体に水が公平に行きわたるように監視し，隣村が水を横取りしようとするときは戦い，足らないときは手に入れる作業をするなど，村単位で考え，行動した。これらの行動に参加しない者は，村のおきて(ルール)を破ったとして，「村八分」にされた。火事と葬式は手伝ったが，火事は村全体が燃えないように，葬式は死体が腐って伝染病が広がらないようにという理由からであり，優しさからではなかった。村のルールを守っているかぎり，村は村人を守った。それは，個人のためだけではなく，村全体のためになったからである。この強力なつながりである「世間」は，ルールに従っているかぎり，村人の面倒を見てくれた。

問１＜漢字＞ａ．「承認」と書く。①は「称賛」，②は「立証」，③は「招待」，④は「照会」，⑤は「伝承」。　ｂ．「投稿」と書く。①は「構成」，②は「条項」，③は「草稿」，④は「徴候」，⑤は「校訓」。

問２＜文章内容＞思春期の頃の「ゆとり世代」は，当時のSNSに，今のような「ブロック機能」や「鍵機能」や「親しい友達機能」などの機能が備わっていなかったため，大して親しくない人や嫌いな人とも関わらなければならなかった。

問３＜慣用句＞「出る杭は打たれる」は，才能や手腕があって抜きん出ている者，あるいは，差し出たことをする者は，人から非難されたり，憎まれたりする，という意味。

問４＜文章内容＞Ａ．「ゆとり世代」は，SNS上で「陰口や噂話を流されない」ように，自分の身を守る意識が強かった。　Ｂ．Ｚ世代は，「自己ブランディングのために何を発信するか」を考えるようになり，SNS上で自分の考えや意見を，周りの人々にアピールしたいという意識が強い。

問５＜文学史＞Ｚ世代は，1990年代中頃以降に生まれた世代である。『火花』は，平成27(2015)年に発表された又吉直樹の小説。『サラダ記念日』は，昭和62(1987)年に発表された俵万智の歌集。『コンビニ人間』は，平成28(2016)年に発表された村田沙耶香の小説。『わたしを離さないで』は，平成17(2005)年に発表され，翌年に日本語版が刊行されたカズオ・イシグロの小説。『1Q84』は，平成21～22(2009～10)年に発表された村上春樹の小説。

問６＜ことばの単位＞文節に分けると，「『世間』は／結婚相手の／世話や／ケガを／した／時の／助け合いや／田畑への／水の／配分など／あらゆる／面で／あなたを／守りました」となる。

問７＜文脈＞「日照りの夏に，もし，誰かが自分の水田に水を勝手に引いたら，他の水田は干からびて，稲が死んで」しまう。そうなると，「村全体が滅び」るので，「村は，全体に水が行き渡るように，不公平のないように，常に厳しく監視しなければ」ならなかったのである。

問８＜要旨＞日本の高校生や大学生のパソコン所有率が諸外国と比べて低いことから，日本の若者は携帯電話依存が強く，彼らを分析するうえで携帯電話が大きな一因子になっている(①…×)。Ｚ世代が読書をしないとは述べられていない(②…×)。「新村社会」は，大して親しくない人や嫌いな人とも関わり，自分の意見や態度を多くの人たちに合わせなければならない，SNS上の社会，「村社会」は，田畑での仕事や生活の全てを村のルールに従って生きなければならない社会で，どちらも，限られたコミュニティの中で他者に配慮しながら生きなければならないという点で共通している(③…○)。江戸時代の「村社会」は，村人が生きていくために必要だった社会の形態である一方，ゆとり世代の「新村社会」は，必要性はないが，SNSの機能が限られていたためにしかたなく他人に配慮しなければならなかった社会の形態で，両者につながりはない(④…×)。「村社会」があったことで，村は存続し，村人は生きることができ，また，村のルールに従っているかぎり，村人は守られ面倒を見てもらえた(⑤…×)。

二〔**漢字**〕

問１．「勧告」と書く。①は「歓迎」，③は「感激」，④は「観戦」，⑤は「巻末」。　**問２**．「企画」と書く。①は「一角」，②は「確信」，③は「拡大」，⑤は「自覚」。　**問３**．「面積」と書く。①は「重責」，③は「惜敗」，④は「国籍」，⑤は「主席」。　**問４**．「裁量」と書く。①は「採用」，②は「才能」，③は「栽培」，⑤は「掲載」。　**問５**．「機運」と書く。①は「期間」，③は「器官」，④は「帰還」，⑤は「気管支炎」。

三〔**論説文の読解―芸術・文学・言語学的分野―文章**〕出典；内田樹『先生はえらい』。

≪本文の概要≫太宰は，「心」とは書かずに「心づくし」と書き，「親切」「心趣」「心意気」「心遣い」と言い換えていく。「心」は，書き手のものであり，「心づくし」や「心遣い」は，読み手がいなければ存在しないものである。相手あっての「心づくし」や「心遣い」は，相手に届かない可能性もある。そのため，書き手は，読み手に向かって差し出した「心」を，どう解釈するか，どう評価するかを読み手に委ねながらも，あれこれ言い換えたり，単語を組み替えたりして，思いを正しく届けようとする。このように，「心づくし」には，読み手に言葉の受け取り方を任せることと，正しく伝えるために言葉を工夫する努力が，ほどよく同居している。

問１＜文学史＞『人間失格』は，昭和23(1948)年に発表された太宰治の小説。『坊っちゃん』は，明治39(1906)年に発表された夏目漱石の小説。『雪国』は，昭和10～22(1935～47)年にかけて発表された川端康成の小説。『高瀬舟』は，大正５(1916)年に発表された森鷗外の小説。「雨ニモマケズ」は，昭和９(1934)年に遺作として発表された宮沢賢治の詩。

問２＜品詞＞「はずがないもの」の「ない」は，形容詞「ない」の連体形。「書かなくても」の「なく」，「いなければ」の「なけれ」，「届かない」の「ない」，「わからない」の「ない」は，打ち消しの助動詞「ない」のそれぞれ連用形，仮定形，終止形。

問３＜慣用句＞「胸中を察する」は，心に思っていることを推し測る，という意味。「胸がすく」は，心につかえていたものが解消してさわやかになる，という意味(…○)。「眉をひそめる」は，不快さや心配，納得のいかない気持ちから，顔をしかめる，という意味。「声をひそめる」は，声を小さくする，という意味。「肩で風を切る」は，肩をそびやかして得意そうに歩く，という意味。「喉から手が出る」は，どうしても欲しいという気持ちを表す。「肝に銘ずる」は，心にしっかりと刻みつける，という意味。

問４＜語句＞「リスク」は，危険，または危険度のこと。「デメリット」は，欠点や不利益のこと。「タブー」は，ふれてはならないとされている事柄。「ジレンマ」は，相反する二つの事柄の板挟みになって進退きわまること。「ピーク」は，物事の頂点のこと。

問５＜文章内容＞書き手が，「あれこれ言い換えたり，単語を組み替えたり」して工夫をして差し出した言葉を，「どう解釈するか，どう評価するか」を読み手に委ねることは，書き手が，自分の思いが読み手に正しく届かなくても，その現実を受け入れるということである。

問６＜要旨＞読み手が文章を誤読したり誤解したりするのは，権利でもあり自由でもあるが，文章の要点がどこにあるかは書き手が決めるものである(①…×)。書き手がいくら言い換えや単語の組み替えをしても，書き手の思いが正しく届くかどうかは，読み手の受け取り方次第である(②…×)。「心」を言葉で表現するために，あれこれ言い換えたり，単語を組み替えたりするという試行錯誤は，それを伝える「相手があってのもの」である(③…○)。書き手である作家は，「心」をどう解釈するか，どう評価するかを読み手に委ねても，できれば「心」を正しく受け取ってもらおうと，表現を工夫する(④…×)。文章には，書き手である作者の「心」をどう解釈するか，どう評価するかを読み手に委ねる「あきらめのよさ」と，言い換えや単語の組み替えなどをして言葉を工夫する「あきらめの悪さ」が同居している(⑤…×)。

四〔国語の知識〕

問１＜語句＞「一致」と「画一」の「一」は，同じ，という意味。「統一」の「一」は，ひとつにする，という意味。「一般」の「一」は，一様に，全て，という意味。

問２＜熟語の構成＞「映写」と「援助」は，同じような意味の漢字を組み合わせた熟語。「盛衰」は，反対の意味の漢字を組み合わせた熟語。「乾季」は，上の漢字が下の漢字を修飾している熟語。「骨折」は，上の漢字が主語，下の漢字が述語の関係にある熟語。「退陣」は，下の漢字が上の漢字の目的語になっている熟語。

問３＜漢字＞「越権」は「エッケン」，「権威」は「ケンイ」，「権化」は「ゴンゲ」，「人権」は「ジンケン」，「利権」は「リケン」と読む。

問４＜四字熟語＞「絶体絶命」は，追い詰められて，どうにも逃れようのない状態や立場にあること。

問５＜文章の構成＞電車の中で読書をする若い人たちを見かけることがあまりなくなって，寂しいような気がする。「ふと気になった小説」を読んで，その作家さんの「ファン」になり(…Ⅱ)，その人の新作が出るのを楽しみに待つというのは「ワクワク感」がある(…Ⅳ)。本と出会うには，「今なら，本の口コミやレビュー」を見られるし，SNSでも「本についての情報がたくさん」あり(…Ⅰ)，「そういう出会い方もいい」と思う(…Ⅲ)。ただ，積極的に書店にも出かけてみて，「とにかく活字に触れてほしい」のである(…Ⅴ)。

五〔**古文の読解―日記**〕出典；菅原孝標女『更級日記』。

≪**現代語訳**≫花(＝桜)の咲き散る季節ごとに，乳母がなくなった季節だったなあ，とそればかり(思い出して)しみじみとした気持ちになるのに，同じ季節になくなられた侍従の大納言の娘君の筆跡を見ては，わけもなく悲しくなったが，(そのような)五月頃，夜ふけまで物語を読んで起きていると，どこから来たかもわからないけれど，猫がたいそうのどやかに鳴いたのを，はっと気づいて見ると，とてもかわいい猫がいる。どこから来た猫だろうと見ると，姉である人が，「しっ，静かに，人に聞かせてはいけない。とてもかわいい猫です。飼いましょう」と言うと，(猫は)たいそう人なつっこく，(私たちの)そばに身を横たえている。捜している人がいるかもしれないと思い，これを隠して飼うと，(猫は)全く使用人のそばにも寄りつかず，じっと(私たち姉妹の)前にばかりいて，食べ物も汚いようなものは，よそに顔を向けて食べない。

問1＜歴史的仮名遣い＞歴史的仮名遣いの語頭以外のハ行は，現代仮名遣いでは原則として「わいうえお」となる(①・②…○)。「ゐ」は，現代仮名遣いでは「い」となる(③…×)。歴史的仮名遣いの「iu」は，現代仮名遣いでは「you」となる(④…○)。助動詞の「む」は，現代仮名遣いでは「ん」となる(⑤…○)。

問2＜古典の知識＞「五月」は「さつき」と読み，五月の異名。「むつき(睦月)」は一月，「はづき(葉月)」は八月，「かんなづき(神無月)」は十月，「しわす(師走)」は十二月の異名。

問3＜古語＞「をかしげなり」は，かわいらしい様子である，という意味。

問4＜古文の内容理解＞桜の花の咲き散る季節に乳母はなくなったが，同じ季節に，侍従の大納言の娘もなくなった(①…○)。作者が，五月頃夜ふけまで物語を読んで起きていると，猫が鳴き，それに気づいて見ると，猫がいた(②…×)。作者と姉の両親は，本文には登場していない(③…×)。作者と姉は，猫を捜している人がいるかもしれないと思ったので，猫を隠して飼った(④…×)。迷い込んだ猫は，作者と姉の前にばかりいて使用人のそばには寄りつかず，汚い食べ物は，顔を背けて食べなかった(⑤…×)。

問5＜文学史＞「春はあけぼの～」は，平安時代中期に成立した清少納言の随筆『枕草子』の冒頭部分。「つれづれなるままに～」は，鎌倉時代末期に成立した兼好法師の随筆『徒然草』の冒頭部分。「祇園精舎の鐘の声～」は，鎌倉時代前期に成立した軍記物語『平家物語』の冒頭部分。「月日は百代の過客にして～」は，江戸時代初期に成立した松尾芭蕉の俳諧紀行文『おくのほそ道』の冒頭部分。「ゆく河の流れは絶えずして～」は，鎌倉時代初期に成立した鴨長明の随筆『方丈記』の冒頭部分。

2022年度 東亜学園高等学校(推薦)

【作文問題】 (50分)

次の注意事項を厳守すること。

①１～６の指示に答える形で、それぞれ101字以上120字以内で文章を書く。

②書き始めは１マスあけない。

③文の途中で改行はしない。

④「、」「。」の処理はこれまで学習してきた内容に従う。

⑤文章は「横書き」で記入する。

1．本校を志望した理由を詳しく説明してください。

2．中学校生活であなたが最も力を入れてきた事柄について詳しく説明してください。

3．物事がうまくいかない時・スランプにおちいった時など、あなたはどのようにそれを乗り越え、克服してきましたか。例を挙げながら説明してください。

4．本校の「教育方針」についてあなたが思うことを自由に述べてください。

5．高校入学後の「学習計画」をどのように思い描いていますか。予習・復習、苦手分野の克服など、例を挙げながら自由に述べてください。

6．３年後、あなたはどのような自分になりたいと考えていますか。

2021年度 東亜学園高等学校

【英　語】（40分）〈満点：100点〉

1　リスニングテスト（放送による指示に従って答えなさい。）

リスニングテストの音声は，当社ホームページで聴くことができます。（実際の入試で使用された音声です）
再生に必要なIDとアクセスコードは「収録内容一覧」のページに掲載しています。

【問題A】
それぞれの問いについて対話を聞き，答えとして最も適切なものを選択肢のうちから１つずつ選びなさい。会話は１度しか読まれません。途中メモを取っても構いません。

［ 1 ］　問１　What will they do after lunch?

① They will go to the park.
② They will watch a video at home.
③ They will play tennis.
④ They will see an action movie.

［ 2 ］　問２　What time will his train leave?

① at 3:15　　② at 3:45
③ at 4:15　　④ at 4:45

［ 3 ］　問３　Why is he going to bed early?

① Because he is tired.
② Because he has a cold.
③ Because he is going fishing.
④ Because he is sleepy.

【問題B】
それぞれの問いについて英文を聞き，答えとして最も適切なものを選択肢のうちから１つずつ選びなさい。英文は２度読まれます。途中メモを取っても構いません。

［ 4 ］　問４　What is the boy's dream?

① to have his own ramen shop
② to go to a ramen shop next summer
③ to travel across Japan
④ to work for a bicycle company

5 問5 What does Mr. Suzuki teach?

① English
② French
③ Japanese
④ Math

※ リスニングテスト放送文は，英語の問題の終わりに付けてあります。

2 次の英文の(　)に入る最も適当なものをそれぞれ①～④のうちから1つずつ選びなさい。

6 問1 I (　) in France for five years when I was a child, but I can't speak French at all.

① lived　② went　③ have been　④ have once stayed

7 問2 Mary has many friends (　) with.

① talk　② to talk　③ talking　④ to talking

8 問3 My sister doesn't spend (　) money on her clothes.

① high　② great　③ much　④ many

9 問4 "Have you ever seen a panda?" "Yes, I saw (　) in Ueno Zoo last year."

① that　② it　③ them　④ one

3 次の各組の英文がほぼ同じ意味になるように，(　)に入る最も適当なものをそれぞれ①～④のうちから1つずつ選びなさい。

10 問1
Our school has two music rooms.
(　) two music rooms in our school.

① There are　② Here is
③ They have　④ It has

11 問2
He was very tired but he went to work.
(　) he was very tired, he went to work.

① Since　② Because
③ Though　④ When

12 問３
I studied hard during my stay in Australia.
I studied hard (　) I (　) in Australia.

① for / have stayed　　② while / have stayed
③ for / stayed　　④ while / was staying

13 問４
Fallen leaves covered the garden.
The garden was (　) fallen leaves.

① covering with　　② covered with
③ covered of　　④ covering of

4

日本文に合うように（　）内の語句を正しく並べかえ，（　）内で３番目と５番目にくる組み合わせをそれぞれ①～④のうちから１つずつ選びなさい。ただし，文頭にくる語も小文字にしてある。

14 問１ あなたの子どもたちの笑顔を見て，私の家族はうれしくなりました。
The (your children / made / smiles / happy / my family / of).

① your children / my family　　② of / made
③ smiles / of　　④ made / of

15 問２ 水曜日までにあなたにその仕事を終えてもらいたいのですが。
I would (finish / by / the work / to / you / like) Wednesday.

① like / you　　② to / the work
③ finish / the work　　④ finish / to

16 問３ 劇場に通じる道は人でいっぱいでした。
(the theater / full / leading / was / to / the street) of people.

① the street / was　　② leading / the theater
③ to / was　　④ leading / to

17 問４ 私はここに着くのに 30 分かかりました。
It (an / to / took / half / me / hour) get here.

① half / to　　② an / hour
③ an / half　　④ half / hour

5 次の会話文の（　　）に入る最も適当なものをそれぞれ①～④のうちから1つずつ選びなさい。

18 問1 A : Have you ever been abroad?

B : (　)

A : Really? Where do you want to go if you can?

B : I want to go to Italy.

① Yes, I have.
② Yes, please.
③ No, I haven't.
④ No, thank you.

19 問2 A : (　)

B : For about a month. Why?

A : Because you know much around here.

B : Well, I just like this city.

① How did you come here?
② When did you come here?
③ What have you been here for?
④ How long have you been here?

20 問3 A : Hello! How can I help you?

B : (　)

A : Sure. Anything else?

B : That's all.

① Thank you.
② Yes, you can.
③ Can I get this one?
④ Can I ask you a question?

21 問4 A : It is too hot in this room, isn't it?

B : Yes, too hot.

A : Would you mind turning on the air conditioner?

B : (　)

A : Thanks.

① No.
② Yes.
③ Sure.
④ Please.

22 問5 A : Excuse me.
B : Yes?
A : ( )
B : I'm sorry. I don't have much time right now.
A : It's okay. Thank you!

① Is this your watch?
② What time is it now?
③ Do you have time now?
④ Could you give me your watch?

6

次の英文はオー・ヘンリーの短編小説の一節である。金庫破りのジミー・ヴァレンタインが釈放されて，新しい生活へと踏み出す場面である。これを読み，下記の設問に答えなさい。

At 7:15 the next morning Jimmy stood in the *head officer's room. The *clerk gave him a train ticket and five dollars. The officer gave him a *cigar, and they shook hands. And Jimmy Valentine ㋐ walked out into the sun.

Jimmy went straight to (㋑). There he enjoyed the first sweet tastes of *liberty. He ate chicken and drank a bottle of white wine and had a cigar. It was better than the one the officer gave him. Then he went to the station. After three hours he came to a little town. He went to the cafe of Mike Dolan and shook hands with his old friend Mike.

"(㋒)?" said Mike.

"Fine. [A] Can I have my key?" said Jimmy.

He got his key and opened the door of the last room.

One afternoon Jimmy Valentine got off a *horse-drawn wagon in *Elmore, Arkansas and walked down to the local hotel. A young lady walked across the street, passed him at the corner, and entered the Elmore bank.

Jimmy looked into her eyes, forgot ㋓ what he was, and became another man at that moment. She looked down and her face became a little red.

"Isn't that young lady Miss Polly Simpson? [B]" said Jimmy to a boy on the steps of the bank.

“No,” said the boy. “She's Annabel Adams. Her father is the owner of this bank. [C]” Jimmy went to the Planters' Hotel, and checked in as Ralph D. Spencer.

He spoke to the clerk and said, “I came to Elmore to look for a place to go into business. How is the shoe business in this town? [D] Is there a chance?”

“Yes, it is a good idea to start a shoe business. There isn't a shoe store in the place. The clothes store and drugstores sell them,” said the clerk. He was impressed with the clothes and manner of Jimmy. “Shoe business is really good in Elmore. I hope you will decide ㋔ to do it here. Shall I call the boy to carry your suitcase?”

“No, you don't have to. I will carry it up myself; it is heavy.”

< *A RETRIEVED REFORMATION* by O. Henry 改 >

（注） head officer　刑務所長　　clerk　係りの者　　cigar　葉巻（タバコの一種）　　liberty　自由
horse-drawn wagon　馬車　　Elmore, Arkansas　アーカンソー州エルモア（地名）

[23] 問１　㋐の意味として最も適当なものを①～④のうちから１つ選びなさい。
① 一般社会に戻った　　② 昼の散歩に出かけた
③ 人目を避けて歩いた　　④ 自分の息子に会いに行った

[24] 問２　㋑に入れるのに最も適当なものを①～④のうちから１つ選びなさい。
① the officer's room　　② a restaurant
③ the station　　④ a bank

[25] 問３　㋒に入れるのに最も適当なものを①～④のうちから１つ選びなさい。
① Are you ready to order　　② Who are you
③ Are you all right　　④ How much is it

[26] 問４　㋓の意味として最も適当なものを①～④のうちから１つ選びなさい。
① 自分が何者であるのか
② 銀行になぜ来たのか
③ 自分が何をしようとしたのか
④ 誰に会うことになっていたのか

[27] 問５　㋔の意味として最も適当なものを①～④のうちから１つ選びなさい。
① ドラッグストアを営業すること
② 靴屋を始めること
③ 衣料品店を開くこと
④ 銀行に勤めること

28 問6 次の英文が入る最も適当な箇所を①～④のうちから1つ選びなさい。

I have thought of opening a shoe store.

① A　② B　③ C　④ D

29 問7 ジミーが訪れた場所として<u>正しくないもの</u>を①～④のうちから1つ選びなさい。

① a station　② a cafe

③ a hotel　④ a shoe store

30 問8 本文の内容と<u>一致するもの</u>を①～④のうちから1つ選びなさい。

① The head officer gave Jimmy a train ticket and some money to buy a cigar.

② Mike got his suitcase from Jimmy at his cafe.

③ Polly's face became a little red when Jimmy looked into her eyes.

④ Jimmy asked the boy on the steps of the bank about the young lady.

＜リスニングテスト放送文＞

リスニングテスト No.1

＜開始の説明＞

これからリスニングテストを行います。

問題用紙の1ページを見て下さい。リスニングテストはすべて放送による指示で行います。

問題はAとBの2種類があり，全部で5題あります。

問題Aは問1～3までの3問です。それぞれの問いについて対話を聞き，答えとして最も適切なものを選択肢のうちから1つずつ選びなさい。会話は1度しか読まれませんのでよく聞いて下さい。途中メモを取っても構いません。

では始めます。

【問題A】

それぞれの問いについて対話を聞き，答えとして最も適切なものを選択肢のうちから1つずつ選びなさい。会話は1度しか読まれません。途中メモを取っても構いません。

1 問１ What will they do after lunch?

A : Hey, Mike, it's raining. We can't play tennis in the park.
B : Oh, that's unlucky. Well, why don't we go to the movies?
A : That sounds great. I want to see an action movie.
B : OK. Anyway, I'm hungry. Let's go to the theater after lunch.

① They will go to the park.
② They will watch a video at home.
③ They will play tennis.
④ They will see an action movie.

＜5秒＞

2 問２ What time will his train leave?

A : Hi. Two tickets for the three-forty five train for Osaka, please.
B : I'm sorry, but all the tickets are sold out.
A : Well, what time can I get the next train?
B : How about the four fifteen train?
A : OK. I will take that.

① at 3:15
② at 3:45
③ at 4:15
④ at 4:45

＜5秒＞

3 問３ Why is he going to bed early?

A : I'm going to bed now, Mom.
B : Really? It's only eight o'clock. Are you tired or did you catch a cold?
A : No, I'm going fishing with my classmates early tomorrow morning.
B : I see. Good night.

① Because he is tired.
② Because he has a cold.
③ Because he is going fishing.
④ Because he is sleepy.

＜5秒＞

これで問題Aを終わります。

問題Bは問4と5の2題です。それぞれの問いについて英文を聞き，答えとして最も適切なものを選択肢のうちから1つずつ選びなさい。英文は2度読まれます。途中メモを取っても構いません。では始めます。


【問題B】

それぞれの問いについて英文を聞き，答えとして最も適切なものを選択肢のうちから1つずつ選びなさい。英文は2度読まれます。途中メモを取っても構いません。

4 問4　What is the boy's dream?

I'm sixteen years old. I want to travel across Japan by bicycle. I hope I can do it the next summer vacation. I need to save money for the trip, so I work part-time in a *ramen* shop. I work there after school twice a week.

① to have his own *ramen* shop
② to go to a *ramen* shop next summer
③ to travel across Japan
④ to work for a bicycle company

＜3秒＞

5 問5　What does Mr. Suzuki teach?

Mr. Suzuki is a teacher at my high school. He teaches us English. He is my favorite teacher in my school. He sometimes talks about France, because when he was young, he lived in France. So he can also speak French.

① English
② French
③ Japanese
④ Math

＜3秒＞

以上でリスニングテストを終わります。

【数　学】（40分）〈満点：100点〉

次のA～Mの問題について，正しい答えを①～⑤から選びなさい。

A　$1-\frac{1}{3}+\frac{1}{9}-\frac{1}{27}+\frac{1}{81}$ を計算しなさい。　解答番号は 1

①　$\frac{40}{81}$　　②　$\frac{41}{81}$　　③　$\frac{59}{81}$　　④　$\frac{61}{81}$　　⑤　$\frac{62}{81}$

B　12と75の最大公約数を a，最小公倍数を b とするとき，a と b の積を求めなさい。　解答番号は 2

①　3　　②　100　　③　300　　④　900　　⑤　2700

C　$\left(\frac{x+1}{\sqrt{2}}\right)^2-\frac{(x-1)^2}{2}$ を計算しなさい。　解答番号は 3

①　0　　②　$\frac{x}{2}$　　③　$2x$　　④　x^2+2x+1　　⑤　$\frac{x^2+2x+1}{4}$

D　x についての2次方程式 $x^2-2ax-(a-2)(a+8)=0$ の解の1つが $x=3a-2$ であるとき，a の値を求めなさい。　解答番号は 4

①　$a=2$　　②　$a=5$　　③　$a=2,\ 5$　　④　$a=2,\ -8$　　⑤　$a=5,\ -8$

E　3で割り切れる2桁の自然数 X がある。この数の十の位の数と一の位の数を入れかえてできる数は，X より36大きくなる。それを満たす X は何個あるか求めなさい。ただし，X の一の位は0でないとする。　解答番号は 5

①　1　　②　2　　③　3　　④　4　　⑤　5

F　1本150円のボールペンと1本75円の鉛筆をあわせて25本買うと，2400円になった。ボールペンの本数を求めなさい。

解答番号は 6

① 6　　② 7　　③ 8　　④ 9　　⑤ 10

G　日本の信号機は一般的に左から青，黄，赤という配色となっている。その3色を使った一般的な配色とは異なる色の決め方は全部で何通りあるか求めなさい。ただし，赤，青，黄の3色すべて使うものとする。

解答番号は 7

① 3　　② 5　　③ 6　　④ 8　　⑤ 9

H　2つの直線 $y=3x+4$ と $y=-\frac{3}{2}x-\frac{1}{2}$ の交点の座標を求めなさい。

解答番号は 8

① $(-1,\ 1)$　　② $\left(-\frac{1}{2},\ \frac{1}{2}\right)$　　③ $\left(-\frac{1}{2},\ \frac{5}{2}\right)$

④ $\left(-\frac{3}{2},\ -\frac{1}{2}\right)$　　⑤ $\left(-1,\ \frac{1}{2}\right)$

I　関数 $y=x^2$ において，x の変域が $-3\leqq x<5$ のとき，y の変域を求めなさい。

解答番号は 9

① $0\leqq y<25$　　② $0<y<25$　　③ $0<y\leqq 25$

④ $9<y<25$　　⑤ $9\leqq y<25$

J　$y=-\frac{1}{2}x^2$ のグラフ上の点において，x 座標が -6 である点を A，x 座標が 4 である点をB，点 $(0, -4)$ を C とする。次の問いに答えなさい。

(1)　直線 AB の式を求めなさい。　解答番号は 10

①　$y=x-8$	②　$y=x-10$	③　$y=x-12$
④　$y=2x-10$	⑤　$y=2x-12$	

(2)　△ABC の面積を求めなさい。　解答番号は 11

①　20	②　22	③　23	④　25	⑤　40

(3)　$y=-\frac{1}{2}x^2$ のグラフ上に点P をとる。△ABC と△ABP の面積が等しくなるような点 P の x 座標を求めなさい。ただし，$-6 \leqq x \leqq 0$ とする。　解答番号は 12

①　-1	②　-2	③　-3	④　-4	⑤　-6

K　ある中学校の男子生徒21人が，バスケットボールのフリースローを8回ずつ行いました。下の資料1は，そのときのボールの入った回数を記録し，回数が少ない順に並べたものです。

資料1　ボールの入った回数(回)

0 0 0 0 0 0 0 0 0 0 0 0 0 1 1 1 1 1 1 7 8

(1)　この資料1についての説明で正しくないものを1つ選びなさい。　　解答番号は 13

① ボールの入った回数の，平均値は1回である。
② ボールの入った回数の，最頻値は0回である。
③ ボールの入った回数の，中央値は0回である。
④ ボールの入った回数が1回の人は，上位50% より上である。
⑤ ボールの入った回数が4回以上の人は，全体の10 %である。

6人の生徒，A君，B君，C君，D君，E君，F君が，もう一度フリースローを4回ずつ行いました。下の資料2は，そのときのボールの入った回数を記録したものです。

資料2

A君0回	B君2回	C君4回	D君0回	E君0回	F君0回

(2)　6人の生徒から2人選んだとき，2人とも記録が0回である確率を求めなさい。

解答番号は 14

① $\frac{1}{3}$　② $\frac{2}{3}$　③ $\frac{1}{6}$　④ $\frac{2}{5}$　⑤ $\frac{4}{15}$

L 右の図のように四角形 ABCD が円に内接している。辺 BD 上に $\angle ACB=\angle DCE$ となるように点 E をとる。以下のことは，ある定理を示したものである。

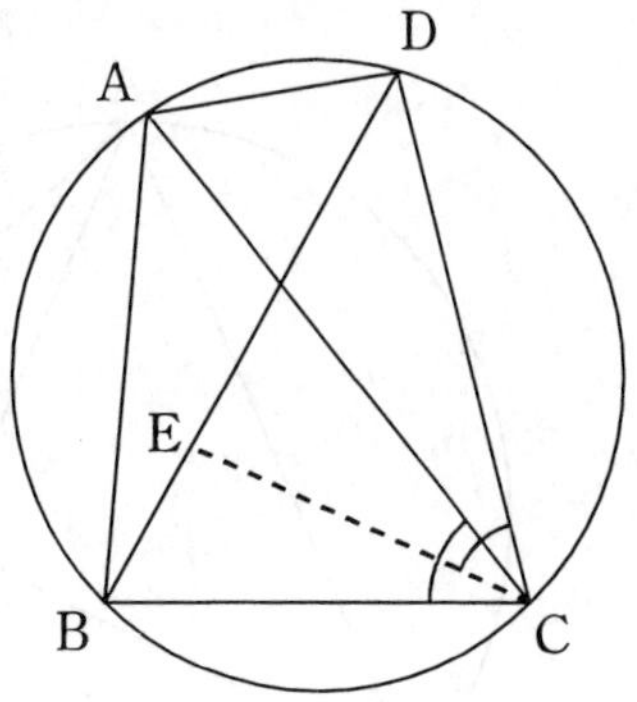

> $\triangle ABC$ と $\triangle DEC$ において
> 円周角の定理より
> $\angle BAC=\angle EDC$
> 条件より
> $\angle ACB=\angle DCE$
> よって、2 組の角がそれぞれ等しいので
> $\triangle ABC \backsim \triangle DEC$　といえる。
> このことにより，
> $AB\times DC= AC\times$ [ア] …①
> また，$\triangle ACD \backsim \triangle BCE$ ということに着目すると
> $AD\times BC=AC\times BE$ …②
> ①，② より
> $AB\times DC+AD\times BC=$ [イ] が
> 成り立つといえる。
> このことをトレミーの定理という。

次の問いに答えなさい。

(1) [ア] に入る最も適するものを選びなさい。 解答番号は [15]

① BE	② CD	③ DA	④ EC	⑤ DE

(2) [イ] に入る最も適するものを選びなさい。 解答番号は [16]

① $AC+BD$	② $AC\times BD$	③ $AB+BD$	④ $AB\times BD$	⑤ $BE\times DE$

(3) $AB=2$, $BC=3$, $CD=1$, $DA=2$, $AC=\sqrt{7}$ のとき，BD の長さを求めなさい。
解答番号は [17]

① 4	② 6	③ $2\sqrt{7}$	④ $8-\sqrt{7}$	⑤ $\frac{8\sqrt{7}}{7}$

M 図において，A，B，C，D は同じ円周上の点で，E は 2 直線 BC と AD の交点である。また，AC と BD の交点を F とする。AB=4，AD=DE，∠ABD=∠AEB のとき，次の問いに答えなさい。

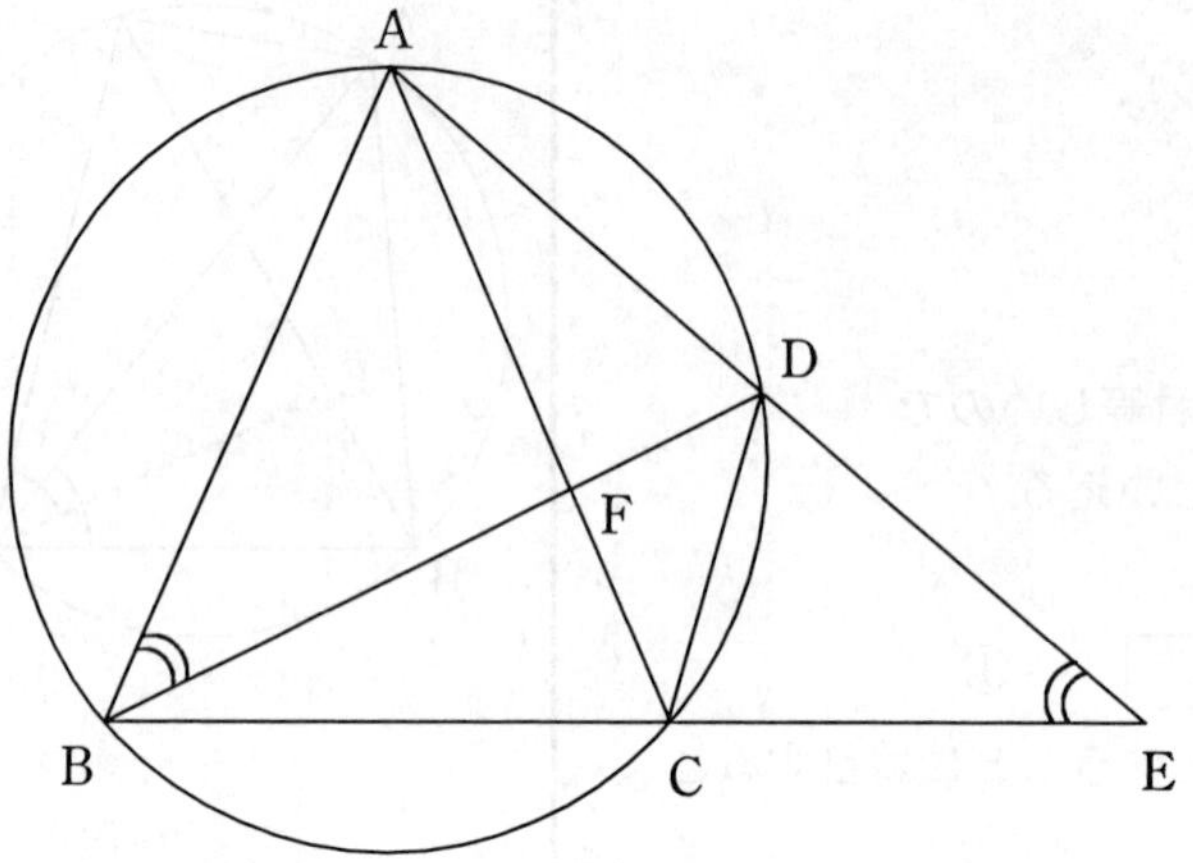

(1) ACの長さを求めなさい。 解答番号は 18

① 4	② 6	③ $2\sqrt{2}$	④ $2\sqrt{3}$	⑤ $\frac{5\sqrt{2}}{2}$

(2) ADの長さを求めなさい。 解答番号は 19

① $2\sqrt{2}$	② $2\sqrt{3}$	③ 4	④ $\frac{5\sqrt{2}}{2}$	⑤ $\frac{7}{2}$

(3) EC × EBの値を求めなさい。 解答番号は 20

① 8	② 12	③ 16	④ $8\sqrt{2}$	⑤ $16\sqrt{2}$

問3　傍線部2「多言留むべきなり」とあるが、その理由として**適当ではないもの**を次の①～⑤の中から一つ選びなさい。　解答番号は28

①　軽い気持ちで人を非難したり秘密を話したりしてしまうと、恨まれて重大な事態を招くこともあるから。

②　人は顔では笑って話を聞いていても、相手のいないところではすぐに噂《うわさ》や悪口を流すものだから。

③　相手をよく知りもしないのに非難すると、かえって自分の愚かさが明らかになってしまうから。

④　口が軽い人と思われると、噂を流すことを警戒されて周囲の人に距離を置かれてしまうから。

⑤　噂好きな人と思われると、噂が自然と広まった場合でも犯人と疑われて不快な思いをすることになるから。

問4　本文の内容を端的に言い表したことわざとして、最も適当なものを次の①～⑤の中から一つ選びなさい。　解答番号は29

①　人の噂も七十五日　②　目は口ほどにものを言う　③　火のないところに煙は立たぬ

④　論より証拠　⑤　口は禍《わざわい》の門

問5　『十訓抄』は鎌倉時代の説話集であるが、同じジャンルの作品を次の①～⑤の中から一つ選びなさい。　解答番号は30

①　『万葉集』　②　『枕草子』　③　『今昔物語集』　④　『平家物語』　⑤　『おくのほそ道』

る人、思ひつめて、いきどほり深くなりぬれば、はからざるに、恥をもあたへられ、身果つるほどの大事にも及ぶなり。笑みの中の剣《つるぎ》は、※1さらでだにもおそるべきものぞかし。心得ぬことを悪《あ》しざまに難じつれば、かへりて身の不覚あらはるるものなり。

おほかた、口軽《かろ》き者になりたれば、「それがしに、そのこと※2な聞かせそ。かの者に※3な見せそ」などいひて、人に心をおかれ、隔《へだ》てらるる、くちをしかるべし。また、人のつつむことの、おのづからもれ聞えたるにつけても、「※4かれ離れじ」など疑はれむ、面目《めんぼく》なかるべし。

しかれば、かたがた人の上をつつむべし。多言留《たげんとど》むべきなり。

（『十訓抄』より）

（注）※1　さらでだにも…そうでなくてさえ。
※2　な聞かせそ…聞かせるな。
※3　な見せそ…見せるな。
※4　かれ離れじ…あの人が関わっているに違いない。

問1　二重傍線部a〜eの読みとして**正しくないもの**を次の①〜⑤の中から一つ選びなさい。　解答番号は26

①　a「恥ぢがましきこと」→はじがましきこと
②　b「いきどほり」→いきどおり
③　c「はからざるに」→わからざるに
④　d「くちをしかるべし」→くちおしかるべし
⑤　e「疑はれむ」→うたがわれん

問2　傍線部1「隠す」の活用形として最も適当なものを次の①〜⑤の中から一つ選びなさい。　解答番号は27

①　未然形　②　連用形　③　終止形　④　連体形　⑤　已然形

（Ⅰ）遠くであればあるほど、条件の悪い話でした。

（Ⅱ）こうした地方の国守となって赴任《ふにん》する人たちのことを、受領《ずりょう》と言いました。

（Ⅲ）一方、中流貴族の場合は、地方勤務を重ねながら、徐々に這《は》い上がっていくしかありません。

（Ⅳ）それでも都の周辺地域へは、比較的有力者たちが赴任します。

（Ⅴ）といっても、有力な家の息子たちは、都を出ることなく、スイスイと出世していきます。

とはいえ都を出て地方で暮らす期間は、役得にも恵まれたのです。というのは、現地に行って統治する中で、勝手に増税をして個人的な財産を築き、その財力でもって都に帰って大きな邸宅を構えたりすることができたからです。

（高木和子『平安文学でわかる恋の法則』より）

① （Ⅰ）―（Ⅱ）―（Ⅲ）―（Ⅴ）―（Ⅳ）
② （Ⅰ）―（Ⅲ）―（Ⅱ）―（Ⅳ）―（Ⅴ）
③ （Ⅱ）―（Ⅲ）―（Ⅳ）―（Ⅴ）―（Ⅰ）
④ （Ⅴ）―（Ⅲ）―（Ⅱ）―（Ⅳ）―（Ⅰ）
⑤ （Ⅴ）―（Ⅳ）―（Ⅲ）―（Ⅰ）―（Ⅱ）

五

次の古文を読んで、後の問い（問1～5）に答えなさい。

ある人いはく、人は慮《おもんぱか》りなく、いふまじきことを口疾《と》くいひ出《いだ》し、人の短きをそしり、したることを難じ、[1]隠すことを顕《あらは》し、[a]恥ぢがましきことをただす。これらすべて、あるまじきわざなり。われはなにとなくいひ散らして、思ひもいれざるほどに、いはる

四 次の問い（問1～5）の答えを各群の①～⑤の中から一つ選びなさい。

問1 次にあげた漢字の意味と同じ意味で使われているものはどれか。 解答番号は21

「当」＝現在の。

① 正当 ② 当世 ③ 当人 ④ 配当 ⑤ 当直

問2 「幼稚」と同じ構成の熟語はどれか。 解答番号は22

① 粘土 ② 得失 ③ 免税 ④ 抑圧 ⑤ 非礼

問3 傍線部の読み方が**異なるもの**はどれか。 解答番号は23

① 定石 ② 定刻 ③ 想定 ④ 規定 ⑤ 定点

問4 次の空欄□に一字を入れると四字熟語が完成する。その一字はどれか。 解答番号は24

責任転□

① 過 ② 禍 ③ 嫁 ④ 家 ⑤ 化

問5 次の（Ⅰ）～（Ⅴ）を並べ替えて意味の通る文章にしたとき、最も適当なものはどれか。 解答番号は25

平安時代の貴族たちは、転勤族です。

問3　傍線部2「赤」とあるが、この語を含む次のことわざの空欄□に入る漢字を、後の①～⑤の中から一つ選びなさい。　解答番号は17

□に交われば赤くなる

①　人　②　陽　③　朱　④　恥　⑤　紅

問4　傍線部3「いわゆる」の品詞を次の①～⑤の中から一つ選びなさい。　解答番号は18

①　動詞　②　形容詞　③　助詞　④　連体詞　⑤　接続詞

問5　傍線部4「自由自在」は同じ漢字が二度使われている四字熟語である。これと同様に、次の四字熟語の空欄□に入る漢字を後の①～⑤の中から一つ選びなさい。　解答番号は19

□利□欲

①　無　②　実　③　強　④　薄　⑤　私

問6　二重傍線部「意識」について、本文中の説明として最も適当なものを次の①～⑤の中から一つ選びなさい。　解答番号は20

①　意識は、認識の要素がいつまでも変わらないことを証明し、自分自身を納得させることに関わっている。
②　意識は、認識の要素が一貫した独自性を持つものであるという仕組みを立ち上げ、保証することに関わっている。
③　意識は、認識の要素が統一された機構だと捉え、言語の自己同一性を曖昧《あいまい》にすることに関わっている。
④　意識は、認識の要素が持続して同じ色を持つものだという観念を生み出し、脳の中で優劣をつけることに関わっている。
⑤　意識は、認識の要素が複雑な特徴を持ったものだと判別し、それを無限に組み合わせて数値化していくことに関わっている。

「赤」のクオリアを立ち上げるプロセスの背後には、複雑な計算論がある。しかし、一度「赤」というかたちでクオリアが生まれてしまえば、それは意識の中で一貫して「赤」として感じられ、扱われる。

このような視点から見ると、意識は、その「 A 」の中で、ある認識の要素が、ユニークな同一性を持つというメカニズムの「立ち上げ」と、その「保証」に関わっていることがわかる。

一度、一つの「クオリア」が立ち上がってしまえば、あとは、それを前提に、いろいろな組み合わせで意識の中の表象をつくることができる。

実際、視野の中にさまざまな色のクオリアが分布している様子を想像してみると、その組み合わせは無限である。そのような無限の組み合わせが意識の中で[4]自由自在に実現できるのも、一つひとつのクオリアの自己同一性が明確に立ち上がっているからである。

（注）※1 クオリア…意識にのぼってくる感覚やそれに伴う経験。
※2 表象…ここでは、あるイメージが自分の意識の前に現れるという意味。
※3 恒常性…状態などが一定に保たれる性質。

問1 空欄 A には「体系」を意味する語が入る。その語として最も適当なものを次の①～⑤の中から一つ選びなさい。

解答番号は 15

① システム　② メディア　③ シグナル　④ パラドックス　⑤ カテゴリー

問2 傍線部1「ドイツ」とあるが、ドイツに留学をし『舞姫』などを著した作家を次の①～⑤の中から一つ選びなさい。

解答番号は 16

① 村上春樹　② 志賀直哉　③ 太宰治　④ 森鷗外　⑤ 夏目漱石

12 問3 ショ国をめぐる。

① 由ショのある古寺。　② ショ般の事情。　③ 要ショを押さえる。

④ 事情に応じて善ショする。　⑤ ショ中見舞いを送る。

13 問4 ゲン外に示す。

① 入場を制ゲンする。　② 用ゲンの活用を覚える。　③ 人としての尊ゲン。

④ 窓口を一ゲン化する。　⑤ ゲン野を歩く。

14 問5 ソウ思ソウ愛の仲。

① 車でソウ迎する。　② 同ソウ会を開く。　③ ソウ対性理論を学ぶ。

④ ソウ朝に出発する。　⑤ 回ソウにふける。

三

次の文章は、茂木健一郎『クオリアと人工意識』の一節である。これを読んで後の問い（問1〜6）に答えなさい。

そもそも、意識は、なぜあるのだろうか。

さまざまな説明が可能だが、意識の本質である※1クオリアには、脳という［A］の中で、ある情報の自己同一性（identity）を立ち上げ、それを保証するという役割がある。これは、1ドイツ語の意味での「※2表象」的な考えと呼応するプロセスである。

例えば、視野の中に「2赤」があったとする。その「赤」というクオリアが成立したメカニズムは、ある視野の位置から入ってくる光の波長を、その周囲の波長と比較する、3いわゆる「色の※3恒常性《こうじょうせい》」（color constancy）を満たすかたちで立ち上がっている。

う行為は、【文章A】にある「クリエイティブな仕事」をする上ではむしろ遠回りになってしまうということを理解しました。

④ 生徒d―【文章B】では、「習」の字を構成する「羽」はひな鳥がお手本のまねをするという意味があると述べているけど、【文章A】の映画監督の言葉によると、そのお手本の一つにあたるのが純文学などの本であるということを理解しました。

⑤ 生徒e―【文章B】では、もともと川の名前を表していたものが時代を経て「あたためる」という意味に変わったと述べているけど、【文章A】を読み、時間をかければ何かを変えたり創造したりすることができるというのは理想にすぎないということを理解しました。

二

次の問い（問1～5）の傍線部と同一の漢字を使うものはどれか。次の各群の①～⑤の中から一つずつ選びなさい。

解答番号は 10 ～ 14

10 問1 望キョウの念にかられる。

① キョウ里に手紙を送る。　② 電車で上キョウする。　③ 辺キョウの地を旅する。
④ キョウ中を察する。　⑤ 考えにキョウ感する。

11 問2 無ケイ文化財として登録される。

① ケイ列会社で働く。　② 典ケイ的な例を挙げる。　③ 背ケイ知識を学ぶ。
④ 後ケイ者に選ばれる。　⑤ 人格ケイ成に影響する。

⑤の中から一つ選びなさい。ただし、選択肢の波線部Ⅰ～Ⅴは【文章A】の波線部Ⅰ～Ⅴと対応している。　解答番号は 8

「温習」とは［　　　　］、より高度な境地を目指すということである。

① Ⅰ既存の要素を取り込んで
② Ⅱ斬新なものを織り交ぜて
③ Ⅲ型破りな発想を心がけて
④ Ⅳ遊びを排除して
⑤ Ⅴ独創性を大事にして

問8 【文章A】・【文章B】を読んだ生徒たちの発言のうち、【文章A】・【文章B】両方の内容を踏まえたものとして最も適当なものを、次の①～⑤の中から一つ選びなさい。　解答番号は 9

① 生徒a―【文章A】では、ある専門的な領域の中だけの知識や技術に価値はないと述べているけど、これは【文章B】にある、あらゆる分野の基礎力を身につけることがさらなる高度な境地に到達する第一歩であるという内容と関係していると思いました。

② 生徒b―【文章A】では、現代社会ではあらゆる分野で機械化や自動化が求められると述べているけど、【文章B】では、電子レンジという便利な道具がなくても決められた手順にしたがって温めることはできると述べているので、もう一度技術だけに頼らない社会を目指す必要があると思いました。

③ 生徒c―【文章B】では、「温」の字の語源に「冷めてしまった食品を温めなおす」と述べているけど、「温めなおす」とい

① 「趣味」と「仕事」のバランス

② 日常生活の中の「余裕」や「遊び」

③ ビジネスにおける専門性

④ 思いもよらない新たな組み合わせ

⑤ 先人たちの仕事の意義

問5 **【文章A】**には、二人の映画監督の言葉が引用されている。それぞれの引用の目的や役割について説明したものとして、最も適当なものを次の①～⑤の中から一つ選びなさい。

解答番号は 6

① 大島渚の言葉は、それまでの話題を転換するために用いられている。

② 大島渚の言葉は、黒澤明の考えに反論するために用いられている。

③ 黒澤明の言葉は、一般的な考えの具体例として用いられている。

④ 黒澤明の言葉は、筆者の主張と対立する意見として用いられている。

⑤ 黒澤明の言葉は、筆者の問題提起に対する一つの答えとして用いられている。

問6 **【文章B】**に傍線部2「温」とあるが、次のa～fの四字熟語のうち、空欄に「温」が入るものはいくつあるか。後の①～⑤の中から一つ選びなさい。

解答番号は 7

a □故知新　b 異口同□　c 三寒四□　d 平□無事　e □厚篤実　f □信不通

① 一つ　② 二つ　③ 三つ　④ 四つ　⑤ 五つ

問7 次の文は、**【文章B】**にある傍線部3「温習」を説明したものである。空欄に入ることばとして最も適当なものを、後の①～

問2　**【文章A】**の空欄 A ～ C に入ることばの組み合わせとして最も適当なものを次の①～⑤の中から一つ選びなさい。

解答番号は 3

① A＝少なくとも　B＝しかし　C＝すると

② A＝たとえば　B＝したがって　C＝そのうえ

③ A＝むしろ　B＝もちろん　C＝しかし

④ A＝おそらく　B＝すなわち　C＝つまり

⑤ A＝実は　B＝たしかに　C＝また

問3　**【文章A】**の傍線部1「創造とは〝記憶〟である」とはどういうことか。その説明として最も適当なものを次の①～⑤の中から一つ選びなさい。

解答番号は 4

① 創造とは、何もないところから生まれるのではなく、様々な経験や先人からの学びという蓄積によって生まれて来るものであるということ。

② 創造とは、その人自身の経験という不確かなものに頼るのではなく、先人たちの数多くの仕事の蓄積から生まれるものであるということ。

③ 創造とは、過去のものから新しいものを生み出すために、経験の豊かさや記憶の正確さが求められるものであるということ。

④ 創造とは、機械化や自動化が進む現代において唯一残された人間的な営みであり、後世に記憶されるべきものであるということ。

⑤ 創造とは、過去の蓄積から生み出すのではなく、今の世の中に存在するものに手を加えて生み出すものであるということ。

問4　**【文章A】**の空欄 X に入ることばとして最も適当なものを次の①～⑤の中から一つ選びなさい。

解答番号は 5

この「温」の旧字体で右側にある《𥁕》は、《皿》と《囚》を組みあわせた形で、そこから『説文解字』はこの部分を「囚人に食べさせる料理」と解釈している。しかしそれは近代の多くの学者が否定するところで、たとえば近年の文学者林義光《りんぎこう》（一九三二年没）が著した『文源』に「気　皿の中より上に騰《あ》がる形にかたどる」とあるように、《囚》の部分は加熱された容器の中に湯気がいきわたっているさまを表していると考えられる。つまり《𥁕》は「冷めてしまった食品を温めなおす」という意味で、『説文解字』の注釈を書いた段玉裁《だんぎょくさい》はこの字について「微火をもって肉を温める也《なり》」（とろ火で肉をあたためる）と解釈する。そしてここから意味が拡張されて、本来は川の名前であった「温」がやがて「あたためる」という意味で使われるようになったというわけだ。

いまは電子レンジがあれば、冷めた料理でも簡単に温めることができるが、そんな便利な道具ができる前でも、冷めた料理をあらかじめ決められた手順にきちんとしたがって温めれば、ふたたびおいしく食べることができた。そしてそれは料理だけでなく、日々にbショウジンを重ねている学問や技芸の習得においても同じことで、以前に学んで身につけた基礎を思いだし、それを一定の手順にしたがって「温＝たずねて」おさらいし、より一層の努力を重ねることで、さらに高度な境地に到達できるようになる、それが学問や芸術での3「温習」ということだった。ちなみに「習」に《羽》がついているのは、ひな鳥が羽を動かして空を飛ぶ稽古をするからで、習とはお手本のまねをして、技術に上達することを意味していた。

問1　【文章A】の二重傍線部a・【文章B】の二重傍線部bのカタカナを漢字に直したとき、同じ漢字を含むものを次の各群の①～⑤の中から一つずつ選びなさい。　解答番号は1・2

1　a　カンショウ
① 雑誌をカンコウする。
② 筆跡をカンテイする。
③ 新入社員のカンゲイ会を開く。
④ 国内の政治にカンシンを抱く。
⑤ カンセンの拡大を防ぐ。

2　b　ショウジン
① キショウ価値の高い宝石。
② 犬と猿はアイショウが悪い。
③ 部長にショウシンする。
④ タイショウ的な性格。
⑤ 祇園《ぎおん》ショウジャの鐘の声。

ない。テレビ番組も忙しくてほとんど見ていない。本も読まない。音楽もあまり聴かない」と無い無い尽くしの仕事人間だったりします。余裕や遊びとはかけ離れた日常をおくっているのです。

他のビジネスにおいても、専門的な狭い領域の知識や技術にしか目が向いていない人は、なかなかクリエイティブな仕事とは縁遠いでしょう。引き出し（材料）が少なければ、［　X　］を見出すことは難しいのです。

二人の巨匠の言葉に耳を傾ければ、

「どうしたら、クリエイティブな仕事ができるか?」

という問いの答えも自《おの》ずと浮かんできます。新しいものを生むためには、まずは過去を知らなければならない。V独創性豊かなものも、ある日突然、生み出されるわけではなく、連綿と続く偉大な先人たちの仕事（＝過去）の蓄積の上に成り立つものなのです。

（注）※1　黒澤明…『羅生門』などで知られる映画監督。国際的に評価され、「世界のクロサワ」と呼ばれた。（一九一〇～一九九八年）

※2　大島渚…『戦場のメリークリスマス』などで知られる映画監督。（一九三二～二〇一三年）

※3　純文学…娯楽性よりも芸術性に重きを置いている文芸作品。

※4　喝破…誤った説を排し、真実を説き明かすこと。

※5　前述の通り…【文章A】より前の本文中で、筆者は「企画やアイデアは〝組み合わせ〟から生まれる」と述べている。

【文章B】

2「温」（旧字体では「溫」）という漢字にはサンズイヘンがついているが、そもそもこの漢字にサンズイヘンがついているのは、いったいなぜなのだろう?　それは、「温」はもともとある川の名前を表すために作られた漢字だったからで、中国最古の字典『説文解字』によれば、いまの貴州省から江西壮族《こうせいそうぞく》自治区にかけて流れ、そこで黔江《けんこう》に合流する「温水」という川があって、「温」はその川を表すために作られた漢字だった（ただし現在は、温水という名前は使われていない）。

クリエイティブなことは、なんとなく「新しいもの」というイメージがありますが、〝世界のクロサワ〟は［A］「過去のもの」（経験や学びという蓄積）から生まれてくると断言しています。決して「無から有」が生まれるわけではなく、「有から有」しか生まれないのだと※4喝破《かっぱ》していたのです。

※5前述の通り、「Ⅰアイデアとは既存の要素の新しい組み合わせ以外の何ものでもない」と捉えると、アイデアの元となる材料は、すでに世の中に存在しているのです。ですから、様々な経験を積み、先人の仕事を知り、学ぶという蓄積がなければ、クリエイティブな仕事も始まらないのです。

よく耳にする「若い感性で斬新な発想を」といった定番の物言いも、その若者に十分な蓄積がなければ無謀な取り組みになりかねません。［B］若い感性は大切ですが、実際には古いものも知らなければ、Ⅱそう簡単に斬新なものも生まれません。Ⅲ型破りは、まずは型を知らなければできないものなのです。

大島渚監督も、とある雑誌のインタビューで「映画作りに大切なことは何か？」と問われて、こう答えています。

「昔よき時代に、監督はよく助監督を連れて、おいしいものを食べに行ったり、ものを見に行ったりしていました。別の言葉で言えば、〝贅沢《ぜいたく》さ〟ということでしょうか。ていねいな仕事を知り、よきものを知らなきゃ、映画は作れないんです」

（『別冊　暮しの設計』一九八五年三月一日号）

一見すると、目の前の仕事とは関係なさそうな経験や学びが、良い作品を生む糧《かて》となる。大島渚監督の言う「贅沢さ」は、「余裕」やⅣ「遊び」とも言い換えられるでしょう。本を読んだり、映画や演劇、絵画、音楽などをaカンショウしたりすることは通常、「趣味」とされるもので「仕事」とは思われません。［C］、そうした中での経験や学びこそがクリエイティブな仕事につながるのです。

翻《ひるがえ》って、テレビ業界でも「なかなか企画書が書けない」「ありきたりな番組しか作れない」と嘆く人を見かけます。そうした人に限って、生《き》真面目に目の前の仕事のことしか見ていない場合が多いのです。折角《せっかく》、映像業界に就職したのに、「映画は全然見に行か

二〇二一年度
東亜学園高等学校

【国 語】（四〇分）〈満点：一〇〇点〉

一 次の**【文章A】**は佐々木健一『「面白い」のつくりかた』の一節、**【文章B】**は阿辻哲次『日本人のための漢字入門』の一節である。
二つの文章を読んで、後の問い（問1～8）に答えなさい。

【文章A】

IT技術の進歩に伴い、あらゆる分野で機械化や自動化が進み、エンターテインメント業界に限らず、様々なビジネスにおいてもクリエイティブな発想や仕事が求められる時代になりました。

しかし、この「クリエイティブ」という言葉、あちこちで耳にするものの、いまいちピンと来ない人も多いのではないでしょうか。

直訳すれば、「創造的な」「独創的な」という意味ですが、クリエイティブな仕事とはどういうものなのでしょうか。なんとなく横文字で表記されると、「常人にはできない仕事＝クリエイティブ（創造的）なもの」のようにも思えますが、かつて映画監督・※1黒澤明は「創造とは何か？」についてこう明言していました。

[1]「創造とは〝記憶〟である」

この言葉について、映画監督・※2大島渚《なぎさ》と対談した貴重な映像の中で、黒澤監督は以下のように語っています。

「今の人たち（筆者注：若い映画監督ら）は基本的に本を読んでない。※3純文学なんかをちゃんと読んでる人はいないんじゃないですか。それはやっぱり、ある程度は読んでおかないとね。何もないところから出てこないよ。だから僕はよく『創造というのは、記憶である』というふうに言うんだけど、本当にそう思いますよ。その中から出てくるんで、何もないところに何かが生まれて来やしないって。実生活の中でも、何かいろんな経験があるわけよね。その何かがなきゃ創造は出来ないでしょう」

（記録映像『わが映画人生　黒澤明監督』／日本映画監督協会）

英語解答

1 問1 ④　問2 ③　問3 ③
　問4 ③　問5 ①

2 問1 ①　問2 ②　問3 ③
　問4 ④

3 問1 ①　問2 ③　問3 ④
　問4 ②

4 問1 ①　問2 ②　問3 ③
　問4 ④

5 問1 ③　問2 ④　問3 ③
　問4 ①　問5 ③

6 問1 ①　問2 ②　問3 ③
　問4 ①　問5 ②　問6 ④
　問7 ④　問8 ④

1 〔放送問題〕 解説省略

2 〔適語(句)選択〕

問1．when I was a child「私が子どものとき」という過去の事実を述べた文なので，過去形が適する。　「私は子どものとき5年間フランスに住んでいたが，フランス語は全く話せない」

問2．(　　) with は friends を修飾するまとまりなので，形容詞的用法の to不定詞で「話をする(ための)友達」とする。　「メアリーには話をする友達がたくさんいる」

問3．money「お金」は‘数えられない名詞’なので，「(量が)多い」ことを表す much が適切。「私の姉〔妹〕は洋服にあまりお金を使わない」

問4．特定のパンダではなく，特定されていないパンダを1頭見たことを表せる one が適切。「パンダを見たことはある？」「うん，去年上野動物園で見たよ」

3 〔書き換え―適語(句)選択〕

問1．「私たちの学校は2つの音楽室を備えている」→「私たちの学校には音楽室が2つある」There is/are ～ で「～がある〔いる〕」を表せる。

問2．「彼はとても疲れていたが，仕事に行った」　「～だが，だけれども」という‘逆接’を表す though が適切。

問3．「オーストラリア滞在中，私は熱心に勉強した」→「私はオーストラリアに滞在している間，熱心に勉強した」　during は「～の間」という意味の前置詞で，後には名詞や名詞のまとまりがくる。下の文は I「私は～」とあるので，後ろに‘主語＋動詞…’を続けられる接続詞の while「～する間」が適する。また，studied という過去形に合わせて，過去進行形(‘was/were＋過去分詞’)にする。

問4．「落ち葉が庭を覆っていた」→「庭は落ち葉で覆われていた」　be covered with ～「～で覆われている」

4 〔整序結合〕

問1．語群に made があるので，「あなたの子どもたちの笑顔が私の家族をうれしくさせた」と読み換え，‘make＋目的語＋形容詞’「～を…(の状態)にする」の形を用いる。The smiles of your children「あなたの子どもたちの笑顔」を主語とし，‘目的語’には my family，‘形容詞’には happy を当てはめる。　The smiles of your children made my family happy.

問2.「あなたに～してもらいたい」は‘would like＋人＋to ～’「〈人〉に～してほしい」の形で I would like you to ～ と表す。‘～’の部分は finish the work「その仕事を終える」とし，by「～までに」を Wednesday の前に置く。　I would like you to finish the work by Wednesday.

問3.「劇場に通じる道」は，The street の後に leading to the theater を続けて表す(現在分詞の形容詞的用法)。be full of ～ で「～でいっぱいだ」を表すので，「人でいっぱいでした」は was full of people と並べる。　lead to ～「～へ通じる」　The street leading to the theater was full of people.

問4.‘It take＋人＋時間＋to ～’「〈人〉が～するのに…(時間)かかる」の形にする。It took で始め，‘人’には me，‘時間’には half an hour「30分」を当てはめる。　It took me half an hour to get here.

5〔対話文完成─適文選択〕

問1. A：海外に行ったことはある？／B：いや，ないよ。／A：そうなの？　もし行けるとしたらどこに行きたい？／B：イタリアに行きたいな。∥Aが，もしも行けるならどこに行きたいかと尋ねていることから，Bは海外へ行ったことがないとわかる。

問2. A：どのくらいの間ここにいるの？／B：1か月くらいだよ。どうして？／A：君がこの辺りのことをよく知ってるからだよ。／B：そうだね，この街が好きなだけだよ。∥For ～「～の間」と‘期間’を答えているので，これを How long ～？「どのくらいの間～」で尋ねたのだとわかる。

問3. A：こんにちは！　ご用を承ります。／B：こちらをいただけますか？／A：もちろんです。他に何かございますか？／B：それだけでけっこうです。∥店員と客の会話と考えられる。空所の後で店員であるAが他に何かあるかと尋ねているので，品物を購入したいと申し出たことがわかる。

問4. A：この部屋は暑すぎない？／B：うん，暑すぎるね。／A：エアコンをつけてもらっていいかな？／B：かまわないよ。／A：ありがとう。∥Would you mind ～？は「～してくれませんか」という‘依頼’を表す表現。これに対して「いいですよ」と応じるときには，No. のほか，Not at all. や Certainly not. など，否定の形で答える。

問5. A：すみません。／B：はい？／A：今，お時間ありますか？／B：ごめんなさい。今あまり時間がないんです。／A：大丈夫です。ありがとう！∥Bは謝ったうえで，今はあまり時間がないと言っているので，Aは時間があるかどうかを尋ねたのだとわかる。

6〔長文読解総合─物語〕

≪全訳≫❶翌朝7時15分，ジミーは刑務所長の部屋に立っていた。係員が彼に列車の切符と5ドルを手渡した。刑務所長が彼に葉巻を手渡すと，2人は握手を交わした。そしてジミー・ヴァレンタインは太陽のもとへと歩き出した。❷ジミーはレストランへ直行した。そこで彼は，初めて自由のすばらしさを味わった。彼はチキンを食べ，白ワインを1瓶飲み，葉巻を吸った。それは刑務所長からもらったものより上等だった。それから，彼は駅へ向かった。3時間後，彼はとある小さな町にやってきた。彼はマイク・ドランのカフェへ行き，旧友のマイクと握手した。❸「大丈夫かい？」とマイクは言った。❹「元気さ。俺の鍵をもらえるかな？」とジミーは言った。❺彼は自分の鍵を手にすると，一番奥の部屋のドアを開けた。❻ある日の午後，ジミー・ヴァレンタインはアーカンソー州のエルモアで馬車を降りて，地元のホテルまで歩いた。1人の若い女性が通りを横切って，角の所で彼のそばを通り過ぎ，エルモア銀行に入っていった。❼ジミーは彼女の目をのぞき込むと，自分が何者であるかを忘れ，その瞬間，別人になってしまった。彼女は目を伏せ，顔が少し赤くなった。❽「あの若い女性はポリー・シンプソンさんじゃないかね？」とジミーは銀行の階段にいた少年に言った。❾「いいえ」と少年は言った。「あの人はアナベル・アダムスです。彼女の父親はこの銀行のオーナーなんです」　ジミーはプランターズホテルへ行き，ラルフ・D・スペンサーとしてチェックインした。❿彼はホテルの従業員に話しかけ，こう言った。「私はビジネスを始める場所を探しにエルモアにやってきたんだ。この町では靴の商いはどんな感じかね？　私は靴屋を開こうと思っているのだが。うまくいく見込みはあるかね？」⓫「はい，靴の商いを始めるのは名案でございます。この土地には靴屋がございませんので。洋服屋や薬屋が靴を売っております」と従業員が言った。彼はジミーの衣服や礼儀作法に感銘を受けていた。「靴の商いはエルモアでは本当にけっこうでございますよ。当地でそれをしていただけるよう願っております。ボーイを呼んでスーツケースを運ばせましょうか？」⓬「いや，それには及ばないよ。自分で上に運ぶから。それは重いんだ」

問１＜語句解釈＞下線部は「太陽のもとへと歩き出した」という意味だが，ジミーが刑務所から出所する場面であることを考えると，刑務所に閉じ込められていたジミーが，明るく自由な一般の社会に戻ることを比喩的に表した部分だとわかる。

問２＜適語句選択＞この後，ジミーが料理やお酒を楽しんでいることから，ジミーはレストランに行ったのだとわかる。

問３＜適文選択＞久々に再会した旧友のジミーに対して，マイクは Fine.「元気さ」と答えていることから Are you all right？「大丈夫かい？」と尋ねたと判断できる。

問４＜語句解釈＞下線部は，直訳すると「彼は何者だったのか」という意味。この部分は，ジミーが若い女性と目が合って自分のこれまでの経歴を忘れ，別人のようになったということを表している。

問５＜語句解釈＞ホテルの従業員は，立派な紳士に見えるジミーがこの町で靴の商売に適した土地を探していると聞いて，この場所でそれをするように勧めている。よって「それをすること」とは，靴の商売をすることを指す。

問６＜適所選択＞補う文は「私は靴屋を開きたいと考えてきた」という意味なので，靴の商売について述べた部分に入る。空所Dの前後でジミーは，靴の商売をするための場所を探すためにこの土地に来たと語り，ここがそれに適した場所かと尋ねている。

問７＜要旨把握＞第２段落第５文で①「駅」に，第２段落最終文で②「喫茶店」に，第９段落最終文で③「ホテル」を訪れたが，④「靴屋」はこれからジミーが開こうとしているもので，訪れてはいない。

問８＜内容真偽＞①「刑務所長はジミーに，列車のチケットと葉巻を買うためのお金を与えた」…×　第１段落第２，３文参照。　②「マイクは自分の喫茶店でジミーから自分のスーツケースを受け取った」…×　このような記述はない。　③「ジミーが彼女の目をのぞき込んだとき，ポリーの顔は少し赤くなった」…×　第７～９段落参照。ジミーが目をのぞき込んだ女性は，ポリーではなくアナベル・アダムスである。　④「ジミーは銀行の階段にいた少年に，若い女性について尋ねた」…○　第８段落に一致する。

2021年度／東亜学園高等学校

数学解答

A ④　B ④　C ③　D ③
E ②　F ②　G ②　H ①
I ①
J (1) ③　(2) ⑤　(3) ④
K (1) ⑤　(2) ④
L (1) ⑤　(2) ②　(3) ⑤
M (1) ①　(2) ①　(3) ③

A〔数と式—数の計算〕

与式 $=\frac{81}{81}-\frac{27}{81}+\frac{9}{81}-\frac{3}{81}+\frac{1}{81}=\frac{61}{81}$

B〔数と式—整数の性質〕

$12=2^2\times3$，$75=3\times5^2$ より，共通の素因数は3が1個のみなので，12と75の最大公約数 a は，$a=3$ である。また，12と75の公倍数は，2^2 の倍数で，3の倍数で，5^2 の倍数でなくてはならないから，最小公倍数 b は，$b=2^2\times3\times5^2=300$ である。よって，$ab=3\times300=900$ となる。

C〔数と式—式の計算〕

与式 $=\frac{(x+1)^2}{(\sqrt{2})^2}-\frac{(x-1)^2}{2}=\frac{x^2+2x+1}{2}-\frac{x^2-2x+1}{2}=\frac{x^2+2x+1-(x^2-2x+1)}{2}$
$=\frac{x^2+2x+1-x^2+2x-1}{2}=\frac{4x}{2}=2x$

D〔方程式—二次方程式の応用〕

二次方程式 $x^2-2ax-(a-2)(a+8)=0$ の解の1つが $x=3a-2$ だから，解を方程式に代入して，$(3a-2)^2-2a(3a-2)-(a-2)(a+8)=0$ が成り立つ。これを解くと，$9a^2-12a+4-6a^2+4a-(a^2+6a-16)=0$，$9a^2-12a+4-6a^2+4a-a^2-6a+16=0$，$2a^2-14a+20=0$，$a^2-7a+10=0$，$(a-2)(a-5)=0$ より，$a=2$，5 となる。

E〔方程式—一次方程式の応用〕

2けたの自然数 X の十の位の数を a，一の位の数を b とおくと，$X=10a+b$ と表せる。X の十の位の数と一の位の数を入れかえてできる数は，十の位の数が b，一の位の数が a だから，$10b+a$ と表せ，これが X より36大きくなることから，$10b+a=10a+b+36$ が成り立つ。これより，$9b-9a=36$，$b-a=4$ となる。a，b は1以上の1けたの自然数だから，a，b の値の組は，$(a, b)=(1, 5)$，$(2, 6)$，$(3, 7)$，$(4, 8)$，$(5, 9)$ が考えられる。このとき，$X=15$，26，37，48，59であり，X は3でわり切れるから，$X=15$，48の2個ある。

F〔方程式—一次方程式の応用〕

ボールペンの本数を x 本とすると，鉛筆と合わせて25本だから，鉛筆の本数は $25-x$ 本となる。ボールペンは1本150円，鉛筆は1本75円で，代金は2400円になったので，$150x+75(25-x)=2400$ が成り立つ。これを解くと，$2x+(25-x)=32$，$2x+25-x=32$　$\therefore x=7$　よって，ボールペンの本数は7本である。

G〔場合の数〕

青，黄，赤の3色全てを使った配色で，一般的な配色の(左，真ん中，右)＝(青，黄，赤)とは異なる配色は，(青，赤，黄)，(黄，青，赤)，(黄，赤，青)，(赤，青，黄)，(赤，黄，青)の5通りある。

H〔関数—一次関数—交点の座標〕

2直線 $y=3x+4$，$y=-\frac{3}{2}x-\frac{1}{2}$ の交点の座標を求めるには，この2式を連立方程式として解けばよい。$3x+4=-\frac{3}{2}x-\frac{1}{2}$ より，$6x+8=-3x-1$，$9x=-9$，$x=-1$ となり，$y=3\times(-1)+4$，$y=1$

となるから，求める交点の座標は$(-1,\ 1)$である。

I 〔関数—関数 $y=ax^2$—y の変域〕

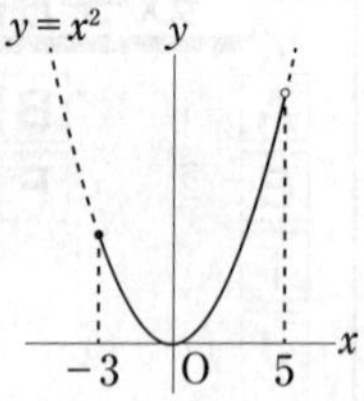

関数 $y=x^2$ のグラフは，右図のように，上に開いた放物線である。y 軸について対称だから，x の変域が $-3\leqq x<5$ において，$x=0$ のとき y の値は最小で $y=0$ となる。また，$x=5$ とすると，$y=5^2=25$ となり，y の値は25より小さい値をとる。よって，求める y の変域は，$0\leqq y<25$ である。

J 〔関数—関数 $y=ax^2$ と直線〕

≪基本方針の決定≫(3)　AB∥PC である。

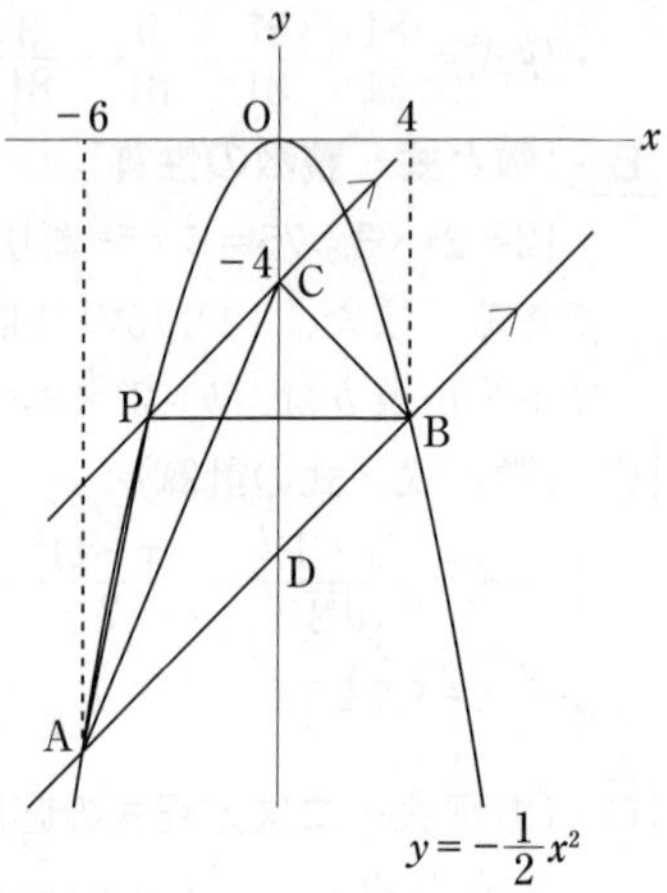

(1)**＜直線の式＞**右図で，2点A，Bは関数 $y=-\frac{1}{2}x^2$ のグラフ上にあり，x 座標がそれぞれ-6，4だから，$y=-\frac{1}{2}\times(-6)^2=-18$，$y=-\frac{1}{2}\times4^2=-8$ より，$\mathrm{A}(-6,\ -18)$，$\mathrm{B}(4,\ -8)$ である。この2点の座標より，直線ABの傾きは $\frac{-8-(-18)}{4-(-6)}=\frac{10}{10}=1$ となるので，直線ABの式は $y=x+b$ とおける。点Bを通るから，$-8=4+b$ より，$b=-12$ となり，直線ABの式は $y=x-12$ である。

(2)**＜面積＞**右図で，直線ABと y 軸との交点をDとすると，△ABC＝△ADC＋△BDC である。(1)より，直線ABの切片が-12だから，$\mathrm{D}(0,\ -12)$であり，$\mathrm{C}(0,\ -4)$だから，$\mathrm{CD}=-4-(-12)=8$ となる。CDを底辺と見ると，2点A，Bの x 座標がそれぞれ-6，4だから，△ADCの高さは6，△BDCの高さは4となる。よって，△ADC$=\frac{1}{2}\times8\times6=24$，△BDC$=\frac{1}{2}\times8\times4=16$ より，△ABC$=24+16=40$ である。

(3)**＜点の座標—等積変形＞**右上図で，△ABC＝△ABP であるとき，AB∥PC である。(1)より直線ABの傾きは1だから，直線PCの傾きも1であり，$\mathrm{C}(0,\ -4)$であるから，直線PCの式は $y=x-4$ となる。よって，点Pは関数 $y=-\frac{1}{2}x^2$ のグラフと直線 $y=x-4$ との交点となる。この2式より，$-\frac{1}{2}x^2=x-4$，$-x^2=2x-8$，$x^2+2x-8=0$，$(x+4)(x-2)=0$ となり，$x=-4,\ 2$ となる。$-6\leqq x\leqq0$ だから，点Pの x 座標は-4である。

K 〔資料の活用，確率〕

(1)**＜正誤問題＞**①…正。21人の生徒の資料1のボールの入った回数の合計は $1\times6+7+8=21$(回)なので，平均値は $21\div21=1$(回)である。　②…正。0回の度数が13人で最大である。　③…正。21人だから，中央値は，小さい方から11番目の回数となる。11番目は0回だから，中央値は0回となる。　④…正。③より，中央値は0回なので，1回の人は上位50％より上である。　⑤…誤。21人のうち，ボールの入った回数が4回以上の人は2人である。その割合は $\frac{2}{21}\times100=9.5\cdots$(％)である。

(2)**＜確率＞**6人の生徒から2人選ぶときの選び方，(A，B)，(A，C)，(A，D)，(A，E)，(A，F)，(B，C)，(B，D)，(B，E)，(B，F)，(C，D)，(C，E)，(C，F)，(D，E)，(D，F)，(E，F)の15通りある。このうち，選んだ2人とも記録が0回であるのは，資料2より，A君，D君，E君，F君の4人から2人選ぶときであるから，(A，D)，(A，E)，(A，F)，(D，E)，(D，F)，(E，F)の

6通りある。よって，求める確率は $\frac{6}{15}=\frac{2}{5}$ である。

L 〔平面図形—円，四角形〕

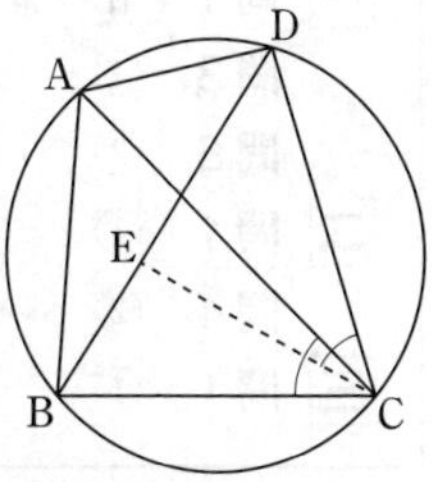

⑴＜**論証**＞右図で，$\triangle ABC \backsim \triangle DEC$ より，対応する辺の比は等しいから，$AB:DE=AC:DC$ となる。これより，①は，$AB\times DC=AC\times DE$ となる。

⑵＜**論証**＞右図で，$AB\times DC=AC\times DE$……①，$AD\times BC=AC\times BE$……②だから，①＋②より，$AB\times DC+AD\times BC=AC\times DE+AC\times BE$ となる。$AC\times DE+AC\times BE=AC\times(DE+BE)=AC\times BD$ だから，$AB\times DC+AD\times BC=AC\times BD$ となる。

⑶＜**長さ—トレミーの定理**＞右上図で，⑵より，$AB\times DC+AD\times BC=AC\times BD$ だから，$AB=2$，$BC=3$，$CD=1$，$DA=2$，$AC=\sqrt{7}$ のとき，$2\times1+2\times3=\sqrt{7}\times BD$ が成り立つ。これを解くと，$\sqrt{7}BD=8$，$BD=\frac{8\sqrt{7}}{7}$ となる。

M 〔平面図形—円，三角形〕

≪基本方針の決定≫⑴　△ABCの形状を考える。　⑵　△ABDと△AEBの関係を利用する。
⑶　△ACEと△BDEの関係を利用する。

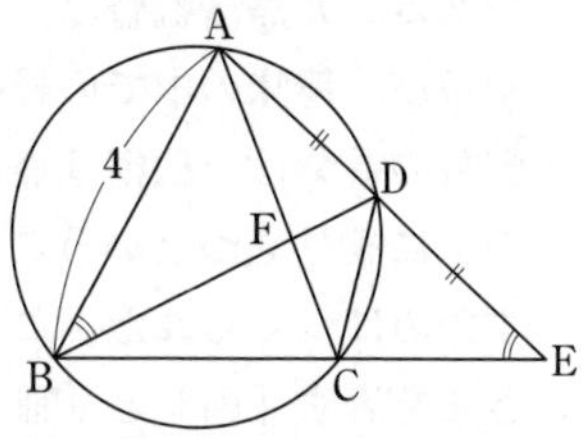

⑴＜**長さ**＞右図で，$\angle ABC=\angle ABD+\angle CBD$ である。また，△ACEで内角と外角の関係より，$\angle ACB=\angle AEB+\angle CAD$ である。$\angle ABD=\angle AEB$ であり，$\overset{\frown}{CD}$ に対する円周角より，$\angle CBD=\angle CAD$ だから，$\angle ABC=\angle ACB$ となる。よって，△ABCは二等辺三角形だから，$AC=AB=4$ である。

⑵＜**長さ—相似**＞右図の△ABDと△AEBにおいて，$\angle ABD=\angle AEB$，$\angle BAD=\angle EAB$ だから，$\triangle ABD \backsim \triangle AEB$ となり，$AD:AB=AB:AE$ となる。$AD=x$ とおくと，$AE=2AD=2x$ だから，$x:4=4:2x$ が成り立つ。これより，$x\times2x=4\times4$，$x^2=8$，$x=\pm2\sqrt{2}$ となる。$x>0$ より，$x=2\sqrt{2}$ だから，$AD=2\sqrt{2}$ である。

⑶＜**長さの積—相似**＞右上図の△ACEと△BDEにおいて，$\overset{\frown}{CD}$ に対する円周角より，$\angle CAE=\angle DBE$ であり，$\angle AEC=\angle BED$ だから，$\triangle ACE \backsim \triangle BDE$ となる。これより，$EC:ED=EA:EB$ だから，$EC\times EB=ED\times EA$ である。⑵より，$ED=AD=2\sqrt{2}$，$EA=2AD=2\times2\sqrt{2}=4\sqrt{2}$ だから，$EC\times EB=2\sqrt{2}\times4\sqrt{2}=16$ となる。

国語解答

一 問1 a…② b…⑤ 問2 ③
問3 ① 問4 ④ 問5 ⑤
問6 ③ 問7 ① 問8 ④

二 問1 ① 問2 ⑤ 問3 ②
問4 ② 問5 ③

三 問1 ① 問2 ④ 問3 ③
問4 ④ 問5 ⑤ 問6 ②

四 問1 ② 問2 ④ 問3 ①
問4 ③ 問5 ④

五 問1 ③ 問2 ④ 問3 ②
問4 ⑤ 問5 ③

一〔論説文の読解―芸術・文学・言語学的分野―芸術／言語〕出典；【文章Ａ】佐々木健一『「面白い」のつくりかた』，【文章Ｂ】阿辻哲次『日本人のための漢字入門』。

≪本文の概要≫【文章Ａ】さまざまな業界でクリエイティブな発想や仕事が求められる時代になったが，クリエイティブな仕事とは，どういうものだろうか。映画監督の黒澤明は，「創造とは，〝記憶〟である」と言っている。つまり，アイデアとは，既存の要素の新しい組み合わせであり，さまざまな経験を積み，先人の仕事を知り，学ぶという蓄積がなければ，クリエイティブな仕事も始まらないのである。大島渚監督は，映画作りに大切なものは「贅沢さ」だと言っているが，言い換えれば，余裕や遊び，趣味の中での経験や学びが，クリエイティブな仕事につながるということであろう。二人の監督の言葉は，独創性豊かなものは，ある日突然生み出されるものではなく，先人たちの仕事の蓄積の上に成り立つということを示している。／【文章Ｂ】「温」という漢字は，中国の温水という川を表すためにつくられた。この「温」の旧字体の右側は，加熱された容器の中に湯気がいきわたっているさまを表す「囚」と「皿」の組み合わせで，冷めてしまった食品を温め直すという意味になる。この意味が拡張されて，本来は川の名前だった「温」が，やがて，「あたためる」という意味で使われるようになった。冷めた料理を決められた手順に従って温めれば，再びおいしく食べられるが，同様に，以前に学んで身につけた基礎を思い出し，それを一定の手順に従っておさらいしてより一層の努力を重ねることで，さらに高い境地に至ることができる。それが，学問や芸術での「温習」であった。

問１＜漢字＞ａ．「鑑賞」と書く。①は「刊行」，②は「鑑定」，③は「歓迎」，④は「関心」，⑤は「感染」。　ｂ．「精進」と書く。①は「希少」，②は「相性」，③は「昇進」，④は「対照」，⑤は「精舎」。

問２＜接続語＞Ａ．クリエイティブなことは，「新しいもの」というイメージがあるが，黒澤明は，どちらかといえば「過去のもの」から生まれてくると断言している。　Ｂ．言うまでもなく，若い感性は大切であるが，古いものを知らなければ，斬新なものも生まれない。　Ｃ．映画や演劇，絵画，音楽などを鑑賞することは「趣味」であり，「仕事」とは思われないかもしれないが，「そうした中での経験や学びこそがクリエイティブな仕事につながる」のである。

問３＜文章内容＞創造とは，何もないところから何かが生まれてくるのではなく，過去のものを記憶すること，つまり，「様々な経験を積み，先人の仕事を知り，学ぶという蓄積」の中から生まれてくるのである。

問４＜文章内容＞クリエイティブな仕事の「アイデアとは既存の要素の新しい組み合わせ」であるが，経験や学びによって得られるアイデアのもととなる材料が少なければ，斬新なアイデアとしての思いがけない新しい組み合わせを生み出すことはできない。

問５＜文章内容＞「創造とは〝記憶〟である」という黒澤明の言葉は，経験や学びがクリエイティブな仕事につながるという意見であり，筆者が提起しているクリエイティブな仕事とはどういうものかという問題の一つの答えとして用いられている(③・④…×，⑤…○)。映画をつくるには，ていねいな仕事やよきものを知る「贅沢さ」が必要であるという大島渚の言葉も，黒澤明の言葉と同様の意見であり，筆者が提起しているクリエイティブな仕事とはどういうものかという問題の一つの答えである(①・②…×)。

問6＜四字熟語＞ a．「温故知新」は，昔のことをよく学び，そこから新しい考え方や知識を得ること(…○)。 b．「異口同音」は，多くの人が口をそろえて同じことを言うこと。 c．「三寒四温」は，冬，三日ほど寒い日が続いた後に四日ほど暖かい日が続き，これを交互に繰り返す現象のこと(…○)。 d．「平穏無事」は，世の中に変わったことも起こらず，日々の生活が穏やかなこと。 e．「温厚篤実」は，人柄が穏やかで，人情に厚く誠実なこと(…○)。 f．「音信不通」は，便りや連絡がなく，消息が全くわからないこと。

問7＜文章内容＞学問や芸術での「温習」とは，以前に学んで身につけた基礎を思い出し，それを一定の手順に従っておさらいし，努力してさらに高い境地を目指すことである。

問8＜要旨＞【文章B】では，「習」の字は，お手本のまねをして技術を上達させることを意味すると述べられている。**【文章A】**では，新しいものは，「経験や学びという蓄積」から生まれてくると述べられているが，黒澤明は，その学びの一つとして純文学を挙げている。

二〔漢字〕

問1．「望郷」と書く。②は「上京」，③は「辺境」，④は「胸中」，⑤は「共感」。 **問2**．「無形」と書く。①は「系列」，②は「典型」，③は「背景」，④は「後継」。 **問3**．「諸国」と書く。①は「由緒」，③は「要所」，④は「善処」，⑤は「暑中」。 **問4**．「言外」と書く。①は「制限」，③は「尊厳」，④は「一元」，⑤は「原野」。 **問5**．「相思相愛」と書く。①は「送迎」，②は「同窓」，④は「早朝」，⑤は「回想」。

三〔**論説文の読解―自然科学的分野―人類**〕出典；茂木健一郎『クオリアと人工意識』。

問1＜語句＞①「システム」は，体系のこと(…○)。 ②「メディア」は，媒体，特に，新聞・雑誌・テレビなどの，伝達の媒介となる手段のこと。 ③「シグナル」は，合図・信号のこと。 ④「パラドックス」は，逆説のこと。 ⑤「カテゴリー」は，同じ種類のものが所属する部類・部門のこと。

問2＜文学史＞①村上春樹は，昭和時代から現在に至るまで活躍している作家。作品には『海辺のカフカ』『1Q84』などがある。 ②志賀直哉は，大正時代から昭和時代にかけて活躍した作家。作品には『城の崎にて』『暗夜行路』などがある。 ③太宰治は，昭和時代に活躍した作家。作品には『斜陽』『人間失格』などがある。 ④森鷗外は，明治時代から大正時代にかけて活躍した作家，軍医。軍医としてドイツに留学した。作品には『舞姫』『雁』などがある(…○)。 ⑤夏目漱石は，明治時代から大正時代にかけて活躍した作家。作品には『吾輩は猫である』『こころ』などがある。

問3＜ことわざ＞「朱に交われば赤くなる」は，朱色が入り混じれば赤味を帯びるように，人はつき合う人の良し悪しによって善悪どちらにも感化されるものだ，という意味。

問4＜品詞＞「いわゆる」は，世間でいわれている，というさまを表す連体詞。

問5＜四字熟語＞「私利私欲」は，自分の利益を第一に考え，それを満たそうとする気持ちのこと。

問6＜文章内容＞意識は，ある認識の要素が，ユニークな同一性を持つというメカニズムの「立ち上げ」と，その「保証」に関わっている。

四〔国語の知識〕

問1＜漢字の知識＞「正当」の「当」は，正しいこと。「当人」の「当」は，まさにその，という意味。「配当」の「当」は，割り当てること。「当直」の「当」は，引き受けること。

問2＜熟語の構成＞「幼稚」と「抑圧」は，似た意味の漢字を重ねた熟語。「粘土」は，上の字が下の字を修飾している熟語。「得失」は，反対の意味の字を重ねた熟語。「免税」は，下の字が上の字の目的語になっている熟語。「非礼」は，上の字が下の字の意味を打ち消している熟語。

問３＜漢字＞「定石」は「ジョウセキ」，「定刻」は「テイコク」，「想定」は「ソウテイ」，「規定」は「キテイ」，「定点」は「テイテン」と読む。

問４＜四字熟語＞「責任転嫁」は，責任を，他の人になすりつけること。

問５＜文章の構成＞平安時代の貴族たちは転勤族であるが，転勤があるといっても，「有力な家の息子たちは，都を出ることなく」出世していく(…(Ⅴ))。その一方，「中流貴族の場合は，地方勤務を重ねながら，徐々に這い上がっていくしか」ない(…(Ⅲ))。こうした「地方の国守となって赴任する人たちのことを，受領と」いった(…(Ⅱ))。受領になるのでも，「都の周辺地域へは，比較的有力者たちが」赴任する(…(Ⅳ))。そして，都から「遠くであればあるほど，条件の悪い話」だった(…(Ⅰ))。

五〔古文の読解―説話〕出典；『十訓抄』第四ノ序。

≪現代語訳≫ある人が言うには，人はよく考えもせず，言うべきでないことを口軽くしゃべったり，人の短所を悪く言ったり，人の行ったことを非難したり，人の隠していたいことを公然と言ったり，人にとって恥ずかしいことを問いただしたりする。これらは全て，あってはならないことである。自分では何となく言って，気にもしていなくても，言われた人は，深く悩んで，怒りが激しくなってくると，予想外に，恥辱を受けたり，我が身が終わるほどの重大事にもなってしまうこともある。笑みの中の剣は，そうでなくてさえ恐ろしいものなのである。よく知らないことを悪く非難すれば，かえって我が身の愚かさが現れるものである。／大体において，口の軽い者になると，「誰それに，そのことは聞かせるな。あの者に見せるな」などと言って，人には隔ての心を置かれ，距離を置かれるのは，残念であるに違いない。また，人の包み隠していることが，自然と漏れ聞こえてきた場合にも，「あの人が関わっているに違いない」などと疑われるのは，世間に対する名誉も損なわれる。／それゆえ，あれこれ人の身の上について言うことは慎むべきである。多くしゃべるのはやめるべきである。

問１＜歴史的仮名遣い＞歴史的仮名遣いの「ぢ」「づ」は，現代仮名遣いでは原則として「じ」「ず」となる(①…○)。語頭以外のハ行は，現代仮名遣いでは原則として「わいうえお」となる(②…○，③…×)。「を」は，現代仮名遣いでは助詞を除いて「お」となる(④…○)。助動詞の「む」は，現代仮名遣いでは「ん」となる(⑤…○)。

問２＜古典文法＞「隠すことを」の「隠す」は，名詞「こと」を含む文節を修飾しているので，連体形である。

問３＜古文の内容理解＞非難された人は，笑みの中の剣，つまり，うわべでは笑っていても内心では悪意に満ちていることがあるので，あれこれと他人のことをしゃべるのは，恐ろしい結果を招きかねないのである(②…×)。

問４＜古文の内容理解＞①「人の噂も七十五日」は，世間のうわさは長くは続かず，しばらくすれば消えてしまう，という意味。　②「目は口ほどにものを言う」は，何も言わなくても目つきは，口で言うのと同じ程度に気持ちを相手に伝える，という意味。　③「火のないところに煙は立たぬ」は，うわさが立つのは，何かしら原因があるからだ，という意味。　④「論より証拠」は，議論をするより証拠を示した方がはっきりする，という意味。　⑤「口は禍の門」は，何気ない言葉が災難を招くこともあるので，話すことには十分に注意しなくてはならない，という意味(…○)。

問５＜文学史＞①『万葉集』は，奈良時代後半に成立した現存する我が国最古の歌集。　②『枕草子』は，平安時代中期に成立した清少納言の随筆。　③『今昔物語集』は，平安時代末期に成立した説話(…○)。　④『平家物語』は，鎌倉時代前期に成立した軍記物語。　⑤『おくのほそ道』は，江戸時代初期に成立した松尾芭蕉の俳諧紀行文。

2021年度　東亜学園高等学校(推薦)

【作文問題】　(50分)

次の【テーマⅠ】【テーマⅡ】の文を読んでどちらかを選び、①～④の問いかけに答える形で４段落構成の文章を書いてください。

・文字数は500字以上600字以内で、横書きです。

・常用漢字を適切に使用し、誤字・脱字のないようにしてください。

・段落の書き初めには①～④の数字を記してください。１マス空ける必要はありません。

・段落の変わるところでは改行してください。

・作文用紙の使い方は、これまで学習してきたルールに従ってください。

【テーマⅠ　夢や目標を実現する力】

人生では、夢や目標の実現のために、最後までやり遂げようとする強い意志と力が求められることがあります。

① 今までの人生で、夢や目標の実現のために、最後までやり遂げようと努力した経験を書いてください。

② ①の内容について、うまくいきましたか？　うまくいった、またはうまくいかなかった理由・原因を書いてください。

③ 高校３年間で、あきらめずに最後までやり遂げたいと思っている夢や目標は何ですか。

④ その実現のためには、具体的には何をしなければなりませんか。また最後まであきらめずにやり遂げるには何が必要だと思いますか。

【テーマⅡ　コロナ感染予防のための自粛で考えたこと・気づいたこと】

昨年は世界的にコロナウイルスが流行し、日本でも社会全体に大きな影響があり、学校では登校できない自粛期間がしばらく続きました。

① 自粛期間中、様々な行動が制限される中で、あなたが前向きに取り組んだことは何ですか。

② この期間中、あなたが興味を持ったニュース・話題は何ですか。

③ この期間中の前と後では、自分の身の回りや社会がどのように変化しましたか。

④ ①から③をふまえて、あなたが考えたこと、気づいたことを書いてください。

2020年度 東亜学園高等学校

【英　語】（40分）〈満点：100点〉

1

次の各組の中で，下線部の発音が他と異なるものをそれぞれ①～④のうちから1つずつ選びなさい。

1	問1	① hole	② cold	③ throw	④ bought
2	問2	① months	② news	③ knives	④ bells
3	問3	① country	② cover	③ fun	④ map
4	問4	① radio	② ready	③ lady	④ great
5	問5	① fight	② climb	③ driven	④ sign

2

次の英文の（　　）に入る最も適当なものをそれぞれ①～④のうちから1つずつ選びなさい。

6 問1 （　　）of these languages are useful in the business.

① Both　② Each　③ One　④ Every

7 問2 We（　　）have a meeting to talk about the problem yesterday.

① should　② had to　③ must　④ ought to

8 問3 Tell me（　　）I can get to the station.

① where　② how　③ what　④ which

9 問4 He has been ill（　　）last Sunday.

① from　② for　③ since　④ during

10 問5 He was（　　）runner of all.

① faster　② the faster　③ fastest　④ the fastest

3

次の各組の英文がほぼ同じ意味になるように，（　　）に入る最も適当なものをそれぞれ①～④のうちから1つずつ選びなさい。

11 問1

What do you call this flower?
What（　　）?

① does this flower call　② this flower is called

③ is this flower called　④ is this flower calling

12 問2

He plays tennis well.
He is a（　　）tennis（　　）.

① good / player　② well / player

③ playing / well　④ good / playing

13 問3
It rains a lot here in our city.
(　　) have (　　) rain in our city.

① They / many　② Here / much　③ We / many　④ We / much

14 問4
What is your opinion of the new class?
(　　) do you (　　) of the new class?

① How / think　② How / feel
③ What / think　④ What / feel

15 問5
Keiko made these cakes.
These are (　　) by Keiko.

① made cakes　② cakes made　③ making cakes　④ cakes to make

4

日本文に合うように（　　）内の語句を正しく並べかえ，（　　）内で３番目と５番目にくる組み合わせをそれぞれ①～④のうちから１つずつ選びなさい。ただし，文頭にくる語も小文字にしてある。

16 問1 その動物たちの写真を見て，ぼくは悲しくなった。
(the animals / sad / the pictures / me / of / made).

① the animals / me　② the pictures / me
③ the animals / sad　④ me / of

17 問2 何か温かい飲み物を持ってきてくれませんか。
Will you (hot / to / something / me / drink / bring) ?

① something / to　② hot / to
③ me / hot　④ something / drink

18 問3 英語を勉強するときに，私はあなたに覚えていてほしいことがひとつあります。
There is (remember / want / one thing / you / to / I) when you study English.

① want / remember　② I / to
③ remember / want　④ want / to

19 問4 東京ほど人口過密な都市はないと思う。
I think (no / crowded / is / other / more / city) than Tokyo.

① is / more　② city / more
③ is / crowded　④ city / crowded

20 問5 私は名古屋にいる娘からの手紙を読むのを楽しみにしています。
I'm (from / the letter / to / forward / reading / looking) my daughter in Nagoya.

① reading / forward　　② looking / from
③ to / the letter　　④ to / looking

5　次の A, B の問いに答えなさい。

A　次の問１～６の会話文中の（　　）に入る最も適当なものを，それぞれ①～④のうちから１つずつ選びなさい。

21　問１　A : What did you come to Japan for?
B : (　　)
A : Okay, enjoy!

① From Korea.
② With my friends.
③ For sightseeing.
④ By airplane.

22　問２　A : Hello, this is Keiko. May I speak to Mr. Smith?
B : I'm sorry, he's just left.
A : (　　)
B : She is here. Just a minute please.

① How about Mrs. Smith?
② I'll call you later.
③ Let me see.
④ Where is he?

23　問３　A : Hi, how can I help you, sir?
B : (　　)
A : Okay, what is your size?
B : Sorry, I don't remember. Could you measure my foot?
A : Sure.

① I would like this bag.
② I'm looking for running shoes.
③ Do you have black T-shirts here?
④ I'd like to buy this cake for my mother.

24 問4 A : You know my George, don't you?

B : George?

A : Haven't I introduced him to you yet?

B : (　　)

A: Okay, I'll do tonight.

① Yes, I have.
② Yes, he has.
③ No, thank you.
④ No, you haven't.

25 問5 A : Hey, do you want to play basketball after class?

B : Yes, sure.

A : How many classes do you have today?

B : (　　)

① I have just finished.
② It is English Communication.
③ For fifty minutes.
④ On the third floor.

26 問6 A : Is it too cold in this room?

B : Yes, it is a little bit cold.

A : Would you mind turning on the heater?

B : (　　)

A : Thank you.

① I would like to stay in this room.
② Of course not.
③ Yes, I do.
④ No, it is too hot.

B　次の会話文中の（　　）に入る最も適当なものを，それぞれ①～④のうちから１つずつ選びなさい。

A : Excuse me.（ 1 ）

B : Yes. What is it?

A : I've come here to see *the Silver Pavilion but I cannot find it. Do you know where it is?

B :（ 2 ）

A : Really? Is that it?

B : Yes. That is the Silver Pavilion.

A : Oh,（ 3 ）

B : No, it doesn't look silver.

A : Then, why is its name the "Silver" Pavilion?

B : I don't know, sorry.

A : It's fine. So, doesn't *the Golden Pavilion look golden, either?

B :（ 4 ）It is covered in *gold leaf.

A : Oh, okay. I will go there next.

B : You should. Have fun!

A : Thank you. Bye!

（注）the Silver Pavilion : 銀閣（寺） the Golden Pavilion : 金閣（寺） gold leaf : 金箔《きんぱく》

27 問1 （ 1 ）

① Can I help you?
② Can I ask you a question?
③ Can you tell me how to get to Kyoto station?
④ Can you teach me English?

28 問2 （ 2 ）

① I have been there once.
② No, I don't.
③ It is too far to walk.
④ Right over there.

29 問3 （ 3 ）

① okay.
② I thought it looks silver.
③ have you ever seen it?
④ what color is that?

30 問4 （ 4 ）

① Yes, it does.
② Yes, it doesn't.
③ No, it does.
④ No, it doesn't.

6　次の英文を読み，下記の設問ＡとＢに答えなさい。

Since I came to Japan, I have learned that Japan has different cultures. One of them is ㋐ about colors. [1] I arrived in Japan, I heard a Japanese friend talk about a blue *traffic signal. Were traffic lights in Japan red, green, and yellow, like in the U.S.? I walked down the street to the nearest *intersection to make sure. Yes, traffic lights were surely red, green, and yellow. ［　A　］ But in the following days I heard other "blue" words — *aoba*, *aodake*, *aomushi*, and *aoyasai* and *aonori*. Oh, how terrible to think about eating *aoyasai and aonori!* Humans (　㋑　) blue food!

[2] I heard the word *seishun* and asked my friend what it meant. "It means when you are young," she explained. She wrote the word out. "This is the kanji for blue and this is the kanji for spring." And I understood — I thought *seishun* meant the *depression often felt by young people, right? The "spring" part is (　㋒　) to understand: it's the season when everything is young. And if you're blue, you're *depressed. What an easy expression to understand! Umm … no? ［　B　］ I realized that this was another case of ㋓ blue stepping in for green. In English "green" shows something young, but not blue. At least I thought so until I came to Japan. Hmm… so maybe this meaning of blue as "young" has some *connection to those "blue boys" (*seinen*).

Blue wasn't the only color that *confused me. Soon after hearing about "blue spring" I heard about a ㋔ "*makka na uso*". Let's see, in English red can show anger or *passion or *embarrassment. So perhaps *makka na uso* means a completely angry, *passionate, or *embarrassing lie. ［　C　］ Umm … no, again, I learned it meant a total lie. If I have to choose a color for it, I will select black.

[3] OK, once you know that red means "complete" in Japanese, it's not hard to ㋕ figure out other "red" words like *akahadaka* and *akahaji* (I originally thought both of these were red just because they were embarrassing). ［　D　］ But it took me a while to understand this "red" thing. (Maybe I'm *aka-baka*?) So when I heard "red other person" (*aka no tanin*), I didn't realize it meant a complete stranger. First I thought it was a way of grouping people — I knew one *kindergarten called the different groups of children by names of fruit or flowers. So maybe there were *aka no tanin, ao no tanin, ki-iro no tanin* and so on. If the other person is "red", then what color am I?

〈*Takes and Mistakes* by Kate Elwood〉

（注）　traffic signal 信号　intersection 交差点　depression 憂うつ
depressed 落ち込んでいる　connection 関連　confuse 困惑させる
passion 情熱　embarrassment 恥ずかしい思い
passionate 情熱的な　embarrassing 当惑するような　kindergarten 幼稚園

A　次の各問い（問１～６）に答えなさい。

31　問１　㋐の内容として最も適当なものを①～④のうちから１つ選びなさい。

① 日本とアメリカでは信号の色が違う。
② 日本では青い色の食べ物が多い。
③ 日本人は青い色の食べ物を好む。
④ 日本では緑色のことを青と呼ぶ場合がある。

32　問２　㋑に入る最も適当なものを①～④のうちから１つ選びなさい。

① wanted to eat　② wouldn't eat
③ should eat　④ have never eaten

33　問３　㋒に入る最も適当なものを①～④のうちから１つ選びなさい。

① easy　② difficult　③ fast　④ able

34　問４　㋓の表す内容として最も適当なものを①～④のうちから１つ選びなさい。

① 緑の代わりをする青　② 青を表す緑
③ 緑と間違えられた青　④ 青と混じった緑

35　問５　㋔の意味に対してアメリカ人の筆者が思い浮かべる色を①～④のうちから１つ選びなさい。

① green　② blue　③ red　④ black

36　問６　㋕とほぼ同じ意味を表す語として最も適当なものを①～④のうちから１つ選びなさい。

① understand　② remember　③ make　④ take

B　次の各問い（問１～４）に答えなさい。

37　問１　文脈に合うように［ 1 ］～［ 3 ］に入る最も適当な組み合わせを①～④のうちから１つ選びなさい。

	［ 1 ］	［ 2 ］	［ 3 ］
①	Soon after	But	Then
②	But	Then	Soon after
③	Then	Soon after	But
④	Soon after	Then	But

38　問２　次の英文が入る最も適当な箇所を①～④のうちから１つ選びなさい。

So didn't the Japanese friend know the color?

① A　② B　③ C　④ D

39 問３ アメリカ人の筆者の，“*seishun*”に対する最初の解釈として最も適当なものを①～④のうちから１つ選びなさい。

① 青と春の２文字で若々しさを表している。

② 青で若者特有の憂うつを，春で若々しさを表している。

③ 青と春の合成語で，青年とほぼ同じ意味を表している。

④ 若者が春先に気持ちが不安定になることを表している。

40 問４ 本文の内容と一致しないものを①～④のうちから１つ選びなさい。

① Traffic lights in Japan were red, green, and yellow, like in the U.S.

② The writer didn't think “blue” showed something young till she visited Japan.

③ The writer didn't think “*makka na uso*” meant a completely angry lie.

④ “Red” sometimes means “complete” or “total” in Japanese.

【数　学】(40分)〈満点：100点〉

次の[A]～[M]の問題について，正しい答えを①～⑤から選びなさい。

A　$x=100,\ y=\dfrac{1}{50}$ のとき，$(2x)^3\div12x^2y\times3y^2$ の値を求めなさい。　解答番号は[1]

①　4	②　8	③　400	④　$\dfrac{1}{4}$	⑤　$\dfrac{1}{400}$

B　1002^2-998^2 を計算しなさい。　解答番号は[2]

①　4	②　8	③　40	④　800	⑤　8000

C　$\sqrt{21}<n<\sqrt{133}$ を満たす自然数 n の個数を求めなさい。　解答番号は[3]

①　7	②　8	③　9	④　112	⑤　113

D　$x,\ y$ についての連立方程式 $\begin{cases}2ax-\dfrac{b}{3}y=-11\\0.5\,ax+4by=-15\end{cases}$ の解が，$(x,\ y)=(3,\ -1)$ であるとき，$4a^2+8ab+4b^2$ の値を求めなさい。　解答番号は[4]

①　1	②　4	③　25	④　100	⑤　112

E　ある週の月曜日と木曜日の日にちを表す数をかけたものが，その週の水曜日の日にちを表す数の13倍より2小さい。このとき，この週の水曜日の日にちを表す数を求めなさい。　解答番号は[5]

①　11	②　12	③　13	④　14	⑤　15

F 2020にできるだけ小さい自然数をかけて，ある整数の2乗となるようにしたい。この自然数を求めなさい。 解答番号は 6

① 2	② 4	③ 101	④ 505	⑤ 2020

G 青球，黄球，赤球，白球，黒球の5個の球を横一列に並べる。このとき，黄球の両隣りに青球と赤球がある並びは何通りあるかを求めなさい。 解答番号は 7

① 6通り	② 8通り	③ 10通り	④ 12通り	⑤ 16通り

H yはxに反比例し，$x=\frac{1}{2}$のとき$y=48$である。この反比例のグラフ上にx座標，y座標ともに正の整数である点は全部で何個あるかを求めなさい。 解答番号は 8

① 4個	② 6個	③ 8個	④ 10個	⑤ 12個

I 関数$y=ax^2$について，xの値が1から4まで増加するときの変化の割合が3であるとき，定数aの値を求めなさい。 解答番号は 9

① $\frac{1}{5}$	② $\frac{3}{5}$	③ 1	④ 3	⑤ 5

J　右の図のように，放物線 $y=x^2$ 上に 2 点 A，B がある。2 点 A，B の x 座標はそれぞれ -2，1 である。点 A から x 軸に垂線を引き，その交点を C，直線 AB と y 軸との交点を D とするとき，次の問いに答えなさい。

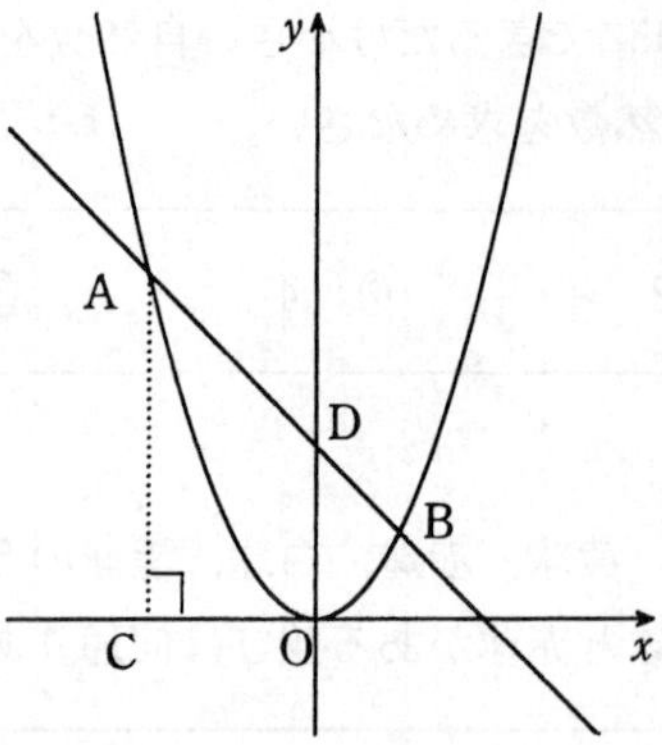

(1)　△OAB と △OEB の面積が等しくなるように，放物線 $y=x^2$ 上に点 E をとる。点 E の座標を求めなさい。　解答番号は 10

① $(2,4)$	② $(3,9)$	③ $(-1,1)$
④ $(-3,9)$	⑤ $\left(\frac{-1+\sqrt{17}}{2},\frac{9-\sqrt{17}}{2}\right)$	

(2)　点 B を通る直線が，台形 DACO の面積を 2 等分するとき，その直線の式を求めなさい。　解答番号は 11

① $y=-\frac{1}{2}x+\frac{3}{2}$	② $y=-\frac{1}{4}x+1$	③ $y=-\frac{1}{4}x+\frac{5}{4}$
④ $y=-\frac{1}{6}x+\frac{7}{6}$	⑤ $y=-\frac{5}{4}x+\frac{9}{4}$	

(3)　台形 DACO を直線 AB にそって，点 D が点 B に重なるまで移動させる。このとき，台形 DACO が通過してできた図形の面積を求めなさい。　解答番号は 12

① $\frac{17}{2}$	② $\frac{21}{2}$	③ 8	④ 9	⑤ 10

K 次の問いに答えなさい。

(1) 4枚の硬貨を同時に投げるとき，2枚は表で，2枚は裏となる確率に最も近い値を選びなさい。 解答番号は 13

① 0.3　② 0.4　③ 0.5　④ 0.6　⑤ 1.0

(2) 赤球と白球が合わせて720個入っている袋の中から，無作為に45個の球を取り出したところ，赤球が17個だった。この袋の中には，およそ何個の赤球が入っていると考えられるか，次の中から選びなさい。 解答番号は 14

① 170個　② 240個　③ 272個　④ 289個　⑤ 340個

L 右の図のように，正三角形ABCと正三角形CDEがある。辺ABの長さを4とし，辺BCの中点をDとするとき，次の問いに答えなさい。

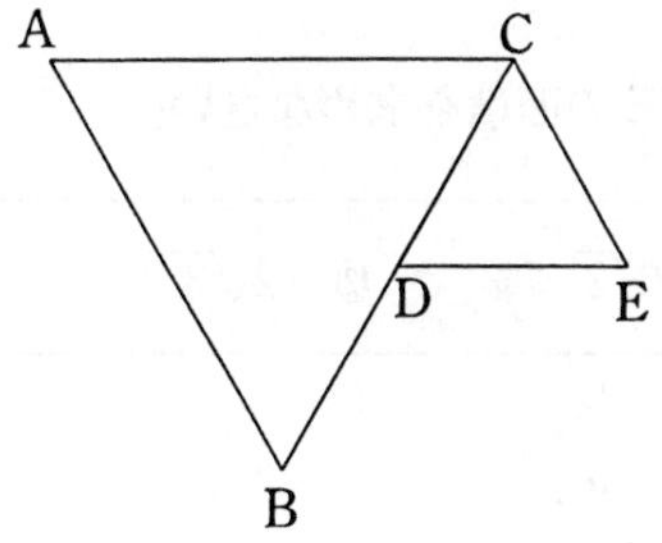

(1) BEの長さを求めなさい。 解答番号は 15

① 4　② $\sqrt{14}$　③ $3\sqrt{2}$　④ $2\sqrt{2}$　⑤ $2\sqrt{3}$

(2) AEの長さを求めなさい。 解答番号は 16

① 5　② $2\sqrt{5}$　③ $2\sqrt{6}$　④ $2\sqrt{7}$　⑤ $4\sqrt{2}$

(3) 直線ACを軸にし，2つの正三角形を1回転させてできる立体の体積を求めなさい。 解答番号は 17

① 16π　② 18π　③ 20π　④ 22π　⑤ 24π

M　右の図において，4点A，B，C，Dは円Oの周上の点である。線分BCの延長と線分ADの延長との交点をEとし，線分ACは円Oの直径とする。AB＝BC＝2，∠AOD＝135°のとき，次の問いに答えなさい。

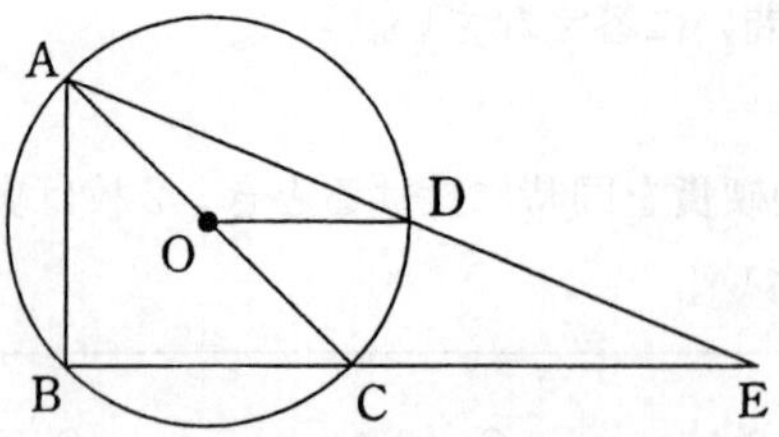

(1)　∠AEBの大きさを求めなさい。　　解答番号は 18

① 20°	② 30°	③ 35°	④ 17.5°	⑤ 22.5°

(2)　CEの長さを求めなさい。　　解答番号は 19

① $2\sqrt{2}$	② $2\sqrt{3}$	③ $2\sqrt{5}$	④ $2\sqrt{6}$	⑤ 4

(3)　△ACEの面積を求めなさい。　　解答番号は 20

① $2\sqrt{2}$	② $2\sqrt{3}$	③ $2\sqrt{5}$	④ $2\sqrt{6}$	⑤ 4

問5　本文の内容として最も適当なものを次の①～⑤の中から一つ選びなさい。

解答番号は30

① 女は、男と会う約束をしていたにもかかわらず寝過ごしてしまった。
② 深夜に目を覚ました男は、女がいつになっても来ないので催促の手紙を出した。
③ 男は、夢見心地であったために女の家を通り過ぎてしまったと言い訳をした。
④ 男は音も立てずに女のもとにやって来たが、女は目を覚ましてしまった。
⑤ 待ちくたびれた女は、約束を守らないことを非難する手紙を男に送った。

夢に見ゆやとねぞすぎにける

とぞつけてやりける。しばしと思ひて、うちやすみけるほどに、寝過ぎにたるになむありける[2]。

(『大和物語』より)

(注)※ 内…内裏《だいり》。宮中。

問1 二重傍線部a～eの読みとして**正しくないもの**を次の①～⑤の中から一つ選びなさい。 解答番号は26

① a「申しける」→もうしける
② b「いふ」→いう
③ c「あひける」→あいける
④ d「あはむ」→あわん
⑤ e「更けぬらむ」→ふけんらむ

問2 傍線部1「丑三つ」の示す時間帯として最も適当なものを次の①～⑤の中から一つ選びなさい。 解答番号は27

① 午前2時ごろ ② 午前6時ごろ ③ 正午 ④ 午後3時ごろ ⑤ 午後6時ごろ

問3 傍線部2「ける」の活用形として最も適当なものを次の①～⑤の中から一つ選びなさい。 解答番号は28

① 連用形 ② 終止形 ③ 連体形 ④ 已然形 ⑤ 命令形

問4 『大和物語』は平安時代に成立した作品であるが、同時代に成立した作品を次の①～⑤の中から一つ選びなさい。 解答番号は29

① 『平家物語』 ② 『古事記』 ③ 『おくのほそ道』 ④ 『伊勢物語』 ⑤ 『万葉集』

（Ⅰ）冷たいなあ。こっちは本当につらいのに。
（Ⅱ）それどころか、「まあ、慣れますよ」と聞き流されるばかり。
（Ⅲ）それでもいまだにインタビュー中は、ちょっとしたことで一喜一憂します。
（Ⅳ）少なくとも、初期の頃ほど肩や首が痛くなることはなくなりました。
（Ⅴ）でも実際、だんだん慣れました。

（阿川佐和子『聞く力　心をひらく35のヒント』より）

① （Ⅰ）―（Ⅲ）―（Ⅳ）―（Ⅴ）―（Ⅱ）
② （Ⅰ）―（Ⅴ）―（Ⅳ）―（Ⅲ）―（Ⅱ）
③ （Ⅱ）―（Ⅰ）―（Ⅴ）―（Ⅳ）―（Ⅲ）
④ （Ⅱ）―（Ⅳ）―（Ⅲ）―（Ⅴ）―（Ⅰ）
⑤ （Ⅲ）―（Ⅰ）―（Ⅱ）―（Ⅳ）―（Ⅴ）

五　次の古文を読んで、後の問い（問1～5）に答えなさい。

深草《ふかくさ》の帝《みかど》とa申《まう》しける御時、良少将とbいふ人、いみじき時にてありける。いと色好みになむありける。しのびてときどきcあひける女、おなじ※内《うち》にありけり。「今宵かならずdあはむ」と契りたる夜ありけり。女いたう化粧して待つに、音もせず。目をさまして、夜やe更《ふ》けぬらむと思ふほどに、時申す音のしければ、聞くに、「1丑三《うしみ》つ」と申しけるを聞きて、男のもとに、ふといひやりける。

人心《ひとごころ》うしみつ今は頼まじよ

といひやりけるに、おどろきて、

四 次の問い（問1～5）の答えを各群の①～⑤の中から一つ選びなさい。

問1 次にあげた漢字の意味と同じ意味で使われているものはどれか。 解答番号は 21

「暗」＝ひそかに。

① 暗雲 ② 暗誦 ③ 明暗 ④ 暗示 ⑤ 暗記

問2 「真偽」と同じ構成の熟語はどれか。 解答番号は 22

① 投票 ② 是非 ③ 善人 ④ 道路 ⑤ 必然

問3 傍線部の読み方が**異なるもの**を選びなさい。 解答番号は 23

① 申請 ② 請求 ③ 普請 ④ 請願 ⑤ 要請

問4 次の空欄□に一字を入れると四字熟語が完成する。その一字はどれか。 解答番号は 24

意味深□

① 長 ② 調 ③ 徴 ④ 重 ⑤ 頂

問5 次の（Ⅰ）～（Ⅴ）を並べ替えて意味の通る文章にしたとき、最も適当なものはどれか。 解答番号は 25

「インタビューに緊張して、肩が痛くて痛くて……」

さりげなく対談チームの仲間にそう漏らすのですが、誰も親身になって心配してくれない。

問5　傍線部4『鍵』は戦後に発表された作品であるが、同じように戦後に発表された作品とその作家の組み合わせとして**正しくないもの**を次の①～⑤の中から一つ選びなさい。　解答番号は[19]

①『仮面の告白』　―　三島由紀夫
②『太陽の季節』　―　石原慎太郎
③『斜陽』　―　志賀直哉
④『砂の女』　―　安部公房
⑤『二十四の瞳』　―　壺井栄

問6　本文の内容として最も適当なものを次の①～⑤の中から一つ選びなさい。　解答番号は[20]

① 谷崎潤一郎の小説が一流の作品になったのは、読者が単に情報として処理するだけではなく、しっかりと作品と向き合い格調の高さを感じたからである。
② 文学作品をネットで調べても、情報の真偽が不確かなものが多いので、あらすじを知ることはできても深い教養や人格を身につけることはできない。
③ 沈潜するためには、テキストを正確に読解して、作者の考えや人としてのあり方に同調することで自分の中に実体験のように取り込むことが必要になる。
④ 文学作品を自分の感性や知性などでかみ砕き、自分の中に取り入れることが沈潜であり、作品と向き合うためには少なくとも1日1時間沈潜する時間をとることが望ましい。
⑤ 作品に沈潜することで物語の登場人物と同じ感覚を共有し、実体験を超えた経験を得ることによって、人生を豊かに過ごすことができるようになる。

（注）※1　咀嚼…言葉や文章などの意味・内容をよく考えて理解すること。
　　※2　耽美派とか芸術至上主義…それぞれ文学における思想や理念の一つ。

問1　空欄［A］に入る四字熟語として最も適当なものを次の①～⑤の中から一つ選びなさい。　解答番号は［15］

①　一期一会　②　旧態依然　③　前代未聞　④　空前絶後　⑤　古今東西

問2　傍線部1「テキストに入り込み、その世界を実体験のように感じることです」は、いくつの文節に分けられるか。次の①～⑤の中から一つ選びなさい。　解答番号は［16］

①　六個　②　七個　③　八個　④　九個　⑤　十個

問3　傍線部2「□を据えて」とあるが、傍線部の空欄に入る漢字と同じものを入れて、慣用句になるものを次の①～⑤の中から一つ選びなさい。　解答番号は［17］

①　□が回らない　②　□が痛い　③　□に衣着せぬ　④　□が重い　⑤　□が広い

問4　傍線部3「う」と文法上の意味が同じものを次の①～⑤の中から一つ選びなさい。　解答番号は［18］

①　どんなに苦しかろうが、あきらめない。
②　一緒に受験会場まで行きましょう。
③　明日は早く来ようと思う。
④　受験というのは自分との戦いだ。
⑤　冬期講習に申し込もう。

三 次の文章は、齋藤孝『ネット断ち』の一節である。これを読んで、後の問い（問1～6）に答えなさい。

古典や文学作品も、いまやネットで調べればあらすじを知ることができます。とりあえずそれを頭に入れておけば、会話で格別困ることはありません。ただし、[A]のすべての古典のあらすじを頭に入れたとしても、深い教養や人格は身につきません。

あらためて言うまでもないと思いますが、「沈潜する」というのは、たんに情報を収集することではありません。[1]テキストに入り込み、その世界を実体験のように感じることです。登場人物、あるいは作者の思想や人格に触れ、それらと交わり、ときに格闘することです。

あるいは物語の各シーンがまるで映像のように自分の中に残っていて、まるで自分が本当に体験したかのように感じる。疑似体験を通り越えて実体験と同じような錯覚さえ覚える。

作品に沈潜するというのはそういうことであり、自分の感覚と感情、知性と教養を働かせながら※1咀嚼《そしゃく》し、消化して取り込み、血肉化させること。栄養素として自分の中に取り込むのです。たんに情報として処理しているだけでは、決してその作用は起きません。

じっくりと[2]□を据えてしっかりと作品と向き合う必要があります。そのためには1日1時間、沈潜タイムがどうしても欲しいところです。

沈潜すると面白いと思う作品はまだまだたくさんあります。※2耽美《たんび》派とか芸術至上主義と呼ばれる文学史の流れがありますが、こういう世界もまた一種マニアックながら、人間性の摩訶《まか》不思議な面を教えてくれる興味深い分野です。

たとえば谷崎潤一郎のさまざまな小説などはその一つでしょう。[3]『細雪《ささめゆき》』は戦前の大阪船場《せんば》の旧家を舞台に、4姉妹の日常生活を生き生きと描いた作品です。優雅な女性たちの会話のやり取りだけでも現代では見られない日本の良さ、優雅な気品を感じる作品です。

いっぽうで『痴人の愛』や『春琴抄』、『卍《まんじ》』や[4]『鍵』といった作品は、これぞ谷崎という倒錯した性の世界を描いています。設定はかなり際物《きわもの》的ながら、谷崎の優雅な筆致が一種の格調の高さを感じさせ、一流の文学作品に昇華されています。

④ 再サン言ってきた。　⑤ 過去を清サンする。

11

問2 豊かなドウ察力と端正な文章。

① ドウ時に進行する。　② 生徒を教室まで誘ドウする。　③ ドウ窟で一夜を過ごす。

④ 公園で運ドウをする。　⑤ 青ドウを発掘する。

12

問3 テン型的な日本人。

① 責任をテン嫁する。　② 眼前にテン開される景色。　③ メールに画像をテン付する。

④ 記念式テンに参列する。　⑤ テン災に見舞われる。

13

問4 環境問題にカン心を持つ。

① カン渉するのは良くない。　② 違和カンがある。　③ 親にカン当される。

④ 世界カンを大切にする。　⑤ 空港の税カンを通る。

14

問5 果ホウは寝て待て。

① 敵にホウ復する。　② 国ホウを見学する。　③ ホウ仕活動に参加する。

④ 途ホウもない夢。　⑤ 突然の来ホウ者。

ました。

③ 生徒c―【文章B】において、「絆」には「つないでおく」ことや「自由には動けなくする」意味だけでなく、人と人とのつながり、「人情」を尊ぶ日本人的な発想も含まれると述べられています。【文章A】で述べられている、家族という集団の中で個人の自由を尊重する動きが強まっているのは、まさに日本人ならではの発想によるものだと考えました。

④ 生徒d―【文章B】を読むことで、「絆」が「不自由」から「人情」までの幅広い意味をもっていることが理解できました。そして、【文章A】で述べられている、他と相互に支え合いながらも、個を活かし個として生きるという、相反するあり方を両立させなければならない日本人の発達課題を、「絆」を重視する日本人なら克服することができるという筆者の意見に納得しました。

⑤ 生徒e―【文章B】で、「絆」が「馬などをつないでおく綱」の意から派生した「人と人を結びつける」意味を持っていることを知りました。だから、【文章A】で紹介されている、「他者との協調を重視する人よりも独立性を大事だとする人の方が心理的安定感は高い」という研究結果について、「絆」のもつ本来の意味が失われていると感じました。

二

次の問い（問1～5）の傍線部と同一の漢字を使うものはどれか。次の各群の①～⑤の中から一つずつ選びなさい。

解答番号は 10 ～ 14

問1 10 畜サン業が盛んである。

① 意見にサン同する。　② 亀がサン卵する。　③ 教科書をサン考にする。

② 社長の著書を拝見させていただく。

③ 先生はまだ召し上がっていないのですか。

④ ご利用になるカードをお選びください。

⑤ お降りの方はいらっしゃいませんか。

問7 **【文章B】** にある二か所の [Y] に共通して入ることばとして最も適当なものを次の①～⑤の中から一つ選びなさい。

解答番号は [8]

① 自由を目指すもの　② 自由を競い合うもの　③ 自由をもてあそぶもの

④ 自由を束縛するもの　⑤ 自由を保障するもの

問8 **【文章A】**・**【文章B】** を読んだ生徒たちの発言のうち、**【文章A】**・**【文章B】** 両方の主旨を踏まえたものとして最も適当なものを次の①～⑤の中から一つ選びなさい。

解答番号は [9]

① 生徒a― **【文章B】** の中で、「絆」という言葉は、音読みでも訓読みでも自由に制限をかける意味を持つと説明されています。そこから、**【文章A】** の中で筆者が、日本人の自己認識における相互協調性は他者の意見や行動に配慮しなければ生きている実感を失うという、「絆」を重んじる日本人の心と行動を特徴づけるものだと指摘していることに合点がいきました。

② 生徒b― **【文章B】** を読んで、「絆」がもともとは「自由には動けなくする」という意味を持つ言葉だと初めて知りました。そして **【文章A】** で紹介されている、大震災後に「絆」の重要性が求められながらも、「信用できない人が多い」と思う人が過半数を占めている世論調査の結果には、「絆」のもともとの意味が示す負の面が影響しているのだと思い

信が持てないでいるということ。

② 全体の共通認識として「絆は大事だ」と頭では理解しているが、いざ自分がネットワークを広げていこうとした場合には、及び腰になってしまうということ。

③ みんなが総じて「絆は大事だ」と思っているように言われているが、自分の経験上、実はそうとは限らないと消極的に思ってしまうということ。

④ 大きな枠組みとして「絆は大事だ」という考え方に賛成しているつもりではあるが、結局絆が持つ負の面を否定するだけの積極性は持てずにいるということ。

⑤ 「絆は大事だ」という一般論についてはしっかりと認識しているはずなのに、誰もそれを信じているわけではなく、結果的に絆を無視したネットワークを広げてしまうということ。

問5 **【文章A】**の5段落中に示される「**図1**」として最も適当なものを次の①～⑤の中から一つ選びなさい。

解答番号は6

①

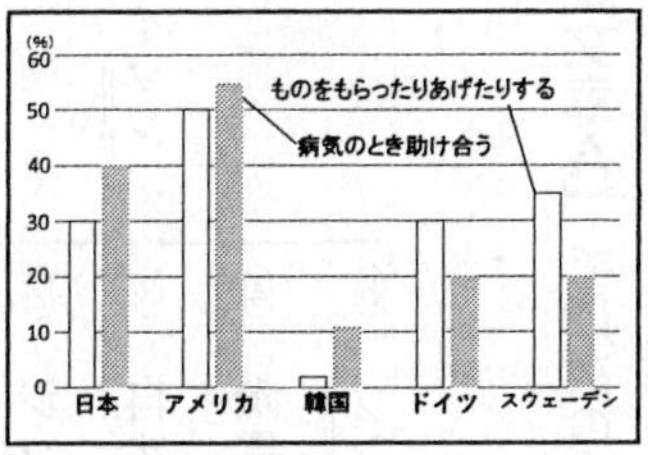

②

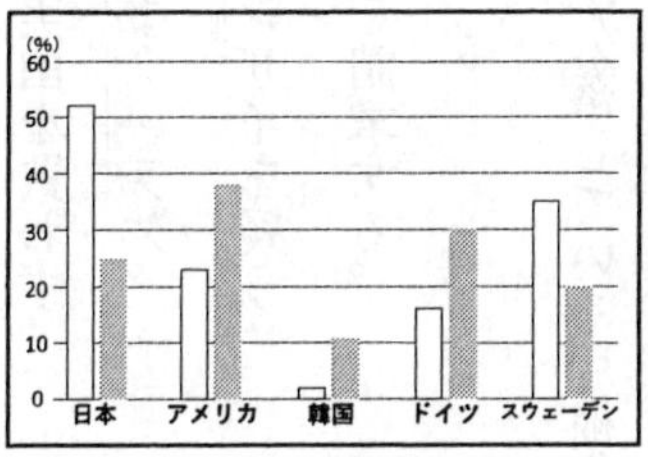

③

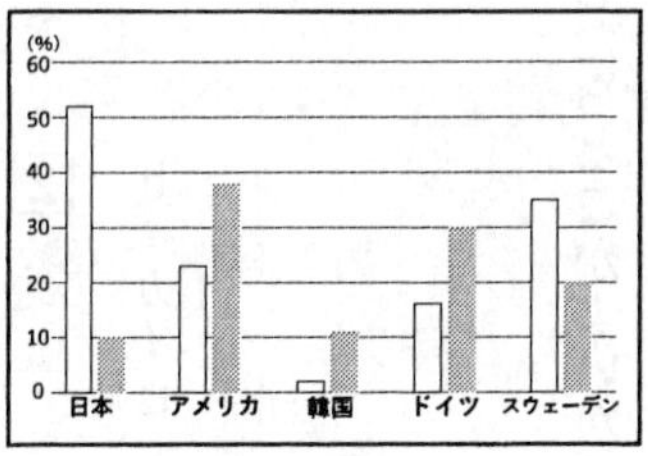

④

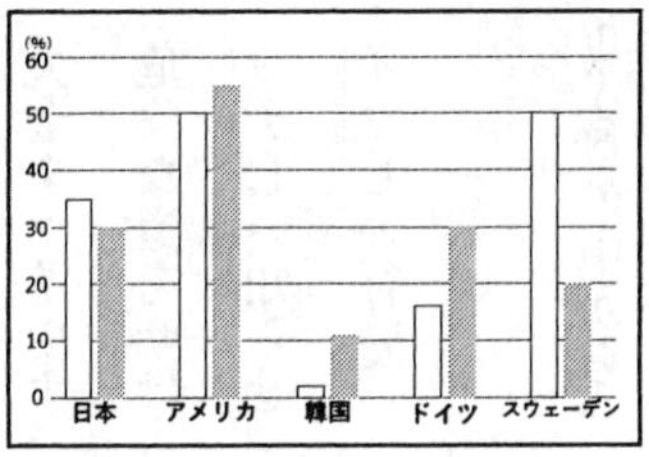

⑤

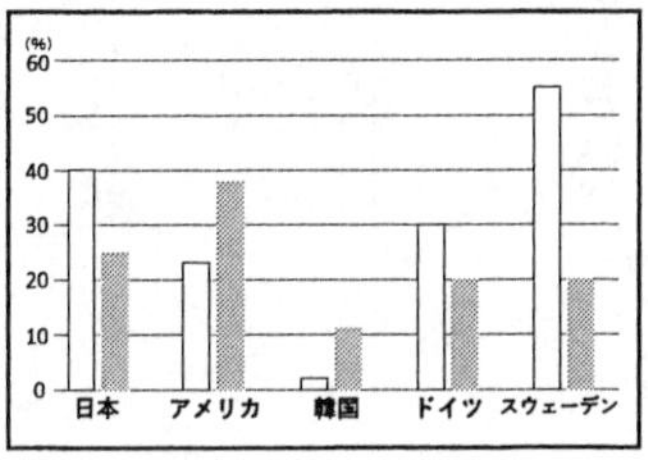

問6 **【文章B】**の傍線部2「申し上げたくなってしまうのです」には複数の敬語が用いられている。これと同じ種類の敬語の組み合わせを含む文として最も適当なものを次の①～⑤の中から一つ選びなさい。

解答番号は7

① 今朝うかがった内容を確認しました。

問1　**【文章A】**の二重傍線部a・bのカタカナを漢字に直したとき、同じ漢字を含むものを次の各群の①～⑤の中から一つずつ選びなさい。　解答番号は［1］・［2］

［1］
a　イソン
① 恩師をソンケイする。
② ジソンに美田を買わず。
③ 自然豊かなソンラク。
④ 幽霊のソンザイを疑う。
⑤ ソンガイを請求する。

［2］
b　カイヒ
① 他人とクラべる。
② 大金をツイやす。
③ 危険な道をサける。
④ カナしい知らせ。
⑤ イヤしい行い。

問2　**【文章A】**では次の一文が欠落している。補うとしたらどこがよいか。後の①～⑤の中から一つ選びなさい。　解答番号は［3］

このように重要と認めながら、現実の絆は強くないのはなぜでしょうか。

① 【Ⅰ】　② 【Ⅱ】　③ 【Ⅲ】　④ 【Ⅳ】　⑤ 【Ⅴ】

問3　**【文章A】**にある二か所の［X］に共通して入ることばとして最も適当なものを次の①～⑤の中から一つ選びなさい。　解答番号は［4］

① そして　② 例えば　③ そのうえ　④ 確かに　⑤ しかし

問4　**【文章A】**の傍線部1「総論は賛成―絆は大事といいながら、実際には積極的になれない」とはどういうことか。その説明として最も適当なものを次の①～⑤の中から一つ選びなさい。　解答番号は［5］

①「絆は大事だ」とする周囲の雰囲気に調子を合わせてはいるが、実際に自分が絆の持つ負の面を克服できるかについては自

【文章B】

［絆］ つながることの不自由さ

音読みでは「ハン」または「バン」と読む漢字。というよりも、「きずな」と訓読みする漢字として、昨今、絶大な人気を誇っていますよね。たとえば、テレビのニュースで某政党の記者会見が映ると、必ずバックにこの文字が……。

とはいえ、漢和辞典の編集者としては、まことに心苦しいのですが、その人気に対して[2]一言、申し上げたくなってしまうのです。

「絆」は、本来は〝馬などをつないでおく綱〟を表す漢字です。

代表的な熟語は「羈絆《きはん》」。「羈」は、「おもがい」と訓読みして、〝馬の顔に取り付ける馬具〟を指す漢字。これに「きずな」をつなぐわけで、「羈絆」は、「自由な競争の羈絆となる」のように、〝 Y 〟のたとえとして使われます。

ただ、「絆」が音読みで使われる熟語としては、「絆創膏《ばんそうこう》」の方がポピュラーでしょう。この場合の「絆」は、〝しばりつける〟という意味。〝馬などをつないでおく綱〟から変化した用法です。

訓読み「きずな」だって、もともとは〝馬などをつないでおく綱〟を指す日本語。つまり、「絆」は、音読みでも訓読みでも、〝自由には動けなくする〟という意味合いを持つ漢字なのです。

どうです？ イメージがあんまりよくないですよねえ……。

さらに言えば、この漢字の訓読みには、もう一つ、「ほだす」もあって、これまた、〝自由には動けなくする〟という意味なのです。

ただ、日本語「ほだす」は、実際には、「情にほだされる」の形でよく用いられます。人情に動かされて、自分が必ずしも取りたいわけではない行動を取らされるような状況を表す表現ですよね。

これまで〝不自由〟なことばかりだった「絆」の世界に、ここで、〝人情〟の光が差し込みます。

――たとえ〝不自由〟だとしても、それが〝人情〟なんだから……。

昨今、大人気の「絆」の背後には、そんな考え方があるのではないでしょうか。よくも悪くも、日本人的な発想ですね。

「絆」とは、人と人を結びつけるものなのか、 Y なのか。時にはよく考えてみることも、必要です。

実感がなくなってしまう、そのような体験はありませんか？「他と共に」は人間ならではのものですが、それが嵩《こう》ずれば負の面があらわになるのです。

（問５）

図１ 近所との関係の国際比較（内閣府，2010）

5【Ⅲ】先に、日本人のネットワークがアメリカほど広がらず強まらない背景には、他者への気兼ねや他者による拘束など、絆の負の面があることを述べました。人々は、しがらみだと公言することも非難し修正を求めることもできない絆の負の面を体験しているだけに、総論は賛成―絆は大事といいながら、実際には積極的になれないのではないでしょうか。近隣との交流の内容をみますと、日本は他国よりもののやりとりというあたりさわりのない交流が多く、相互援助は少ないのです（**図１**）。しがらみ体験をカイヒしようとしてでしょうか。

X これでは危急の時の支援の絆にはならないでしょう。【Ⅳ】

6 しがらみとは、絆によって個（自分）が集団（絆）に吸収され抹殺されてしまう状況です。今、家族の中で個人化志向が強まっています。それは社会の変化の必然です。

7【Ⅴ】他と相互に支えあう※3コンボイをもつ、他方、個を活かし個として生きる、この相反する二つのあり方を共々に実現することが求められています。長らく重視されてきた相互協調性の見直しと、自立と行動の自己制御の尊重と実践は日本人の発達課題でしょう。

（注）※1 マーカス＆キタヤマ一九九一、※2 石・桂田二〇一〇…それぞれ論文やレポートの執筆者と発表年を表している。

※3 コンボイ…護送船団やトラックの集団。筆者は本書の中で人間の生存、自立、発達を支えるものとして表現している。

二〇二〇年度

東亜学園高等学校

【国　語】（四〇分）〈満点：一〇〇点〉

一　次の【文章A】は柏木惠子『おとなが育つ条件——発達心理学から考える』の一節、【文章B】は円満字二郎『漢和辞典的に申しますと。』の一節である。二つの文章を読んで、後の問い（問1〜8）に答えなさい。

【文章A】

1　三・一一の大震災以来、「絆《きずな》」の重要性がしきりにいわれます。人間は他者との共棲《きょうせい》なしには生きられない動物ですから、絆は必須です。大震災はその原点を再確認させました。【Ⅰ】

2　では、実態はどうでしょうか。世論調査（『朝日新聞』二〇一二年三月二一日）によりますと、家族の絆は「強まっている」とみている人（二八％）よりも、「弱まっている」とみる人の方が多い（三五％）のです。一方、今は弱い地域との付き合いを深めたいと望む人は多い（五三％）のですが、「信用できる人が多い」と思う人（三二％）よりも、「信用できない人が多い」と思う人は五八％と遥《はる》かに多く、他者への信頼感は低く、「大抵の人は他人の役に立とうとしている」と思うよりも「自分のことだけ考えている」と思っている人の方がずっと多いのです。

3　【Ⅱ】日本人の自己認識は相互協調性、[a]イソン性が特徴だといわれます。「自分」を定義する時、〇〇会社の営業職、△△県出身、□□の長男、××大学の一年生など、所属集団での定義が多いのです（※1マーカス&キタヤマ一九九一）。自己定義のみならず、他者の意見や行動に配慮し同調的な傾向は日本人の心と行動を特徴づけています。

4　[X]、この相互協調的な生き方は必ずしも心理的安定に繋《つな》がっているとは限りません。他者との協調を重視する人よりも独立性を大事だとする人の方が、心理的安定感は高いこと（※2石・桂田二〇一〇）が見出されているのです。周囲に気を遣い「空気を読む」、そして他者に合わせる生活をしているうちに、疲れてしまう、自分が何をしたいのかわからなくなる、自分が生きている

英語解答

1	問1 ④	問2 ①	問3 ④			
	問4 ②	問5 ③				
2	問1 ①	問2 ②	問3 ②			
	問4 ③	問5 ④				
3	問1 ③	問2 ①	問3 ④			
	問4 ③	問5 ②				
4	問1 ①	問2 ①	問3 ④			
	問4 ②	問5 ③				
5	A	問1 ③	問2 ①	問3 ②		
		問4 ④	問5 ①	問6 ②		
	B	問1 ②	問2 ④	問3 ②		
		問4 ①				
6	A	問1 ④	問2 ②	問3 ①		
		問4 ①	問5 ④	問6 ①		
	B	問1 ④	問2 ①	問3 ②		
		問4 ③				

1 〔単語の発音〕

問1．① hole[ou]　② cold[ou]　③ throw[ou]　④ bought[ɔː]

問2．① months[s]　② news[z]　③ knives[z]　④ bells[z]

問3．① country[ʌ]　② cover[ʌ]　③ fun[ʌ]　④ map[æ]

問4．① radio[ei]　② ready[e]　③ lady[ei]　④ great[ei]

問5．① fight[ai]　② climb[ai]　③ driven[i]　④ sign[ai]

2 〔適語(句)選択・語形変化〕

問1．動詞が are であることに着目。選択肢の中で複数扱いになるのは Both だけ。'both of＋複数名詞' で「～の両方」。　「これらの言語は両方とも仕事に役に立つ」

問2．yesterday「昨日」とあるので，have to ～「～しなければならない」の過去形 had to が適切。　「昨日，私たちはその問題について話し合うために会議をしなければならなかった」

問3．'tell＋人＋物'「〈人〉に〈物〉を言う，伝える」の文。get to ～「～に着く」から「どのようにして駅へ着くことができるか」と尋ねていると考えられるので，how が適切。　「駅への行き方を教えてください」

問4．現在完了形の '継続' 用法の文。後ろに last Sunday という '過去の一時点' を表す語句があるので 'since＋過去の一時点'「～以来」の形にする。　「彼は先週の日曜日から病気だ」

問5．of all「全ての中で」があるので，'the＋最上級' の the fastest「一番速い」が適切。　fast－faster－fastest　「彼は全員の中で一番速い走者だった」

3 〔書き換え―適語(句)選択〕

問1．「あなたはこの花を何と呼びますか」→「この花は何と呼ばれますか」　上で目的語になっている this flower が主語になる，受け身形の疑問文 'be動詞＋主語＋過去分詞...?' にすればよい。

問2．「彼は上手にテニスをする」→「彼は上手なテニス選手だ」　空所の前に a があるので後には名詞が入るとわかる。plays tennis が tennis player となり，副詞 well が名詞 player を修飾する形容詞 good になる①が適切。

問3．「私たちの市には雨が多く降る」　「雨が降る」は rain を名詞として用いて We have rain. で表すこともできる。rain は '数えられない名詞' なのでその前に置けるのは much「多量の」。

問4．「その新しいクラスについてのあなたの意見は何ですか」→「その新しいクラスについてあなたはどう思いますか」　What do you think of ～？で「～についてどう思いますか」という意味を表せる。

問5．「ケイコはこれらのケーキをつくった」→「これらはケイコによってつくられたケーキだ」 These are cakes.「これらはケーキだ」が文の骨組みになる。「ケイコによってつくられた」という受け身の意味で cakes を後ろから修飾するまとまりをつくるのは過去分詞の made（過去分詞の形容詞的用法）。

4〔整序結合〕

問1．語群の中に made があるので，'make＋目的語＋形容詞'「～を…（の状態）にする」の文にする。「その動物たちの写真」は the pictures of the animals で，「ぼくは悲しくなった」は made me sad で表せる。 The pictures of the animals made me sad.

問2．「〈人〉に〈物〉を持ってくる」は'bring＋人＋物'で表せる。「何か温かい物」は'-thing＋形容詞'の語順で表し，「何か温かい飲み物」は形容詞的用法の to不定詞を用いて，something hot to drink と表す。 Will you bring me something hot to drink？

問3．There is one thing が文の骨組み。「〈人〉に～してほしい」は'want＋人＋to不定詞'で表せる。「私はあなたに覚えていてほしいことがひとつ」は one thing を後ろから I want you to remember が修飾する形にして表す（目的格の関係代名詞が省略された'名詞＋主語＋動詞...'の形）。 There is one thing I want you to remember when you study English.

問4．語群の中に no が，外に than があるので，「東京ほど人口過密な都市はない」は，「東京より混んでいる都市は他にない」と読み換えて'no other＋名詞の単数形＋動詞＋比較級＋than …'「…よりも～なものはない」の形で表す。 I think no other city is more crowded than Tokyo.

問5．「～することを楽しみに待つ」は look forward to ～ing で表せる。「名古屋にいる娘からの手紙」は the letter from my daughter in Nagoya とまとめる。 I'm looking forward to reading the letter from my daughter in Nagoya.

5〔対話文完成─適文選択〕

A．問1．A：なぜあなたは日本へ来たのですか？／B：観光のためです。／A：わかりました。楽しんで！∥What ～ for？は「何のために～，なぜ～」と'理由'を尋ねる表現。

問2．A：もしもし，ケイコです。スミスさんと話せますか？／B：すみませんが，彼はちょうど出かけたところです。／A：スミス夫人はどうですか？／B：彼女はここにいます。ちょっと待ってください。∥電話での会話。空所の直後の She is here.「彼女はここにいます」という発言の She が指す女性は誰かと考えると，①の Mrs. Smith だと判断できる。How about ～？で「～はどうですか」。

問3．A：こんにちは，どのようなご用件でしょうか？／B：ランニングシューズを探しています。／A：わかりました，サイズはいくつですか？／B：すみませんが，覚えていません。足を計ってもらえますか？／A：もちろん。∥店員と客の会話。空所の後で店員であるAはサイズを尋ね，客のBは「足を計ってもらえますか」と言っていることから判断できる。

問4．A：私のジョージを知ってるよね？／B：ジョージ？／A：まだあなたに彼を紹介してなかったっけ？／B：ええ，してないよ。／A：わかった，今夜紹介するね。∥Haven't I ～？という否定疑問文に対する返答。否定疑問文に対しては，「はい，～ではありません」と言う場合は'No＋否定文'で，「いいえ，～です」と言う場合は'Yes＋肯定文'の形で答える。Yes，No が日本語とは逆になるので注意が必要。

問5．A：ねえ，放課後，バスケットボールをやりたい？／B：うん，もちろん。／A：今日，授業はいくつある？／B：ちょうど終わったところだよ。∥How many classes ～？と授業の数を尋ねる文に対する返答だが，そのまま‘数’を答える文はない。会話が成立するのは，「(授業は)ちょうど終わったところだよ」と答える①。

問6．A：この部屋の中は寒すぎませんか？／B：ああ，少し寒いですね。／A：ヒーターをつけていただけますか？／B：もちろんいいですよ。／A：ありがとう。∥Would you mind ～ing？は「～していただけますか」という‘依頼’を表す。mind は「～を嫌だと思う，気にする」という意味なので，直訳すると「～するのは嫌ではないですか」となる。よって，「いいですよ」と依頼に応じる場合は Of course not. や No, not at all. などと否定形で答える。

B≪全訳≫❶A：すみません。1質問してもいいですか？❷B：はい。何ですか？❸A：私はここへ銀閣寺を見にきたのですが，見つけられないのです。どこにあるか知っていますか？❹B：2すぐ向こうにありますよ。❺A：本当に？ あれがそうなのですか？❻B：はい。あれが銀閣寺です。❼A：ああ，3銀色に見えるのだと思っていました。❽B：いいえ，銀色には見えないのです。❾A：それなら，なぜその名前が「銀」閣寺なのですか？❿B：私にはわかりません，ごめんなさい。⓫A：いいです。それでは，金閣寺も金色には見えないのですか？⓬B：4いいえ，それは金色に見えます。金箔で覆われているのです。⓭A：ああ，わかりました。次はそこへ行くつもりです。⓮B：そうすべきです。楽しんで！⓯A：ありがとう。さようなら！

問1．この後，Yes と応じたBに対して質問をしているので，質問してもいいか尋ねたのだとわかる。　問2．この後に続く内容から，Bは銀閣寺の場所を教えたのだと判断できる。　問3．直後のBの No, it doesn't look silver. は，②の I thought it looks silver. に対する応答になっている。　問4．doesn't the Golden Pavilion look gold, either？「金閣寺も金色に見えないのか」という否定疑問文に対する応答。直後で「金箔で覆われている」と言っているので，「金色に見える」という意味を表す①の Yes, it does が適切。

6〔長文読解総合―エッセー〕

≪全訳≫❶私は日本に来てから，日本には異なる文化があることを知った。そのうちの1つが色に関することだ。日本に到着してすぐに，私は日本人の友達が青信号について話すのを聞いた。日本の信号はアメリカのように赤，緑，黄色じゃなかったの？ 確かめるために私は一番近い交差点まで通りを歩いていった。そう，信号は確かに，赤，緑，黄色だった。それではあの日本人の友達はその色を知らなかったの？ しかしその後の日々で，私は他の「青い」語句を聞いた――青葉，青竹，青虫それに青野菜と青海苔。ああ，青野菜と青海苔を食べることを考えるのはなんてひどいことだろう！ 人間は青い食べ物を食べないだろう！❷それから私は青春という語を聞いて，友達に意味を尋ねた。「若いときという意味よ」と彼女は説明した。彼女はその語を書いた。「これは青を表す漢字で，これは春を表す漢字よ」 そして私は理解した――青春は若者がよく感じる憂うつを意味するのだと思ったのだ。そうでしょ？ 「春」の部分は理解しやすい。それは全てが若い季節だ。そしてもしあなたが青い〔憂うつ〕なら，落ち込んでいるということだ。なんてわかりやすい表現だろう！ うーん，違う？ これは緑の代わりをする青の別の事例だと私は気づいた。英語では青ではなく，「緑」が若いものを表す。少なくとも私は日本に来るまでそう思っていた。うーん…それじゃあたぶん「若い」を表す青のこの意味は，「青い少年たち」(青年)と何か関連があるのだろう。❸私を困惑させた色は青だけではなかった。「青い春」について聞いたすぐ後で，私は「真っ赤な嘘」について聞いた。ええと，英語では赤は怒りや情熱や恥ずかしい思いを表すことができる。だからおそらく真っ赤な嘘は完全に怒っている，情熱的である，あるいは当惑するような嘘を意味している。うーん…また違う，私はそれが完全な嘘を意味することを知った。もしその意味を表す色を選ばなければならないなら，私は黒を選ぶだろう。❹でもわかった，いったん赤が日本語で「完全な」という意味を表すとわかれば，赤裸や赤恥(私はもともとこれらのどちらもただ当惑しているから赤なのだと思っていた)のような他の「赤い」語句を理解するのは難しくない。しかし，私がこの「赤い」ものを理解するのには時間がかかった。(たぶん，私は赤バカ？)だから「赤い他人」(赤の他人)という言葉を聞いたとき，それが完全な見知らぬ人を意味することが私にはわからなかった。最初，私はそれが人々をグループ分けする方法だと思った──ある幼稚園で異なる子どもの集団を果物や花の名前で呼んでいることを知っていたのだ。だからたぶん，赤の他人，青の他人，黄色の他人などがあるのだろうと。もし他人が「赤」なら，それでは私は何色だろう？

A．問１＜要旨把握＞第３文以降で，色に関する文化の違いの具体的な例として，日本では信号や食べ物など，緑色のものを青色と呼ぶことが述べられている。

問２＜適語句選択＞直前の文で，青い食べ物を食べることに対して How terrible ～！「～するとはなんてひどいんだろう」と述べているので，②の wouldn't eat「食べないだろう」とする。

問３＜適語選択＞春についてはコロン(：)の後で「それは全てが若い季節だ」と説明している。春が若さを表すというのはイメージしやすいことである。

問４＜語句解釈＞第１段落で日本では緑色の信号を青と呼ぶこと，第２段落で「青春」は若いときを表すが，英語では緑が若いものを表すことが述べられているので，①の「緑の代わりをする青」が適切。　step in for ～「～の代わりを務める」

問５＜要旨把握＞第３段落最終文参照。color for it の it は前文の a total lie「完全な嘘」を指す。前文の I learned it meant a total lie の it は㋔の「真っ赤な嘘」を指すので，④の「黒」が適切。

問６＜語句解釈＞figure out ～ で「～を理解する，わかる」という意味。

B．問１＜適語(句)選択＞１．空所の後ろではコンマの前後に２つの文があるので，これらをつないで１文にする接続詞が必要。文脈より「日本に到着してすぐに」という意味になる Soon after が適切。　２．第１段落では日本で緑色の信号を青と呼ぶことなどが述べられており，第２段落第１文からはさらに青を含む「青春」という語句を取り上げ青についての話が続くので，Then「それから」が適切。　３．第３段落最終文に「真っ赤な〔完全な〕嘘には自分なら黒を選ぶ」とあり，赤は「完全な」を表す色には適さないと思っていることがわかる。しかし第４段落第１文で「いったん赤が日本語で『完全な』という意味を表すとわかれば」と述べて赤の「完全な」という意味を受け入れているので，‘逆接’を表す But が適切。

問２＜適所選択＞脱落文の the Japanese friend に着目する。the は既出のものについて述べる際に使われる。この the Japanese friend は，第１段落第３文の a Japanese friend を受けていると考えられる。

問３＜要旨把握＞第２段落第５～８文参照。

問４＜内容真偽＞①「日本の信号はアメリカと同じように赤，緑，黄色だった」…○　第１段落第４～６文参照。　②「筆者は日本を訪れるまで，『青』が若いものを表すと思わなかった」…○　第２段落最後の４文参照。　③「筆者は『真っ赤な嘘』は完全に怒った嘘を意味すると思わなかった」…×　第３段落第４，５文参照。　④「『赤』は日本語では『完全な』や『全くの』という意味を表すことがある」…○　第３段落第４，５文，第４段落第１文参照。

2020年度／東亜学園高等学校

数学解答

A ①	**B** ⑤	**C** ①	**D** ②	**K** (1) ② (2) ③
E ④	**F** ④	**G** ④	**H** ③	**L** (1) ⑤ (2) ④ (3) ③
I ②				**M** (1) ⑤ (2) ① (3) ①
J (1) ② (2) ③ (3) ⑤				

A〔数と式―式の値〕

与式$=8x^3\div12x^2y\times3y^2=\dfrac{8x^3\times3y^2}{12x^2y}=2xy$となるので，これに$x=100$，$y=\dfrac{1}{50}$を代入して，与式$=2\times100\times\dfrac{1}{50}=4$である。

B〔数と式―数の計算〕

$a^2-b^2=(a+b)(a-b)$を利用して，与式$=(1002+998)(1002-998)=2000\times4=8000$となる。

C〔数と式―数の性質〕

$\sqrt{16}<\sqrt{21}<\sqrt{25}$より，$4<\sqrt{21}<5$だから，$\sqrt{21}<n$となる自然数$n$は，5以上の自然数である。$\sqrt{121}<\sqrt{133}<\sqrt{144}$より，$11<\sqrt{133}<12$だから，$n<\sqrt{133}$となる自然数$n$は，11以下の自然数である。よって，$\sqrt{21}<n<\sqrt{133}$を満たす自然数$n$は，$n=5$，6，7，8，9，10，11の7個ある。

D〔方程式―連立方程式の応用〕

$2ax-\dfrac{b}{3}y=-11$……㋐，$0.5ax+4by=-15$……㋑とする。㋐，㋑の連立方程式の解が$x=3$，$y=-1$だから，解を㋐に代入すると，$6a+\dfrac{b}{3}=-11$，$18a+b=-33$……㋒となり，㋑に代入すると，$1.5a-4b=-15$，$3a-8b=-30$……㋓となる。㋒−㋓×6より，$b-(-48b)=-33-(-180)$，$49b=147$ $\therefore b=3$ これを㋓に代入して，$3a-24=-30$，$3a=-6$ $\therefore a=-2$ よって，$4a^2+8ab+4b^2=4(a^2+2ab+b^2)=4(a+b)^2=4\times(-2+3)^2=4\times1^2=4$となる。

E〔方程式―二次方程式の応用〕

ある週の月曜日の日にちを表す数をxとおくと，その週の水曜日，木曜日の日にちを表す数はそれぞれ$x+2$，$x+3$となる。よって，月曜日と木曜日の日にちを表す数をかけたものが水曜日を表す数の13倍より2小さいことより，$x(x+3)=13(x+2)-2$が成り立つ。これを解くと，$x^2+3x=13x+26-2$，$x^2-10x-24=0$，$(x+2)(x-12)=0$ $\therefore x=-2$，12 $x>0$より，$x=12$だから，水曜日の日にちを表す数は$x+2=12+2=14$である。

F〔数と式―数の性質〕

2020にかける自然数をnとすると，$2020\times n=2^2\times5\times101\times n$となる。これがある整数の2乗となるとき，自然数$n$は，$k$を自然数として，$n=5\times101\times k^2$と表される数である。よって，求める最も小さい自然数は，$k=1$のときで，$n=5\times101\times1^2=505$である。

G〔場合の数〕

黄球の両隣りに青球と赤球があるので，黄球は，左から2番目か3番目か4番目である。黄球が左から2番目にあるとき，1番目と3番目は青球と赤球，4番目と5番目は白球と黒球である。このとき，1番目と3番目は(1番目，3番目)＝(青，赤)，(赤，青)の2通り，4番目と5番目は(4番目，5番目)＝(白，黒)，(黒，白)の2通りより，2×2＝4(通り)ある。黄球が左から3番目にあるとき，2番目と4番目は青球と赤球，1番目と5番目は白球と黒球となるので，同様にして，4通りある。

黄球が左から4番目にあるときも同様で，4通りある。以上より，黄球の両隣りに青球と赤球がある並びは $4\times3=12$(通り)ある。

H 〔関数—反比例—点の個数〕

y が x に反比例することから，a を比例定数として，$xy=a$ と表せる。$x=\dfrac{1}{2}$ のとき $y=48$ だから，$\dfrac{1}{2}\times48=a$，$a=24$ となり，反比例の式は $xy=24$，$y=\dfrac{24}{x}$ となる。この反比例のグラフ上の点で，x 座標，y 座標ともに正の整数である点は，(1，24)，(2，12)，(3，8)，(4，6)，(6，4)，(8，3)，(12，2)，(24，1)の8個ある。

I 〔関数—関数 $y=ax^2$ —比例定数〕

関数 $y=ax^2$ において，$x=1$ のとき $y=a\times1^2=a$，$x=4$ のとき $y=a\times4^2=16a$ だから，x の値が1から4まで増加するときの変化の割合は $\dfrac{16a-a}{4-1}=5a$ と表される。これが3となるとき，$5a=3$ が成り立ち，$a=\dfrac{3}{5}$ である。

J 〔関数—関数 $y=ax^2$ と直線〕

≪基本方針の決定≫(2)　台形DACOと面積の等しい長方形を考える。

(1)＜座標—等積変形＞右図1で，△OAB，△OEBの底辺をOBと見ると，△OAB＝△OEBより，高さが等しくなり，AE∥OBとなる。点Bは放物線 $y=x^2$ 上の点で x 座標が1だから，$y=1^2=1$ より，B(1，1)である。よって，直線OBの傾きは $\dfrac{1}{1}=1$ となるから，直線AEの傾きも1となり，直線AEの式は $y=x+k$ とおける。点Aは放物線 $y=x^2$ 上の点で x 座標が -2 だから，$y=(-2)^2=4$ より，A$(-2,\ 4)$となる。点Aは直線 $y=x+k$ 上の点でもあるから，$4=-2+k$，$k=6$ となり，直線AEの式は $y=x+6$ である。点Eは放物線 $y=x^2$ と直線 $y=x+6$ の交点なので，$x^2=x+6$，$x^2-x-6=0$，$(x+2)(x-3)=0$ より，$x=-2,\ 3$ となり，点Eの x 座標は3である。y 座標は $y=3^2=9$ となるから，E(3，9)である。

図1

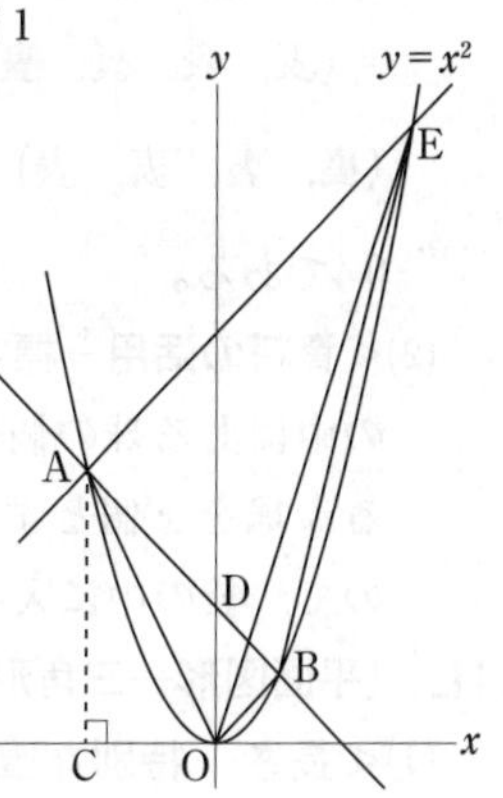

(2)＜直線の式＞右図2で，線分ADの中点をMとし，点Mを通り x 軸に平行な直線とAC，y 軸との交点をそれぞれE，Fとすると，△MAE≡△MDFとなるから，〔五角形DMECO〕＋△MAE＝〔五角形DMECO〕＋△MDFより，〔台形DACO〕＝〔長方形ECOF〕となる。よって，点Bを通り台形DACOの面積を2等分する直線は，長方形ECOFの面積を2等分する直線でもある。長方形ECOFの対角線の交点をNとすると，長方形ECOFの面積を2等分する直線は点Nを通るので，求める直線は2点B，Nを通る直線である。A$(-2,\ 4)$，B(1，1)より，直線ABの傾きは $\dfrac{1-4}{1-(-2)}=-1$ だから，直線ABの式は $y=-x+b$ とおけ，点Bを通ることから，$1=-1+b$，$b=2$ となるので，D(0，2)である。2点A，Dの y 座標より，点Mの y 座標は $\dfrac{4+2}{2}=3$ となるので，点Eの y 座標も3である。点Aの x 座標が -2 より，点Eの x 座標は -2 だから，E$(-2,\ 3)$となる。点Nは線分OEの中点だから，$\dfrac{0+(-2)}{2}=-1$，$\dfrac{0+3}{2}=\dfrac{3}{2}$ より，N$\left(-1,\ \dfrac{3}{2}\right)$となる。B(1，1)だから，直

図2

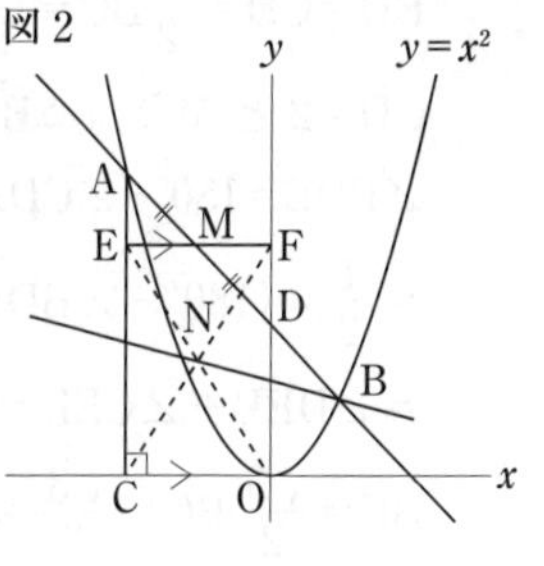

線BNの傾きは$\left(1-\frac{3}{2}\right)\div\{1-(-1)\}=-\frac{1}{4}$となり，その式は$y=-\frac{1}{4}x+c$とおける。点Bを通るから，$1=-\frac{1}{4}\times1+c$，$c=\frac{5}{4}$となり，求める直線の式は$y=-\frac{1}{4}x+\frac{5}{4}$となる。

(3)<面積>右図3のように，移動させた後の台形DACOを台形D′A′C′O′とする。このとき，台形DACOが通過してできた図形は五角形ACC′O′D′であり，四角形ACC′A′は平行四辺形だから，〔五角形ACC′O′D′〕=▱ACC′A′+〔台形D′A′C′O′〕となる。A(−2，4)，D(0，2)より，AC=4，DO=2，OC=0−(−2)=2だから，〔台形D′A′C′O′〕=〔台形DACO〕$=\frac{1}{2}\times(4+2)\times2=6$となる。また，2点A′，Aの$x$座標の差は，2点D′，Dの$x$座標の差と等しく，点D′の$x$座標が1より，その差は1である。これより，▱ACC′A′は，底辺がAC=4，高さが1だから，▱ACC′A′=4×1=4となる。よって，求める面積は4+6=10である。

図3

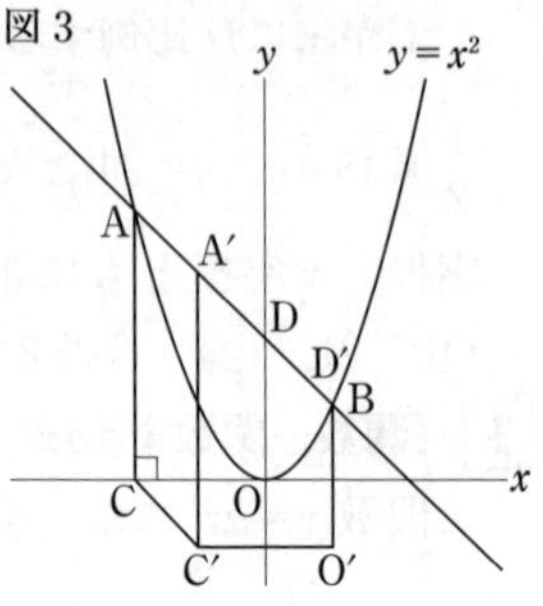

K 〔独立小問集合題〕

(1)<確率—硬貨>4枚の硬貨をA，B，C，Dとする。4枚の硬貨を同時に投げるときの表，裏の出方は全部で2×2×2×2=16(通り)ある。このうち，2枚が表，2枚が裏となるのは，(A，B，C，D)=(表，表，裏，裏)，(表，裏，表，裏)，(表，裏，裏，表)，(裏，表，表，裏)，(裏，表，裏，表)，(裏，裏，表，表)の6通りだから，確率は$\frac{6}{16}=\frac{3}{8}$となる。$\frac{3}{8}=0.375$だから，最も近い値は②の0.4である。

(2)<資料の活用—標本調査>無作為に取り出した45個の球のうち，赤球が17個であったことから，袋の中にある球の個数と赤球の個数の比は45：17であると考えられる。よって，袋の中に入っている赤球をx個とすると，720：x=45：17が成り立つ。これより，$x\times45=720\times17$，$x=272$となるので，袋の中に入っている赤球はおよそ272個である。

L 〔平面図形—三角形〕

(1)<長さ—特別な直角三角形>右図1で，点Dは辺BCの中点だから，BD=CD=$\frac{1}{2}$BC=$\frac{1}{2}\times4=2$である。△CDEは正三角形だから，DE=CD=2となり，△BDEはBD=DEの二等辺三角形となる。よって，∠BDE=180°−∠CDE=180°−60°=120°より，△BDEで，∠DBE=∠DEB$=\frac{1}{2}\times$(180°−∠BDE)$=\frac{1}{2}\times$(180°−120°)=30°となる。また，∠BEC=∠DEB+∠CED=30°+60°=90°となるから，△CBEは3辺の比が1：2：$\sqrt{3}$の直角三角形であり，BE=$\frac{\sqrt{3}}{2}$BC=$\frac{\sqrt{3}}{2}\times4=2\sqrt{3}$である。

図1

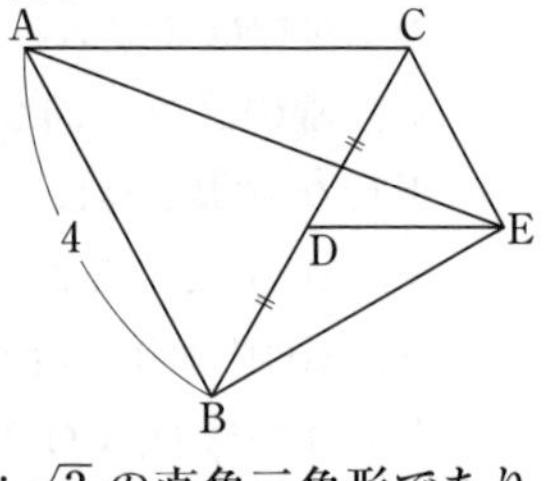

(2)<長さ—三平方の定理>右上図1で，△ABCが正三角形より∠ABC=60°だから，∠ABE=∠ABC+∠DBE=60°+30°=90°である。よって，△ABEは直角三角形だから，三平方の定理より，AE$=\sqrt{\mathrm{AB}^2+\mathrm{BE}^2}=\sqrt{4^2+(2\sqrt{3})^2}=\sqrt{28}=2\sqrt{7}$である。

(3)<体積>次ページの図2で，3点B，D，Eから直線ACに垂線を引き，交点をそれぞれO，P，Qとする。直線ACを軸にして△ABCを1回転させてできる立体は，△AOB，△COBがつくる円錐を合わせた立体であり，△CDEを1回転させてできる立体は，長方形PDEQがつくる円柱から，△CPD，△CQEがつくる円錐を除いた立体となる。△AOB，△CPDはいずれも3辺の比が1：

$2:\sqrt{3}$ の直角三角形となるから，$AO=CO=\frac{1}{2}AC=\frac{1}{2}\times4=2$ より，$OB=\sqrt{3}AO=\sqrt{3}\times2=2\sqrt{3}$ となり，$CP=CQ=\frac{1}{2}PQ=\frac{1}{2}DE=\frac{1}{2}\times2=1$ より，$PD=\sqrt{3}CP=\sqrt{3}\times1=\sqrt{3}$ となる。よって，△ABC を１回転させてできる立体の体積は $\frac{1}{3}\times\pi\times(2\sqrt{3})^2\times2+\frac{1}{3}\times\pi\times(2\sqrt{3})^2\times2=16\pi$，△CDE を１回転させてできる立体の体積は $\pi\times(\sqrt{3})^2\times2-\frac{1}{3}\times\pi\times(\sqrt{3})^2\times1-\frac{1}{3}\times\pi\times(\sqrt{3})^2\times1=4\pi$ だから，求める体積は，$16\pi+4\pi=20\pi$ である。

図２

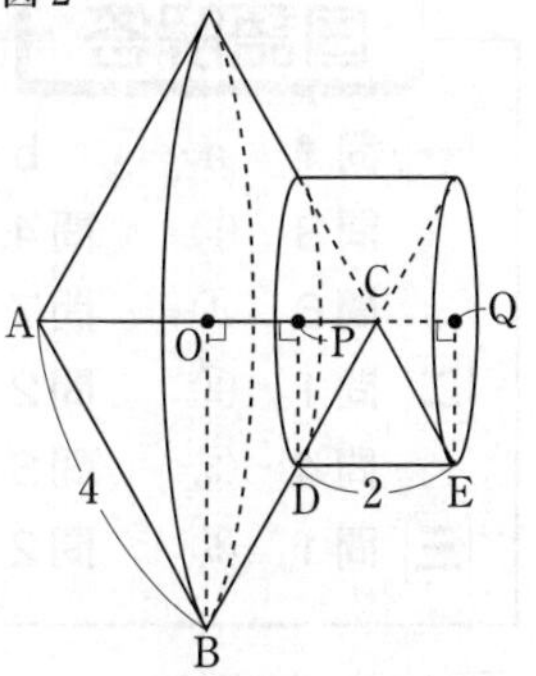

M〔平面図形―円〕

⑴＜角度＞右図で，線分 AC が円 O の直径より，∠ABC＝90° である。AB＝BC だから，△ABC は直角二等辺三角形となり，∠BAC＝∠BCA＝45° である。また，△OAD は OA＝OD の二等辺三角形だから，$\angle OAD=\angle ODA=\frac{1}{2}\times(180^\circ-\angle AOD)=\frac{1}{2}\times(180^\circ-135^\circ)=22.5^\circ$ となる。よって，△ACE で内角と外角の関係より，$\angle AEB=\angle BCA-\angle OAD=45^\circ-22.5^\circ=22.5^\circ$ である。

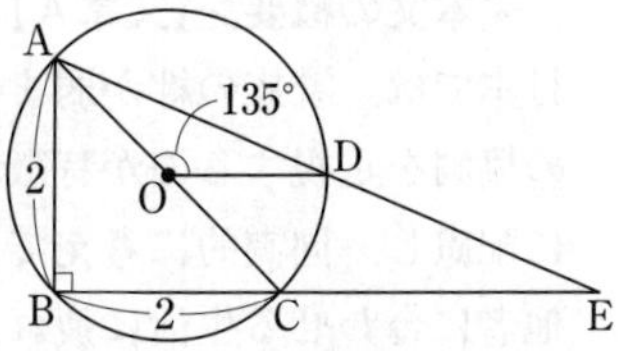

⑵＜長さ―特別な直角三角形＞右上図で，⑴より，△ABC は直角二等辺三角形だから，$AC=\sqrt{2}AB=\sqrt{2}\times2=2\sqrt{2}$ である。また，∠AEB＝∠OAD＝22.5° となり，△ACE は二等辺三角形だから，$CE=AC=2\sqrt{2}$ である。

⑶＜面積＞右上図で，∠ABE＝90° だから，$\triangle ACE=\frac{1}{2}\times CE\times AB=\frac{1}{2}\times2\sqrt{2}\times2=2\sqrt{2}$ である。

国語解答

一　問1　a…④　b…③　問2　②
問3　⑤　問4　②　問5　③
問6　①　問7　④　問8　②

二　問1　②　問2　③　問3　④
問4　⑤　問5　①

三　問1　⑤　問2　②　問3　④
問4　①　問5　③　問6　④

四　問1　④　問2　②　問3　③
問4　①　問5　③

五　問1　⑤　問2　①　問3　③
問4　④　問5　⑤

一〔**論説文の読解─文化人類学的分野─日本人**〕出典；**【文章Ａ】**柏木惠子『おとなが育つ条件──発達心理学から考える』，**【文章Ｂ】**円満字二郎『漢和辞典的に申しますと。』。

≪本文の概要≫【文章Ａ】人間は，他者とともにしか生きられないから，絆は，必要である。しかし，日本では，家族の絆が弱まり，他者への信頼感は低くなっているのが実態である。日本人は，他者との協調を重視するのが特徴であり，自己を所属集団で定義することが多く，また，他者の意見や行動に配慮し，同調的に考えて行動する傾向がある。相互協調的な生き方をする人は，周囲に気を遣って他者に合わせる生活に疲れ，生きる実感を失いがちなため，独立性を大事にする人よりも，心理的安定感が低い。また，他者への気兼ねや他者による拘束など，絆の負の面により，日本人の相互援助のネットワークは，広まりにくい。今は，他と相互に支え合いながらも，個として生きることが求められている。長く重視されてきた相互協調性を見直し，自立と行動の自己制御を尊重し実践することは，日本人が発達するための課題である。／**【文章Ｂ】**「絆」は，「きずな」と訓読みする漢字として，最近人気がある。しかし，「絆」は，“馬などをつないでおく綱”を表す漢字であり，代表的な熟語の「羈絆」は，自由を束縛するもののたとえとして使われる。「バン」と音読みする「絆創膏」の「絆」は，“しばりつける”という意味であり，「絆」は，“自由には動けなくする”意味合いを持つ。他に，「ほだす」という訓読みも，同様の意味であるが，「情にほだされる」という形で用いられて，“人情”の意味合いが加わる。「絆」という人と人とを結びつけるものの背後に，自由を束縛するものがあるという考え方は，日本人的な発想である。

問1＜漢字＞ａ．「依存」と書く。①は「尊敬」，②は「児孫」，③は「村落」，④は「存在」，⑤は「損害」。　ｂ．「回避」と書く。①は「比」，②は「費」，④は「悲」，⑤は「卑」。

問2＜文脈＞「今は弱い地域との付き合いを深めたいと望む人」が多く，絆は重要だと考えられているが，人々の「他者への信頼感」は低く，実際には絆は強くない。「このように重要と認めながら，現実の絆は強くない」のはなぜかというと，日本人の自己認識や考え方，行動は，相互協調性，依存性が特徴であり，日本人は，他者への気兼ねや他者による拘束など，絆の負の面を体験しているからである。

問3＜接続語＞日本人の心と行動は，「他者の意見や行動に配慮し同調的な傾向」があるけれども，「この相互協調的な生き方」が，必ずしも心理的安定に繋がっているとは限らない。近隣との交流については，「日本は他国よりも～あたりさわりのない交流が多く，相互援助は少ない」けれども，「これでは危急の時の支援の絆にはならない」のである。

問4＜文章内容＞日本人は，「絆は大事」という意識を皆が持つべきだと頭では理解していても，「他者への気兼ねや他者による拘束など，絆の負の面」を体験しているため，実際に自分がネットワークを広げていく場合になると，積極的な気持ちになれないのである。

問5＜資料＞近隣との交流について，日本は他国よりも「ものをもらったりあげたりする」という

「あたりさわりのない交流」は多いが,「病気のとき助け合う」といった「相互援助」は少ない。

問６＜敬語＞「申し上げたくなってしまうのです」では,「申し上げる」が謙譲語,「です」が丁寧語。①は,「うかがう」が謙譲語,「ます」が丁寧語(…○)。②は,「拝見する」と「いただく」が謙譲語。③は,「召し上がる」が尊敬語,「です」が丁寧語。④は,「ご～になる」と「お～ください」が尊敬語。⑤は,「お降りの」の「お」が尊敬の意味の接頭語,「方」と「いらっしゃる」が尊敬語,「ます」が丁寧語。

問７＜文章内容＞「羈絆」は,「馬の顔に取り付ける馬具」に綱をつなぐ,ということであるから,制限を加えて自由を奪うものである。「絆」には,「人と人を結びつけるもの」という意味もあるが,「自由には動けなくする」という意味合いもある。

問８＜要旨＞大震災後に「絆」の重要性が求められている一方で,世論調査の結果で「信用できない人が多い」と思う人が過半数を占めるのは,もともとは「自由には動けなくする」という意味を持つ「絆」の,「他者への気兼ねや他者による拘束」といった負の面が表れていると思われる。

二〔漢字〕

問１.「畜産業」と書く。①は「賛同」,③は「参考」,④は「再三」,⑤は「清算」。　**問２**.「洞察力」と書く。①は「同時」,②は「誘導」,④は「運動」,⑤は「青銅」。　**問３**.「典型的」と書く。①は「転嫁」,②は「展開」,③は「添付」,⑤は「天災」。　**問４**.「関心」と書く。①は「干渉」,②は「違和感」,③は「勘当」,④は「世界観」。　**問５**.「果報」と書く。②は「国宝」,③は「奉仕」,④は「途方」,⑤は「来訪者」。

三〔論説文の読解―芸術・文学・言語学的分野―文学〕出典;齋藤孝『ネット断ち』。

問１＜四字熟語＞「古今東西」は,昔から今までと,全ての所のこと。ありとあらゆる時代と場所の全てということ。「一期一会」は,生涯に一度だけ出会うこと。「旧態依然」は,昔のままで,進歩・発展がないこと。「前代未聞」は,今までに聞いたこともないようなこと。「空前絶後」は,以前にもそれに類する物事がなく,将来にもないだろうと思われるような珍しいこと。

問２＜ことばの単位＞文節に分けると,「テキストに／入り込み,／その／世界を／実体験のように／感じる／ことです」となる。「ように」は,助動詞「ようだ」の連用形で,付属語。

問３＜慣用句＞「腰を据える」は,落ち着いて物事に取り組む,という意味。「腰が重い」は,無精で,気軽に行動に移さないさま。「首が回らない」は,借金などが多くて,やりくりがつかないさま。「耳が痛い」は,他人の言うことが自分の弱点を突いているので,聞くことがつらいさま。「歯に衣きせぬ」は,相手に遠慮せずに,思っていることを包み隠さずに言う,という意味。「顔が広い」は,交際範囲が広い,また,知り合いが多いさま。

問４＜品詞＞「一つでしょう」と「苦しかろうが」の「う」は,推量の意味の助動詞。「行きましょう」の「う」は勧誘の意味,「来ようと」と「申し込もう」の「う」は,意志の意味の助動詞。「いうのは」の「う」は,動詞「いう」の活用語尾。

問５＜文学史＞『斜陽』は,昭和22(1947)年に発表された太宰治の小説。

問６＜要旨＞文学作品を「ネットで調べればあらすじを知ること」ができるが,単に情報を収集するだけでは「深い教養や人格」は身につかない。作品に沈潜し,テキストに深く入り込むことで,「登場人物,あるいは作者の思想や人格」にふれ,ときに格闘したり,物語の世界を疑似体験を超えた実体験のように感じたりすることができる。「作品に沈潜するというのは～自分の感覚と感情,知性と教養を働かせながら咀嚼し,消化して」取り込むことであり,作品と向き合うためには少なくとも「１日１時間,沈潜タイムがどうしても欲しいところ」である。

四〔国語の知識〕

問1＜漢字の知識＞「暗示」の「暗」は，ひそかであること。「暗雲」と「明暗」の「暗」は，くらいこと。「暗誦」と「暗記」の「暗」は，そらで覚えること。

問2＜熟語の構成＞「真偽」と「是非」は，反対の意味の字を重ねた熟語。「投票」は，下の字が上の字の目的語になっている熟語。「善人」と「必然」は，上の字が下の字を修飾している熟語。「道路」は，同じような意味の漢字を重ねた熟語。

問3＜漢字＞「申請」は「シンセイ」，「請求」は「セイキュウ」，「普請」は「フシン」，「請願」は「セイガン」，「要請」は「ヨウセイ」と読む。

問4＜四字熟語＞「意味深長」は，意味深いさま，また，隠れた特別の意味を持っているさま。

問5＜文章の構成＞「インタビューに緊張して，肩が痛くて〜」と対談チームの仲間に言っても，「誰も〜心配してくれない」どころか，「聞き流されるばかり」である(…(Ⅱ))。だから，「冷たいなあ〜本当につらいのに」と思っていたけれども(…(Ⅰ))，「実際，だんだん」慣れて(…(Ⅴ))，「初期の頃ほど〜痛くなること」はなくなったが(…(Ⅳ))，「いまだにインタビュー中は〜一喜一憂」する(…(Ⅲ))。

五〔古文の読解—物語〕出典；『大和物語』第一六八段。

≪現代語訳≫深草の帝と申し上げた帝の御代に，良少将という人が，(帝の信任の)並々でないときであった。(その男は)たいそう多情な人であった。人目を避けてときどき会った女が，同じ宮中にいた。(男が)「今夜きっと会おう」と約束していた夜があった。女が念入りに化粧して(少将を)待つが，連絡もない。(女は)目を覚まして，夜が更けたのだろうかと思っているときに，(宿直が)時刻を知らせる音がしたので，聞くと，「丑三つ」と言ったのを聞いて，男のところへ，すぐに(手紙で)歌をよんで送った。／愛する人の心を(信じて来訪をあてにしていたが，)信じたばかりに憂し，という目を見た。すでに丑三つ時になった今となっては，もうあなたが来るのは当てにしません／と(上の句を)送ったところ，(男は)目が覚めて，／夢の中であなたの姿が見えるかと寝て過ごすうちに，うっかり約束の時間の子の刻が過ぎてしまった／と(下の句を)つけて送った。(男は，約束の時刻まで)少しの間と思って，ちょっと休んでいた間に，寝過ごしてしまったのだった。

問1＜歴史的仮名遣い＞歴史的仮名遣いの「au」の音は，現代仮名遣いでは「ou」になる(①…○)。語頭以外のハ行は，現代仮名遣いでは原則として「わいうえお」になる(②・③・④…○)。助動詞の「ぬ」は，そのままで，「む」は，現代仮名遣いでは「ん」と書く(④…○，⑤…×)。

問2＜古典の知識＞午後11時から午前1時までを「子の刻」とし，そこから2時間ずつ十二支で表した。「丑三つ」は，午前1時から午前3時までの「丑の刻」を4つに分けた3番目に当たる午前2時頃である。

問3＜古典文法＞「寝過ぎにたるになむありける」では，係助詞「なむ」があるので，文末が，「けり」の連体形「ける」になっている。これを係り結びという。

問4＜文学史＞『平家物語』は，鎌倉時代前期に成立した軍記物語。『古事記』は，奈良時代初期に成立した歴史書。『おくのほそ道』は，江戸時代初期に成立した松尾芭蕉の俳諧紀行文。『万葉集』は，奈良時代後半に成立した現存する我が国最古の歌集。

問5＜古文の内容理解＞女は，約束していた夜に男を待っていたが，連絡もなく，待ちくたびれて，深夜の「丑三つ」時に目を覚まし，約束の時刻を過ぎても来ないあなたをもう当てにしません，という歌を男へ送った(②・④…×，⑤…○)。すると男は，夢の中であなたの姿が見えるかと寝て過ごすうちに，うっかり約束の時間の子の刻が過ぎてしまった，という歌を送って言い訳をしたが，実は，約束の時刻までと思って休んでいた間に，寝過ごしたのだった(①・③…×)。

2020年度 東亜学園高等学校（推薦）

【作文問題】（50分）

次の【テーマⅠ】【テーマⅡ】の文を読んでどちらかを選び、①～④の問いかけに答える形で4段落構成の文章を書いてください。

・文字数は500字以上600字以内です。

・常用漢字を適切に使用し、誤字・脱字のないように気をつけてください。

・段落の書き出しは①～④の数字を記してください。1マス空ける必要はありません。

・それ以外の段落の変わるところでは改行し、1マス空けてください。

【テーマⅠ　考え方の違いについて】

私たちの社会には多くの人間が様々な個性を持って暮らしています。まさに人と人とが「共存・共生」する社会です。しかし、考え方の違いからつい感情的になってしまい、相手とぶつかってしまうこともよくあります。

① 自分の考え・意見をはっきり主張することの良い点は何だと思いますか。
② 考え方・意見の違いからあなたが相手とぶつかってしまった例を挙げてみてください。
③ そういうとき、あなたはどうやってそれを解決しようとしましたか。
④ これから始まる人間関係を良好に保つため、どのようなことを心がけたいですか。

【テーマⅡ　ごみ問題について】

最近、プラスチックごみによって海洋生物が傷つけられるなど、私たち人間の生活から出たごみが、自然環境に悪い影響を与えていることが世界的ニュースとして注目されています。

① あなたが知っている「ごみ問題」にはどのようなものがありますか。
② ①で挙げた「ごみ問題」は、将来、私たちにどんな影響を与えると思いますか。
③「ごみ問題」がここまで深刻になってしまった理由は何だと思いますか。
④ ごみによる環境破壊を防ぐために、あなたが日頃の生活の中でできることは何ですか。

Memo

当社発行物の無断使用は固くお断りいたします。御使用の前はまずご相談ください。

当社発行物には500点余の首都圏中・高過去問をはじめ、6点の学校案内、そのほかいくつかの情報誌などがございます。その多くが年度版で、限られたスタッフが来るべき受験シーズン前に余裕を持って受験生へ届けられるよう、日夜作業にあたり出版を重ねております。

最近、通塾生ご父母や塾内部からの告発によって、いくつかの塾が許諾なしに当社過去問を複写(コピー)し生徒に配布、授業等にも使用していることが発覚し、その一部が紛争、係争に至っております。過去問には原著作者や管理団体、代行出版等のほか、当社に著作権がございます。当社としましては、著作権侵害の発覚に対しては著作権を有するこれらの著作権関係者にその事実を開示して、マスコミにリリースする場合や法的な措置を取る場合がございます。その事例としましては、毎年当社過去問の発行を待って自由にシステム化使用していたA塾、個別教室でコピーを生徒に解かせ指導していたB塾、冊子化していたC社、生徒の希望によって書籍の過去問代わりにコピーを配布していたD塾などがあります。

当社発行物の全部もしくは一部を無断使用することは固くお断りいたします。

当社コンテンツの中にはリーズナブルな設定で紙面の利用を許諾している塾もたくさんございますので、ご希望の方は、お気軽にご相談くださいますようお願いします。同時に、当社発行物を無断で使用している会社などにつきましての情報もお寄せいただければ幸いです。

株式会社 声の教育社

2025年度用

高校スーパー過去問

■編集人 声の教育社・編集部
■発行所 株式会社 声の教育社
〒162-0814 東京都新宿区新小川町8-15
☎03-5261-5061㈹ FAX03-5261-5062
https://www.koenokyoikusha.co.jp

東亜学園高等学校

別冊 解答用紙

丁寧に抜きとって、別冊としてご使用ください。

★合格者最低点

	2024年度	2023年度	2022年度	2021年度	2020年度
総合選抜	—	145	145	150	145
特進	—	165	165	165	165

※—は非公表

注意

○ 解答用紙は、収録の都合により縮小したものや、小社独自に作成したものもあります。
○ 学校配点は学校発表のもの、推定配点は小社で作成したものです。
○ 無断転載を禁じます。
○ 解答用紙を拡大コピーする場合、表示した拡大率に対応する用紙サイズは以下のとおりです。
101%〜102%=B5　103%〜118%=A4　119%〜144%=B4　145%〜167%=A3
(タイトルと配点表は含みません)

２０２４年度　東亜学園高等学校

英語解答用紙

評点	／100

記入上の注意
- ● HBのシャープペンシルもしくは鉛筆でマークしてください。
- ● 機械で処理しますので、汚したり、折ったり、丸めたりしないでください。
- ● 記入したマークを消すときは、きれいに消してください。
- ● マークは枠からはみ出さないように塗りつぶしてください。
- ● 所定の記入欄以外には、何も記入しないでください。

良い例	悪い例
●	⊘ ⊙ ⊖

フリガナ	
氏　名	

番　号										
千	⓪	①	②	③	④	⑤	⑥	⑦	⑧	⑨
百	⓪	①	②	③	④	⑤	⑥	⑦	⑧	⑨
拾	⓪	①	②	③	④	⑤	⑥	⑦	⑧	⑨
壱	⓪	①	②	③	④	⑤	⑥	⑦	⑧	⑨

問題	解	答	欄	
1	①	②	③	④
2	①	②	③	④
3	①	②	③	④
4	①	②	③	④
5	①	②	③	④
6	①	②	③	④
7	①	②	③	④
8	①	②	③	④
9	①	②	③	④
10	①	②	③	④
11	①	②	③	④
12	①	②	③	④
13	①	②	③	④
14	①	②	③	④
15	①	②	③	④
16	①	②	③	④
17	①	②	③	④
18	①	②	③	④
19	①	②	③	④
20	①	②	③	④
21	①	②	③	④
22	①	②	③	④
23	①	②	③	④
24	①	②	③	④
25	①	②	③	④

問題	解	答	欄	
26	①	②	③	④
27	①	②	③	④
28	①	②	③	④
29	①	②	③	④
30	①	②	③	④

（注）この解答用紙は実物を縮小してあります。B４用紙に141％拡大コピーすると、ほぼ実物大で使用できます。（タイトルと配点表は含みません）

推定配点		計
	1　各２点×５　　2，3　各３点×10 4　各４点×５　　5　各５点×８	100点

２０２４年度　東亜学園高等学校

数学解答用紙

評点	／100

記入上の注意
- HBのシャープペンシルもしくは鉛筆でマークしてください。
- 機械で処理しますので、汚したり、折ったり、丸めたりしないでください。
- 記入したマークを消すときは、きれいに消してください。
- マークは枠からはみ出さないように塗りつぶしてください。
- 所定の記入欄以外には、何も記入しないでください。

良い例	悪い例
●	⊘ ⊙ ⊖

フリガナ	
氏　名	

番　号										
千	⓪	①	②	③	④	⑤	⑥	⑦	⑧	⑨
百	⓪	①	②	③	④	⑤	⑥	⑦	⑧	⑨
拾	⓪	①	②	③	④	⑤	⑥	⑦	⑧	⑨
壱	⓪	①	②	③	④	⑤	⑥	⑦	⑧	⑨

問題	解　答　欄				
1	①	②	③	④	⑤
2	①	②	③	④	⑤
3	①	②	③	④	⑤
4	①	②	③	④	⑤
5	①	②	③	④	⑤
6	①	②	③	④	⑤
7	①	②	③	④	⑤
8	①	②	③	④	⑤
9	①	②	③	④	⑤
10	①	②	③	④	⑤
11	①	②	③	④	⑤
12	①	②	③	④	⑤
13	①	②	③	④	⑤
14	①	②	③	④	⑤
15	①	②	③	④	⑤
16	①	②	③	④	⑤
17	①	②	③	④	⑤
18	①	②	③	④	⑤
19	①	②	③	④	⑤
20	①	②	③	④	⑤

（注）この解答用紙は実物を縮小してあります。B４用紙に119％拡大コピーすると、ほぼ実物大で使用できます。（タイトルと配点表は含みません）

推定配点		計
	A～M　各５点×20	100点

二〇二四年度　東亜学園高等学校

国語解答用紙

評点	／100

記入上の注意
- HBのシャープペンシルもしくは鉛筆でマークしてください。
- 機械で処理しますので、汚したり、折ったり、丸めたりしないでください。
- 記入したマークを消すときは、きれいに消してください。
- マークは枠からはみ出さないように塗りつぶしてください。
- 所定の記入欄以外には、何も記入しないでください。

良い例	悪い例
●	⊘ ⊙ ⊖

フリガナ	
氏　名	

番　号	
千	⓪ ① ② ③ ④ ⑤ ⑥ ⑦ ⑧ ⑨
百	⓪ ① ② ③ ④ ⑤ ⑥ ⑦ ⑧ ⑨
拾	⓪ ① ② ③ ④ ⑤ ⑥ ⑦ ⑧ ⑨
壱	⓪ ① ② ③ ④ ⑤ ⑥ ⑦ ⑧ ⑨

問題	解答欄
1	① ② ③ ④ ⑤
2	① ② ③ ④ ⑤
3	① ② ③ ④ ⑤
4	① ② ③ ④ ⑤
5	① ② ③ ④ ⑤
6	① ② ③ ④ ⑤
7	① ② ③ ④ ⑤
8	① ② ③ ④ ⑤
9	① ② ③ ④ ⑤
10	① ② ③ ④ ⑤
11	① ② ③ ④ ⑤
12	① ② ③ ④ ⑤
13	① ② ③ ④ ⑤
14	① ② ③ ④ ⑤
15	① ② ③ ④ ⑤
16	① ② ③ ④ ⑤
17	① ② ③ ④ ⑤
18	① ② ③ ④ ⑤
19	① ② ③ ④ ⑤
20	① ② ③ ④ ⑤
21	① ② ③ ④ ⑤
22	① ② ③ ④ ⑤
23	① ② ③ ④ ⑤
24	① ② ③ ④ ⑤
25	① ② ③ ④ ⑤

問題	解答欄
26	① ② ③ ④ ⑤
27	① ② ③ ④ ⑤
28	① ② ③ ④ ⑤
29	① ② ③ ④ ⑤
30	① ② ③ ④ ⑤

（注）この解答用紙は実物を縮小してあります。B４用紙に141％拡大コピーすると、ほぼ実物大で使用できます。（タイトルと配点表は含みません）

推定配点		計
	一　問１　各３点×２　問２～問７　各４点×７ 二　各３点×５ 三　問１～問５　各３点×５　問６　４点 四　問１～問４　各３点×４　問５　４点 五　問１～問３　各３点×３　問４　４点　問５　３点	100点

２０２３年度　東亜学園高等学校

英語解答用紙

評点	／100

記入上の注意
- HBのシャープペンシルもしくは鉛筆でマークしてください。
- 機械で処理しますので、汚したり、折ったり、丸めたりしないでください。
- 記入したマークを消すときは、きれいに消してください。
- マークは枠からはみ出さないように塗りつぶしてください。
- 所定の記入欄以外には、何も記入しないでください。

良い例	悪い例
●	⊘ ⊙ ○

フリガナ	
氏　名	

番　号										
千	⓪	①	②	③	④	⑤	⑥	⑦	⑧	⑨
百	⓪	①	②	③	④	⑤	⑥	⑦	⑧	⑨
拾	⓪	①	②	③	④	⑤	⑥	⑦	⑧	⑨
壱	⓪	①	②	③	④	⑤	⑥	⑦	⑧	⑨

問題	解	答	欄	
1	①	②	③	④
2	①	②	③	④
3	①	②	③	④
4	①	②	③	④
5	①	②	③	④
6	①	②	③	④
7	①	②	③	④
8	①	②	③	④
9	①	②	③	④
10	①	②	③	④
11	①	②	③	④
12	①	②	③	④
13	①	②	③	④
14	①	②	③	④
15	①	②	③	④
16	①	②	③	④
17	①	②	③	④
18	①	②	③	④
19	①	②	③	④
20	①	②	③	④
21	①	②	③	④
22	①	②	③	④
23	①	②	③	④
24	①	②	③	④
25	①	②	③	④

問題	解	答	欄	
26	①	②	③	④
27	①	②	③	④
28	①	②	③	④
29	①	②	③	④
30	①	②	③	④

（注）この解答用紙は実物を縮小してあります。B４用紙に141％拡大コピーすると、ほぼ実物大で使用できます。（タイトルと配点表は含みません）

推定配点		計
	1　各４点×５　　2，3　各２点×８ 4　各３点×４　　5，6　各４点×13	100点

2023年度　東亜学園高等学校

数学解答用紙

評点	／100

記入上の注意
- HBのシャープペンシルもしくは鉛筆でマークしてください。
- 機械で処理しますので、汚したり、折ったり、丸めたりしないでください。
- 記入したマークを消すときは、きれいに消してください。
- マークは枠からはみ出さないように塗りつぶしてください。
- 所定の記入欄以外には、何も記入しないでください。

良い例	悪い例
●	⊘ ◉ ⊖

番号										
千	⓪	①	②	③	④	⑤	⑥	⑦	⑧	⑨
百	⓪	①	②	③	④	⑤	⑥	⑦	⑧	⑨
拾	⓪	①	②	③	④	⑤	⑥	⑦	⑧	⑨
壱	⓪	①	②	③	④	⑤	⑥	⑦	⑧	⑨

フリガナ	
氏　名	

問題	解答欄				
1	①	②	③	④	⑤
2	①	②	③	④	⑤
3	①	②	③	④	⑤
4	①	②	③	④	⑤
5	①	②	③	④	⑤
6	①	②	③	④	⑤
7	①	②	③	④	⑤
8	①	②	③	④	⑤
9	①	②	③	④	⑤
10	①	②	③	④	⑤
11	①	②	③	④	⑤
12	①	②	③	④	⑤
13	①	②	③	④	⑤
14	①	②	③	④	⑤
15	①	②	③	④	⑤
16	①	②	③	④	⑤
17	①	②	③	④	⑤
18	①	②	③	④	⑤
19	①	②	③	④	⑤
20	①	②	③	④	⑤

（注）この解答用紙は実物を縮小してあります。B4用紙に119％拡大コピーすると、ほぼ実物大で使用できます。（タイトルと配点表は含みません）

推定配点		計
	A～M　各5点×20	100点

二〇二三年度　東亜学園高等学校

国語解答用紙

評点	／100

記入上の注意
- HBのシャープペンシルもしくは鉛筆でマークしてください。
- 機械で処理しますので、汚したり、折ったり、丸めたりしないでください。
- 記入したマークを消すときは、きれいに消してください。
- マークは枠からはみ出さないように塗りつぶしてください。
- 所定の記入欄以外には、何も記入しないでください。

良い例	悪い例
●	⊘ ⊙ ⊖

フリガナ	
氏　名	

番　号	
千	⓪ ① ② ③ ④ ⑤ ⑥ ⑦ ⑧ ⑨
百	⓪ ① ② ③ ④ ⑤ ⑥ ⑦ ⑧ ⑨
拾	⓪ ① ② ③ ④ ⑤ ⑥ ⑦ ⑧ ⑨
壱	⓪ ① ② ③ ④ ⑤ ⑥ ⑦ ⑧ ⑨

問題	解　答　欄				
1	①	②	③	④	⑤
2	①	②	③	④	⑤
3	①	②	③	④	⑤
4	①	②	③	④	⑤
5	①	②	③	④	⑤
6	①	②	③	④	⑤
7	①	②	③	④	⑤
8	①	②	③	④	⑤
9	①	②	③	④	⑤
10	①	②	③	④	⑤
11	①	②	③	④	⑤
12	①	②	③	④	⑤
13	①	②	③	④	⑤
14	①	②	③	④	⑤
15	①	②	③	④	⑤
16	①	②	③	④	⑤
17	①	②	③	④	⑤
18	①	②	③	④	⑤
19	①	②	③	④	⑤
20	①	②	③	④	⑤
21	①	②	③	④	⑤
22	①	②	③	④	⑤
23	①	②	③	④	⑤
24	①	②	③	④	⑤
25	①	②	③	④	⑤

問題	解　答　欄				
26	①	②	③	④	⑤
27	①	②	③	④	⑤
28	①	②	③	④	⑤
29	①	②	③	④	⑤
30	①	②	③	④	⑤

（注）この解答用紙は実物を縮小してあります。B4用紙に141％拡大コピーすると、ほぼ実物大で使用できます。（タイトルと配点表は含みません）

推定配点		計
	一　問１　各３点×２　問２～問７　各４点×７ 二　各３点×５ 三　問１～問５　各３点×５　問６　４点 四　問１～問４　各３点×４　問５　４点 五　問１～問３　各３点×３　問４　４点　問５　３点	100点

2022年度　　東亜学園高等学校

英語解答用紙

評点	／100

記入上の注意
- HBのシャープペンシルもしくは鉛筆でマークしてください。
- 機械で処理しますので、汚したり、折ったり、丸めたりしないでください。
- 記入したマークを消すときは、きれいに消してください。
- マークは枠からはみ出さないように塗りつぶしてください。
- 所定の記入欄以外には、何も記入しないでください。

良い例	悪い例
●	⊘ ⊙ ⊖

フリガナ	
氏　名	

番　号										
千	⓪	①	②	③	④	⑤	⑥	⑦	⑧	⑨
百	⓪	①	②	③	④	⑤	⑥	⑦	⑧	⑨
拾	⓪	①	②	③	④	⑤	⑥	⑦	⑧	⑨
壱	⓪	①	②	③	④	⑤	⑥	⑦	⑧	⑨

問題	解	答	欄	
1	①	②	③	④
2	①	②	③	④
3	①	②	③	④
4	①	②	③	④
5	①	②	③	④
6	①	②	③	④
7	①	②	③	④
8	①	②	③	④
9	①	②	③	④
10	①	②	③	④
11	①	②	③	④
12	①	②	③	④
13	①	②	③	④
14	①	②	③	④
15	①	②	③	④
16	①	②	③	④
17	①	②	③	④
18	①	②	③	④
19	①	②	③	④
20	①	②	③	④
21	①	②	③	④
22	①	②	③	④
23	①	②	③	④
24	①	②	③	④
25	①	②	③	④

問題	解	答	欄	
26	①	②	③	④
27	①	②	③	④
28	①	②	③	④
29	①	②	③	④
30	①	②	③	④

（注）この解答用紙は実物を縮小してあります。B４用紙に141％拡大コピーすると、ほぼ実物大で使用できます。（タイトルと配点表は含みません）

推定配点		計
	1 各４点×５　　2, 3 各２点×８ 4 各３点×４　　5, 6 各４点×13	100点

2022年度　東亜学園高等学校

数学解答用紙

評点	／100

記入上の注意
- HBのシャープペンシルもしくは鉛筆でマークしてください。
- 機械で処理しますので、汚したり、折ったり、丸めたりしないでください。
- 記入したマークを消すときは、きれいに消してください。
- マークは枠からはみ出さないように塗りつぶしてください。
- 所定の記入欄以外には、何も記入しないでください。

良い例	悪い例
●	⊘ ⊙ ⊖

フリガナ	
氏　名	

番　号										
千	⓪	①	②	③	④	⑤	⑥	⑦	⑧	⑨
百	⓪	①	②	③	④	⑤	⑥	⑦	⑧	⑨
拾	⓪	①	②	③	④	⑤	⑥	⑦	⑧	⑨
壱	⓪	①	②	③	④	⑤	⑥	⑦	⑧	⑨

問題	解	答	欄		
1	①	②	③	④	⑤
2	①	②	③	④	⑤
3	①	②	③	④	⑤
4	①	②	③	④	⑤
5	①	②	③	④	⑤
6	①	②	③	④	⑤
7	①	②	③	④	⑤
8	①	②	③	④	⑤
9	①	②	③	④	⑤
10	①	②	③	④	⑤
11	①	②	③	④	⑤
12	①	②	③	④	⑤
13	①	②	③	④	⑤
14	①	②	③	④	⑤
15	①	②	③	④	⑤
16	①	②	③	④	⑤
17	①	②	③	④	⑤
18	①	②	③	④	⑤
19	①	②	③	④	⑤
20	①	②	③	④	⑤

（注）この解答用紙は実物を縮小してあります。B4用紙に119%拡大コピーすると、ほぼ実物大で使用できます。（タイトルと配点表は含みません）

推定配点		計
	A～M　各5点×20	100点

二〇二二年度　東亜学園高等学校

国語解答用紙

評点	／100

記入上の注意
- HBのシャープペンシルもしくは鉛筆でマークしてください。
- 機械で処理しますので、汚したり、折ったり、丸めたりしないでください。
- 記入したマークを消すときは、きれいに消してください。
- マークは枠からはみ出さないように塗りつぶしてください。
- 所定の記入欄以外には、何も記入しないでください。

良い例	悪い例
●	⊘ ◉ ⊖

フリガナ	
氏　名	

番　号										
千	⓪	①	②	③	④	⑤	⑥	⑦	⑧	⑨
百	⓪	①	②	③	④	⑤	⑥	⑦	⑧	⑨
拾	⓪	①	②	③	④	⑤	⑥	⑦	⑧	⑨
壱	⓪	①	②	③	④	⑤	⑥	⑦	⑧	⑨

問題	解	答	欄		
1	①	②	③	④	⑤
2	①	②	③	④	⑤
3	①	②	③	④	⑤
4	①	②	③	④	⑤
5	①	②	③	④	⑤
6	①	②	③	④	⑤
7	①	②	③	④	⑤
8	①	②	③	④	⑤
9	①	②	③	④	⑤
10	①	②	③	④	⑤
11	①	②	③	④	⑤
12	①	②	③	④	⑤
13	①	②	③	④	⑤
14	①	②	③	④	⑤
15	①	②	③	④	⑤
16	①	②	③	④	⑤
17	①	②	③	④	⑤
18	①	②	③	④	⑤
19	①	②	③	④	⑤
20	①	②	③	④	⑤
21	①	②	③	④	⑤
22	①	②	③	④	⑤
23	①	②	③	④	⑤
24	①	②	③	④	⑤
25	①	②	③	④	⑤

問題	解	答	欄		
26	①	②	③	④	⑤
27	①	②	③	④	⑤
28	①	②	③	④	⑤
29	①	②	③	④	⑤
30	①	②	③	④	⑤

（注）この解答用紙は実物を縮小してあります。B4用紙に141%拡大コピーすると、ほぼ実物大で使用できます。（タイトルと配点表は含みません）

推定配点		計
	一　問１　各３点×２　問２～問８　各４点×７ 二　各３点×５ 三　問１～問５　各３点×５　問６　４点 四　問１～問４　各３点×４　問５　４点 五　問１～問３　各３点×３　問４　４点　問５　３点	100点

2021年度　東亜学園高等学校

英語解答用紙

評点	／100

記入上の注意
- HBのシャープペンシルもしくは鉛筆でマークしてください。
- 機械で処理しますので、汚したり、折ったり、丸めたりしないでください。
- 記入したマークを消すときは、きれいに消してください。
- マークは枠からはみ出さないように塗りつぶしてください。
- 所定の記入欄以外には、何も記入しないでください。

良い例	悪い例
●	⊘ ⊙ ⊖

番号	
千	⓪ ① ② ③ ④ ⑤ ⑥ ⑦ ⑧ ⑨
百	⓪ ① ② ③ ④ ⑤ ⑥ ⑦ ⑧ ⑨
拾	⓪ ① ② ③ ④ ⑤ ⑥ ⑦ ⑧ ⑨
壱	⓪ ① ② ③ ④ ⑤ ⑥ ⑦ ⑧ ⑨

フリガナ	
氏　名	

問題	解　答　欄
1	① ② ③ ④
2	① ② ③ ④
3	① ② ③ ④
4	① ② ③ ④
5	① ② ③ ④
6	① ② ③ ④
7	① ② ③ ④
8	① ② ③ ④
9	① ② ③ ④
10	① ② ③ ④
11	① ② ③ ④
12	① ② ③ ④
13	① ② ③ ④
14	① ② ③ ④
15	① ② ③ ④
16	① ② ③ ④
17	① ② ③ ④
18	① ② ③ ④
19	① ② ③ ④
20	① ② ③ ④
21	① ② ③ ④
22	① ② ③ ④
23	① ② ③ ④
24	① ② ③ ④
25	① ② ③ ④

問題	解　答　欄
26	① ② ③ ④
27	① ② ③ ④
28	① ② ③ ④
29	① ② ③ ④
30	① ② ③ ④

（注）この解答用紙は実物を縮小してあります。B4用紙に141%拡大コピーすると、ほぼ実物大で使用できます。（タイトルと配点表は含みません）

学校配点		計
	[1] 各4点×5　[2], [3] 各2点×8 [4] 各3点×4　[5], [6] 各4点×13	100点

２０２１年度　東亜学園高等学校

数学解答用紙

評点	／100

記入上の注意
- HBのシャープペンシルもしくは鉛筆でマークしてください。
- 機械で処理しますので、汚したり、折ったり、丸めたりしないでください。
- 記入したマークを消すときは、きれいに消してください。
- マークは枠からはみ出さないように塗りつぶしてください。
- 所定の記入欄以外には、何も記入しないでください。

良い例	悪い例
●	⊘ ◉ ⊖

フリガナ	
氏　名	

番　号										
千	⓪	①	②	③	④	⑤	⑥	⑦	⑧	⑨
百	⓪	①	②	③	④	⑤	⑥	⑦	⑧	⑨
拾	⓪	①	②	③	④	⑤	⑥	⑦	⑧	⑨
壱	⓪	①	②	③	④	⑤	⑥	⑦	⑧	⑨

問題	解答欄				
1	①	②	③	④	⑤
2	①	②	③	④	⑤
3	①	②	③	④	⑤
4	①	②	③	④	⑤
5	①	②	③	④	⑤
6	①	②	③	④	⑤
7	①	②	③	④	⑤
8	①	②	③	④	⑤
9	①	②	③	④	⑤
10	①	②	③	④	⑤
11	①	②	③	④	⑤
12	①	②	③	④	⑤
13	①	②	③	④	⑤
14	①	②	③	④	⑤
15	①	②	③	④	⑤
16	①	②	③	④	⑤
17	①	②	③	④	⑤
18	①	②	③	④	⑤
19	①	②	③	④	⑤
20	①	②	③	④	⑤

（注）この解答用紙は実物を縮小してあります。Ｂ４用紙に119％拡大コピーすると、ほぼ実物大で使用できます。（タイトルと配点表は含みません）

学校配点		計
	A～M　各５点×20	100点

二〇二一年度　東亜学園高等学校

国語解答用紙

評点	／100

記入上の注意
- HBのシャープペンシルもしくは鉛筆でマークしてください。
- 機械で処理しますので、汚したり、折ったり、丸めたりしないでください。
- 記入したマークを消すときは、きれいに消してください。
- マークは枠からはみ出さないように塗りつぶしてください。
- 所定の記入欄以外には、何も記入しないでください。

良い例	悪い例
●	⊘ ⊙ ⊖

フリガナ	
氏　名	

番　号										
千	⓪	①	②	③	④	⑤	⑥	⑦	⑧	⑨
百	⓪	①	②	③	④	⑤	⑥	⑦	⑧	⑨
拾	⓪	①	②	③	④	⑤	⑥	⑦	⑧	⑨
壱	⓪	①	②	③	④	⑤	⑥	⑦	⑧	⑨

問題	解	答	欄		
1	①	②	③	④	⑤
2	①	②	③	④	⑤
3	①	②	③	④	⑤
4	①	②	③	④	⑤
5	①	②	③	④	⑤
6	①	②	③	④	⑤
7	①	②	③	④	⑤
8	①	②	③	④	⑤
9	①	②	③	④	⑤
10	①	②	③	④	⑤
11	①	②	③	④	⑤
12	①	②	③	④	⑤
13	①	②	③	④	⑤
14	①	②	③	④	⑤
15	①	②	③	④	⑤
16	①	②	③	④	⑤
17	①	②	③	④	⑤
18	①	②	③	④	⑤
19	①	②	③	④	⑤
20	①	②	③	④	⑤
21	①	②	③	④	⑤
22	①	②	③	④	⑤
23	①	②	③	④	⑤
24	①	②	③	④	⑤
25	①	②	③	④	⑤

問題	解	答	欄		
26	①	②	③	④	⑤
27	①	②	③	④	⑤
28	①	②	③	④	⑤
29	①	②	③	④	⑤
30	①	②	③	④	⑤

（注）この解答用紙は実物を縮小してあります。B4用紙に141％拡大コピーすると、ほぼ実物大で使用できます。（タイトルと配点表は含みません）

学校配点		計
	一　問1　各3点×2　問2～問8　各4点×7 二　各3点×5 三　問1～問5　各3点×5　問6　4点 四　問1～問4　各3点×4　問5　4点 五　問1，問2　各3点×2　問3　4点　問4，問5　各3点×2	100点

2020年度　東亜学園高等学校

英語解答用紙

評点	／100

記入上の注意
- HBのシャープペンシルもしくは鉛筆でマークしてください。
- 機械で処理しますので、汚したり、折ったり、丸めたりしないでください。
- 記入したマークを消すときは、きれいに消してください。
- マークは枠からはみ出さないように塗りつぶしてください。
- 所定の記入欄以外には、何も記入しないでください。

良い例	悪い例
●	⊘ ⊙ ⊖

フリガナ	
氏　名	

番　号										
千	⓪	①	②	③	④	⑤	⑥	⑦	⑧	⑨
百	⓪	①	②	③	④	⑤	⑥	⑦	⑧	⑨
拾	⓪	①	②	③	④	⑤	⑥	⑦	⑧	⑨
壱	⓪	①	②	③	④	⑤	⑥	⑦	⑧	⑨

問題	解	答	欄	
1	①	②	③	④
2	①	②	③	④
3	①	②	③	④
4	①	②	③	④
5	①	②	③	④
6	①	②	③	④
7	①	②	③	④
8	①	②	③	④
9	①	②	③	④
10	①	②	③	④
11	①	②	③	④
12	①	②	③	④
13	①	②	③	④
14	①	②	③	④
15	①	②	③	④
16	①	②	③	④
17	①	②	③	④
18	①	②	③	④
19	①	②	③	④
20	①	②	③	④
21	①	②	③	④
22	①	②	③	④
23	①	②	③	④
24	①	②	③	④
25	①	②	③	④
26	①	②	③	④
27	①	②	③	④
28	①	②	③	④
29	①	②	③	④
30	①	②	③	④
31	①	②	③	④
32	①	②	③	④
33	①	②	③	④
34	①	②	③	④
35	①	②	③	④
36	①	②	③	④
37	①	②	③	④
38	①	②	③	④
39	①	②	③	④
40	①	②	③	④

(注)この解答用紙は実物を縮小してあります。B4用紙に141%拡大コピーすると、ほぼ実物大で使用できます。(タイトルと配点表は含みません)

推定配点		計
	[1]～[4]　各２点×20　　[5], [6]　各３点×20	100点

2020年度　　東亜学園高等学校

数学解答用紙

評点	／100

記入上の注意
- HBのシャープペンシルもしくは鉛筆でマークしてください。
- 機械で処理しますので、汚したり、折ったり、丸めたりしないでください。
- 記入したマークを消すときは、きれいに消してください。
- マークは枠からはみ出さないように塗りつぶしてください。
- 所定の記入欄以外には、何も記入しないでください。

良い例	悪い例
⬬	⊘ ⊙ ⊖

フリガナ	
氏　名	

番　号										
千	⓪	①	②	③	④	⑤	⑥	⑦	⑧	⑨
百	⓪	①	②	③	④	⑤	⑥	⑦	⑧	⑨
拾	⓪	①	②	③	④	⑤	⑥	⑦	⑧	⑨
壱	⓪	①	②	③	④	⑤	⑥	⑦	⑧	⑨

問題	解	答	欄		
1	①	②	③	④	⑤
2	①	②	③	④	⑤
3	①	②	③	④	⑤
4	①	②	③	④	⑤
5	①	②	③	④	⑤
6	①	②	③	④	⑤
7	①	②	③	④	⑤
8	①	②	③	④	⑤
9	①	②	③	④	⑤
10	①	②	③	④	⑤
11	①	②	③	④	⑤
12	①	②	③	④	⑤
13	①	②	③	④	⑤
14	①	②	③	④	⑤
15	①	②	③	④	⑤
16	①	②	③	④	⑤
17	①	②	③	④	⑤
18	①	②	③	④	⑤
19	①	②	③	④	⑤
20	①	②	③	④	⑤

（注）この解答用紙は実物を縮小してあります。B4用紙に119%拡大コピーすると、ほぼ実物大で使用できます。（タイトルと配点表は含みません）

推定配点		計
	A～M　各5点×20	100点

二〇二〇年度　東亜学園高等学校

国語解答用紙

評点	／100

記入上の注意
- HBのシャープペンシルもしくは鉛筆でマークしてください。
- 機械で処理しますので、汚したり、折ったり、丸めたりしないでください。
- 記入したマークを消すときは、きれいに消してください。
- マークは枠からはみ出さないように塗りつぶしてください。
- 所定の記入欄以外には、何も記入しないでください。

良い例	悪い例

フリガナ	
氏　名	

番　号										
千	⓪	①	②	③	④	⑤	⑥	⑦	⑧	⑨
百	⓪	①	②	③	④	⑤	⑥	⑦	⑧	⑨
拾	⓪	①	②	③	④	⑤	⑥	⑦	⑧	⑨
壱	⓪	①	②	③	④	⑤	⑥	⑦	⑧	⑨

問題	解答欄				
1	①	②	③	④	⑤
2	①	②	③	④	⑤
3	①	②	③	④	⑤
4	①	②	③	④	⑤
5	①	②	③	④	⑤
6	①	②	③	④	⑤
7	①	②	③	④	⑤
8	①	②	③	④	⑤
9	①	②	③	④	⑤
10	①	②	③	④	⑤
11	①	②	③	④	⑤
12	①	②	③	④	⑤
13	①	②	③	④	⑤
14	①	②	③	④	⑤
15	①	②	③	④	⑤
16	①	②	③	④	⑤
17	①	②	③	④	⑤
18	①	②	③	④	⑤
19	①	②	③	④	⑤
20	①	②	③	④	⑤
21	①	②	③	④	⑤
22	①	②	③	④	⑤
23	①	②	③	④	⑤
24	①	②	③	④	⑤
25	①	②	③	④	⑤

問題	解答欄				
26	①	②	③	④	⑤
27	①	②	③	④	⑤
28	①	②	③	④	⑤
29	①	②	③	④	⑤
30	①	②	③	④	⑤

（注）この解答用紙は実物を縮小してあります。Ｂ４用紙に141％拡大コピーすると、ほぼ実物大で使用できます。（タイトルと配点表は含みません）

推定配点		計
	一　各４点×９　　二　各２点×５　　三　各４点×６ 四　各２点×５　　五　各４点×５	100点

高校後見返し